新时代
中国特色
宏观调控体系研究

RESEARCH ON

MACRO CONTROL SYSTEM
WITH CHINESE CHARACTERISTICS IN THE NEW ERA

张 霞 / 著

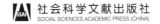

社会科学文献出版社
SOCIAL SCIENCES ACADEMIC PRESS (CHINA)

序

　　展示在我们面前的这本专著——《新时代中国特色宏观调控体系研究》，是张霞博士就读于中国社会科学院大学时完成的学位论文。首先祝贺这篇论文能够正式出版面世！我把应作者之邀为此书撰写序言看作一次很好的学习机会。

　　中国共产党成立一百余年来，把一个贫穷落后的半殖民地半封建国家改造和发展成为一个走向社会主义现代化强国的世界第二大经济体，这是每一个中国人都应为之骄傲的巨大变化。但是，目前中国还是一个发展中国家，还将长期处于社会主义初级阶段，人均 GDP、人均收入、科技竞争力等，都落后于欧美主要发达国家。因此，我们必须艰苦奋斗，特别是必须优化治国理政之道，使我国经济、政治、文化、社会和生态环境在科学的宏观调控之下都得到高质量的发展，而宏观调控体系建设正是这本书的研究对象。因此，这本书的选题是作者精心选择和正确判断的结果。

　　不论是一篇论文，还是一本专著，或是一项专门研究，在确定研究对象之后都应选择研究方法。根据这本书以建设社会主义宏观调控体系为研究对象的特定要求，作者采用的是历史唯物主义和辩证唯物主义这一马克思主义的世界观和方法论。根据生产力决定生产关系、生产关系反作用于生产力，经济基础决定上层建筑、上层建筑反作用于经济基础，以及宇宙万物的对立统一规律、质量互变规律和否定之否定的规律来研究宏观调控体系，是十分科学的方法。作者通过运用上述方法，正确地梳理了我国宏观调控的历史演变过程，并科学地预判了我国宏观调控的发展趋势。

辩证唯物主义和历史唯物主义的世界观和方法论，对于从整体上系统地认识和分析客观事物是必不可少的，但是如果要深入分析和认识某个具体事物，就必须运用特定领域的具体规律和专门理论。本书作者充分认识到这一点，因此她在探讨新时代中国特色宏观调控体系建设时，认真研究和运用了价值规律、平均利润率规律和社会主义国民经济有计划按比例发展规律等，这是十分必要和正确的。

宏观调控体系建设问题是一个实践性很强的问题，因此必须深入经济生活实践去体验、去探索、去辨别、去升华，为此作者认真梳理和总结了我国改革开放以来四个阶段八轮宏观调控的实践过程，通过总结其中的经验教训来发现规律性的东西，为研究宏观调控体系的建设奠定了扎实的认识基础。

本书是一部马克思主义政治经济学的研究著作。我们知道，马克思主义政治经济学是一门阶级性和科学性很强的学科。本书作者为了厘清中国特色社会主义宏观调控理论同西方国家干预理论的原则性区别并剖析西方新老自由主义的问题，全面客观地评析了重商主义、资产阶级古典经济学的老自由主义、凯恩斯的国家干预理论，以及包括货币主义学派、理性预期学派和供给学派在内的新自由主义与新凯恩斯主义的学说，以此印证了中国特色社会主义宏观调控理论的有益性和人民性。

中国特色社会主义宏观调控体系建设，是一项庞大而复杂的理论工程。作者经过几年的潜心努力，以马克思主义宏观经济理论和社会资本再生产理论为基础，立足中国已有的实践和理论总结，面对我国经济发展的实践，探索构建中国特色宏观调控理论体系。该体系的要义是：以人民为中心，以新发展理念为引领，以科学的目标体系为导向，以完善的政策组合为支柱，以调控的力度、时机、着力点、主线为相机而行的调控手段，以战略效益最大化为宏观调控的评价标准。

宏观调控研究不是应景之举。宏观调控的理论与实践，是社会主义市场经济体制的重要组成部分，也是中国特色政治经济学必需的重要篇章。更何况在社会主义市场经济发展和完善的过程中，在社会主义现代化强国建设的征途中，宏观调控的机理与机制、形式与对策，以及宏观调控的组织机构等都会出现层出不穷的变化。所以对这一重大问题的研究不能成为即兴之作，也不应成为事后束之高阁的历史陈迹。

作为一个马克思主义理论工作者，应该把中国特色宏观调控体系建设与运用作为自己长期的研究方向，形成自己的专业特长，不断提升自己相关的理论涵养，不断关注相关的实践动态和理论成果，不断为完善宏观调控理论大厦添砖加瓦，并以此为民族复兴、国家富强和人民幸福做出自己应有的贡献。

我殷切地希望张霞博士再有相关的新作问世。

李成勋

2022 年 7 月 21 日于京城广顺园

摘　要

　　宏观调控作为中国特有的概念，是马克思主义政治经济学在中国的开拓创新性发展，是中国在长期管理国民经济中的实践经验总结和理论升华。经过改革开放以来八轮宏观调控的艰辛历程，中国特色宏观调控体系随着渐进式改革逐渐形成和发展。虽然中国特色宏观调控取得了丰硕的成果，但是，由于受西方经济学的影响，许多人想当然地以为中国的宏观调控就是西方的国家干预，而忽视了宏观调控是中国特有的，具有自己的理论基础、历史沿革及创新成果。为防止被西方经济学"绑架"，彰显中国独有的制度优势、话语体系和治理现代化的能力，建立和完善与时代需求相匹配的中国特色宏观调控体系愈加重要。

　　理论作为思想的先声，是时代的精神升华，会随着实践的发展而不断与时俱进。随着新时代历史方位的界定和社会主要矛盾的转化，原有宏观调控体系的一些缺陷日益凸显，为适应宏观经济形势的变化和满足高质量发展的需要，在以人民为中心的新发展理念的指导下，建立与完善同新时代经济发展目标相一致的中国特色宏观调控体系就提上了日程。

　　本书首先从理论基础的构建上阐述了宏观调控与国家干预的区别，指明了我国宏观调控是在马克思主义指导下的具有鲜明中国特色的管理国民经济的理论升华，在追根溯源、对比剖析中，彰显了中国特色宏观调控的先进性、阶级性与科学性；并从宏观调控的演进中阐述了中国特色宏观调控体系形成和发展的历程。一方面，本书展示了中国共产党在探索管理国民经济的艰辛实践中，驾驭社会主义市场经济的能力与日俱增，在渐进式改革中，彰显了中国特色宏观调控体系的制度基础和政治基础独有的优越性；另一方面，本书在历史沿革背景下，阐明宏观调控的实践基础，构建自己的理论话语体系，消除被新自由主义"绑架"的隐患。

其次，本书在梳理、分析、总结中发现，党的十八大以来，中国特色宏观调控体系无论是在发展理念、发展阶段、分析视角、主要矛盾揭示上，还是在施策主线、目标要求上均呈现新的变化。为实现第二个百年奋斗目标，本书在阐释清楚新时代中国特色宏观调控面临的新挑战与新机遇是什么的基础上，指明了新时代中国特色宏观调控体系构建的必要性和迫切性。在理论探索与实践创新中，结合时代需求，一个以新发展理念为指导、立足社会主要矛盾转化、以供给侧结构性改革为施策主线、匹配高质量发展要求、建设现代化经济体系的新时代中国特色宏观调控体系就此成形。

最后，本书在对新时代中国特色宏观调控体系进行构建的同时，对其具体内涵进行了充实和阐发，并专门分章节对其主要创新之处做了必要的梳理与总结，在厘清其与原有宏观调控体系的联系与区别的基础上，指明了其新在何处，彰显了新时代中国特色的国家治理观，形成了党管宏观调控的新格局。在层层递进中，结合现存的问题，对进一步优化与完善新时代中国特色宏观调控体系给出一定的思路与对策，使本研究具有重要的理论价值与实践意义。

关键词：新时代　中国特色　宏观调控体系

Abstract

As a unique concept creation in China, macro-control is the innovative development of Marxist political economy in China, which is the practical summary and theoretical distillation of China's long-term management of the national economy. After eight rounds of macro-control since the reform and opening-up, the macro-control system with Chinese characteristics has gradually formed and developed with the gradual reform. Although the macro-control with Chinese characteristics has achieved fruitful results, many people, under the influence of western economics, based on the Western framework, assume that China's macro-control is the state intervention of the west, and ignore that macro-control is the theoretical fruit of China's local cultivation, with its own theoretical basis, historical evolution and innovation. In order to prevent the risk of being "kidnapped" by western economics, to highlight its unique institutional advantages, discourse system and the ability to manage modernization, it is increasingly important to establish and improve the macro-control system with Chinese characteristics that matches the needs of the times.

As the forerunner of thought, theory is the spiritual sublimation of the times, which will keep pace with the development of practice. With the definition of the historical orientation of the new era and the transformation of the main social contradictions, the disadvantages of the original macro-control system are increasingly prominent. In order to adapt to the changes of the macroeconomic situation and the needs of high-quality development, under the guidance of the new development concept of people-centered, it is on the agenda to establish and improve the macro-control system with Chinese characteristics consistent with the economic development goals of the new era.

This paper first expounds the difference between macro regulation and state intervention from the theoretical foundation, and points out that China's macro regulation is the theoretical sublimation of the management of the national economy with distinctive Chinese characteristics under the guidance of Marx theory, and highlights the advanced nature, class nature and scientific nature of China's macro regulation. Then it expounds the formation and development of the macro-control system with Chinese characteristics from the evolution of macro-control. In the gradual reform, on the one hand, it shows that in the arduous practice of exploring and managing the national economy, the CPC's ability to control the socialist market economy is growing day by day. In the gradual reform, it shows the unique advantages of the system foundation and political foundation of the macro-control system with Chinese characteristics; On the other hand, in the course of historical evolution, we should clarify the practical basis of macro-media, build up our own theoretical discourse system, and eliminate the risk of being "kidnapped" by Neo liberalism.

Secondly, in combing, clarifying, analyzing and summarizing, it is found that since the 18th National Congress of the CPC, the macro-control system with Chinese characteristics has undergone new changes in development stage, development concept, analysis perspective, major contradictions, main line of policy implementation and goal requirements. In order to meet the needs of the second centennial goal, it is necessary to explain the new challenges and opportunities faced by the macro-control system with Chinese characteristics in the new era. On the basis of what is encounter, it points out the necessity and importance of the construction of macro-control system with Chinese characteristics in the new era. In theoretical exploration and practical innovation, combined with the needs of the times, a new era macro-control system with Chinese characteristics has been established under the guidance of the new development concept, based on the transformation of major social contradictions, with the supply side structural reform (referred to as "supply side reform") as the main line of policy, to meet the requirements of high-quality development, and to build a modern economic system.

Finally, based on the general tone of macro-control, centering on the two centenary goals, on the basis of the synchronous fit with high-quality development, the macro-control system with Chinese characteristics in the new era is structured, and its basic contents are explained, and the main innovations are sorted out and summarized in special chapters, which not only clears its connection and difference with the original macro-control system, clarifies the basic framework of the macro-control system with Chinese characteristics in the new era, points out where it is new, but also further highlights the national governance concept with Chinese characteristics in the new era, and forms a new pattern of the party's macro-control. In the progressive process, combined with the existing problems, this paper gives some ideas and suggestions for further innovation and improvement of the new era of macro-control system with Chinese characteristics, so that this study presents a certain theoretical value and practical significance.

Keywords: New Era; Chinese Characteristics; Macro-control System

目 录
CONTENTS

绪　论

一　研究背景与意义

（一）研究背景

宏观调控作为社会主义政治经济学的重要内容，是社会主义市场经济发展中国家管理经济的重要职能，是中国在艰辛探索社会主义市场经济体制的道路上、在管理国民经济的过程中，总结本土实践经验的理论成果。中国政府自改革开放以来，非常重视宏观调控及其体系建设，在渐进式改革中，不断创新与发展宏观调控理论，加快完善宏观调控体系，并将其列为完善社会主义市场经济体制的重点任务之一。正如党的十八大报告中提出的，"全面建成小康社会……使各方面制度更加成熟更加定型。要加快完善社会主义市场经济体制……完善宏观调控体系"[①]。党的十八届三中全会奏响了全面深化改革的新乐章，中共中央在这次会议上提出"科学的宏观调控，有效的政府治理，是发挥社会主义市场经济体制优势的内在要求"[②]，要求"健全以国家发展战略和规划为导向、以财政政策和货币政策为主要手段的宏观调控体系……增强宏观调控前瞻性、针对性、协同性"[③]。党的十九大报告做出了新的历史方位判断，要

[①]　《十八大以来重要文献选编》上，中央文献出版社 2014 年版，第 14～15 页。
[②]　《十八大以来重要文献选编》上，中央文献出版社 2014 年版，第 519 页。
[③]　《十八大以来重要文献选编》上，中央文献出版社 2014 年版，第 520 页。

"创新和完善宏观调控，发挥国家发展规划的战略导向作用，健全财政、货币、产业、区域等经济政策协调机制"①，以加快"构建市场机制有效、微观主体有活力、宏观调控有度的经济体制"②。2019 年的政府工作报告提出要继续创新和完善宏观调控，并首次将就业优先置于宏观政策的层面。在同年底的十九届四中全会上，完善宏观调控制度体系被列为推进国家治理体系、提升国家治理能力现代化的重要要求。可见，在全面深化改革的大视野下，如何在新时代进一步完善宏观调控体系、增强宏观调控效果，是各级政府和经济学界面临的一个崭新的课题。

新时代历史方位的确定，意味着我国经济发展进入了新阶段。我国所面临的国内外宏观经济环境异常复杂，与以往大不相同。全球经济低迷，中美贸易摩擦不断，其他国家间的地缘政治冲突不减，国内经济虽稳中有进，但下行压力丛生，结构性矛盾突出，生产要素成本上升，财政货币政策空间受限，原有宏观调控体系已经不适应新时代宏观调控的需要。可以说，理论的发展滞后于实践的需要。因此，如何在习近平经济思想的指引下，结合经济发展阶段的变化，紧扣社会主要矛盾转化，围绕推动高质量发展需求，构建与完善同新时代经济发展需要相匹配的中国特色宏观调控体系，已经成为一个亟须解决的时代课题。

无可否认的是，由于受西方经济学的长期影响，直到现在，一提宏观调控，或宏观调控体系，许多人想当然以为其是"凯恩斯主义"的国家干预，这就有必要厘清我国宏观调控的"源"，有必要对改革开放 40 多年来的宏观调控的理论和实践进行梳理和总结，澄清附加在其身上的不正确认识，辨清其与西方国家干预的区别，证明中国特色的宏观调控理论和机制建设是在渐进式改革中日渐成熟和完善的。尤其是在全面深

---

① 习近平：《决胜全面建成小康社会　夺取新时代中国特色社会主义伟大胜利——在中国共产党第十九次全国代表大会上的报告》，人民出版社 2017 年版，第 34 页。

② 习近平：《决胜全面建成小康社会　夺取新时代中国特色社会主义伟大胜利——在中国共产党第十九次全国代表大会上的报告》，人民出版社 2017 年版，第 30 页。

化改革的新阶段，在迈向经济强国的大路上，针对一部分人受西方新自由主义的影响，不断喊出"只要市场，不要政府宏观调控"的种种怪论，一方面需要在马克思主义经济学的指导下，针对中国的国情，剖析中国经济建设所取得的巨大成就；通过梳理政府与市场关系的演化路径，厘清二者的关系，规范政府的行为与界定政府的职能，把实现市场的决定性作用与更好发挥政府的作用有机结合起来，使二者形成有效的合力；消除被新自由主义绑架的危险，证明中国特色的宏观调控模式是适应中国经济运行规律的，其存在不仅是有效的，而且是必要的。另一方面也需要与时俱进，加快构建与完善同时代需求一致的宏观调控体系。通过对改革开放尤其是党的十八大以来宏观调控历程的回顾，梳理、阐述中国构建自己的宏观调控体系的做法，总结其实践经验。针对新时代宏观调控体系的新变化，围绕新时代经济政策主线，把握新时代矛盾变化，探讨新时代宏观调控的崭新内涵、外延、方法和路径，不断完善新时代宏观调控政策工具箱，探寻实现宏观调控经济政策协调的路径，完善宏观调控目标体系，努力在理论与实践的契合中探寻符合中国特色经济发展规律的中国经济治理模式，在推动中国经济稳健运行的前提下，构建与完善同新时代高质量发展目标相契合的中国特色宏观调控体系，为全球治理模式提供中国方案，增强中国的学术话语权。

（二）研究意义

本书以新时代中国特色宏观调控体系为研究主题，始于马克思的宏观经济思想在中国的实践和发展，着眼于新时代宏观调控体系的崭新变化，落脚于为新时代高质量发展的崭新目标需求提供参考，探寻新时代中国特色宏观调控体系构建与完善的路径。笔者认为本研究的理论和现实意义可以归纳为以下几点。

1. 理论意义

其一，有利于丰富、发展中国特色社会主义政治经济学。新时代中国特色宏观调控体系作为中国特色社会主义政治经济学的重要组成部分，是马克思主义政治经济学与中国社会主义市场经济理论交融共生的最新理论成果，不仅尊重和继承了马克思主义政治经济学的宏观调控思想，而且坚持问题导向，依据中国国情，紧密结合新阶段中国具体经济管理实践，聆听时代呼声，推动马克思主义政治经济学同当代中国经济发展的具体实际相结合。在努力探索中，我们应增强理论对实践的解释，在逻辑架构中，我们应丰富、发展中国特色社会主义政治经济学，为其注入新鲜血液。

其二，为新时代中国特色宏观调控体系提供理论支撑。马克思主义经济学体系中蕴含着丰富的宏观调控思想，探究马列经典著作尤其是《资本论》，可以为中国特色的宏观调控体系寻"根"。对中国宏观调控理论基础、政治基础和制度基础进行总结与梳理，可以证明中国的宏观调控体系不仅具有丰厚的马克思主义政治经济学学理依据，其自构建起就是在马克思主义政治经济学指导下进行的理论创新与发展，而且其具有鲜明的中国特色，新时代中国特色宏观调控体系作为中国宏观调控体系的延伸，具有鲜明的时代性、革命性、科学性和阶级性。

其三，创新和完善中国特色宏观调控体系。新时代中国特色宏观调控体系是为了适应新时代经济形势的变化、满足新时代宏观调控的目标体系需求而构建的理论体系，其是对原有宏观调控体系的继承、发展、创新与完善。新时代中国特色宏观调控体系研究有助于中国特色宏观调控体系更加系统化、学理化和科学化，凸显其整体性与内在逻辑一致性，在实践创新中推动中国特色宏观调控体系的发展与完善。

2. 实践意义

其一，有利于提升新时代中国特色宏观调控体系的国际学术话语权。受西方经济学的影响，中国经济学学科的主流话语与西方经济学学科的主流话语之间存在严重的"话语逆差"。宏观调控作为中国原创性的概念，虽然在中国管理国民经济的实践中取得了巨大的成效，但在国际上的声音还是比较弱的，即使在国内还有相当一部分人将其与西方的"国家干预"混淆。一方面这与西方政府、经济学界长期利用西方主流经济学进行意识形态输出有很大的关系;另一方面中国相对缺乏原创性学术概念的输出体系,在国际学术上的话语权较弱。因此,构建与中国经济发展实力相匹配的符合新时代发展需求的学术话语体系就提上了日程。而新时代中国特色宏观调控体系成为彰显中国气派、体现中国智慧的学术话语体系,对其不断进行理论创新与学术创新,将有助于主动掌握国际学术话语权,为世界其他社会主义国家和新兴市场经济国家提供管理经济的中国模式。

其二,有利于彰显中国共产党日益提升的驾驭市场经济的能力。中国共产党在领导人民进行经济建设的过程中,经过40多年的改革开放,在探索社会主义市场经济的艰辛历程中,剔除了社会主义与市场经济不兼容的传统认识,充分发挥党"集中力量办大事"的优势,构建了"全国一盘棋"的经济格局,经过八轮宏观调控实践,走出了一条具有鲜明中国特色的宏观调控理论实践道路,创造了伟大的中国奇迹。在迈向高质量发展的阶段,中国共产党更是审时度势,加强其对经济工作的集中统一领导,并不断创新与完善宏观调控体系,形成了党管宏观调控的新格局。这证明中国共产党不但能够管理社会主义市场经济,而且能够成功驾驭社会主义市场经济,在全面深化改革的实践中,其管理经验日益丰富,驾驭市场经济的能力不断提高。

其三,有利于为政府提供探索性的政策建议。政治经济学作为经世济民之学,我们学习它的目的就是立学为公、经世济民。新时代中国特色宏观调控体系研究坚持用马克思主义政治经济学的立场、观点和方法分析中国的宏观调控问题,[1] 立足于新阶段中国经济发展的现实需要而进行理论探索与理论创新,尝试性地为中国特色宏观调控体系的发展与完善提供政策建议,力求在理论高度上具有系统性、实践操作上具有可

---

[1] 王伟光:《坚持用马克思主义政治经济学的立场、观点和方法指导实践》,《求是》2016 年第 18 期,第 23~26 页。

行性。

二 国内外研究现状及文献综述

改革开放尤其是党的十八大以来，宏观调控及其体系研究成为经济理论界研究的热点问题之一，与之相关的文献不胜枚举，浩如烟海。笔者结合自己的博士论文选题和研究内容，在搜集、查阅、梳理、总结中把宏观调控体系的相关研究文献分为两个部分归纳和阐述。

（一）宏观调控的研究现状及文献综述

宏观调控作为我国市场经济的管理实践总结及概念创新，其经历了宏观调节、宏观控制、宏观调控的演变过程，[①] 是中国社会主义市场经济在艰辛探索中本土化实践的开拓性成果。[②] 笔者在知网上以"宏观调控"为主题词和关键词检索 1985～2019 年的相关文献，搜索到的文献数量分别是 39841 篇和 6596 篇。以"中国特色宏观调控"为主题词和关键词搜索到的相关文献分别是 42 篇和 1 篇。以"新时代"和"宏观调控"为篇名和关键词搜索到的相关文献分别是 23 篇和 10 篇，发表时间主要集中在党的十九大召开之后（2017～2019 年）。对国家图书馆馆藏书籍进行查询，以"宏观调控"为主题词搜索到的书籍从 1988～2019 年共 101本。主要分布如下：1988～1992 年共 8 本，1993～2002 年共 50 本，2003～2012 年共 29 本，2013～2019 年共 14 本。以"中国特色宏观调控"为题名搜索到的专著为 1 本，是经济科学出版社于 2016 年出版的由庞明川所著的《中国特色宏观调控的实践模式与理论范式》。

1. 国内研究的主要阶段划分

综合以上数据，对相关文献进行归类总结，从宏观调控的研究历程

---

① 刘瑞：《宏观调控的定位、依据、主客体关系及法理基础》，《经济理论与经济管理》2006年第 5 期，第 17～23 页。

② 张勇：《宏观调控：中国社会主义经济学的重要概念》，《甘肃社会科学》第 2017 年第 6期，第 193～198 页。

来看，国内经济学界对宏观调控的研究可以大致划分为以下四个阶段。

第一阶段，1985～1992 年。这一时期是宏观调控研究的起始阶段。这一时期宏观调控的研究主题大都与"有计划的商品经济"相关，但研究成果不多，既有的研究成果大都与"公有制"、"计划管理"和"综合平衡"等词相伴而行。这与党的十二届三中全会（1984 年 10 月）提出的"公有制基础上有计划的商品经济"密切相关。但已经有学者关注到国家调节经济的职能可以通过计划机制、市场机制等综合调控系统来实现，以适应当时的经济条件，并要求建立中国特色的宏观调控与国家经济职能的新模式，以实现宏观调控与搞活经济的有机结合。① 这也是国内最早有关国家经济职能与宏观调控关系的论述。

第二阶段，1993～2002 年。这一时期是宏观调控研究的高发期，但研究成果大都集中于"经济体制"、"市场经济"和"财政金融"，这与党的十四大提出的"建立社会主义市场经济体制"并随之要求建立与之相匹配的宏观调控体系相关。这一时期出现了宏观调控概念泛化的现象，宏观调控概念进入各种领域，比如粮食、林业、土地等。1998 年前后，受亚洲金融风暴的影响，我国的经济形态出现了从短缺经济向相对过剩经济的变化，国内对策性的研究逐渐增多，主要集中于利用宏观调控政策来刺激有效需求的同时刺激经济增长。这一阶段，无论是研究的角度还是研究的方式都具有多元化特点，出现了以黄达（1993）、逢锦聚（1994）、刘国光（1998）、汤在新（2000）等为代表的领军人物，他们对宏观调控的后续研究产生了较大的影响。

第三阶段，2003～2011 年。这一时期是宏观调控研究的井喷期，研究成果丰富，研究方式多样。这一时期的研究可以分为两个小阶段，一是 2003～2008 年，对宏观调控的研究主要集中于经济面临过热的危险，理论界对宏观调控的绩效及政策措施进行争论，宏观调控概念被严重泛

---

① 齐守印、蒋和胜：《有计划的商品经济条件下国家的经济职能与宏观经济调控》，《四川大学学报》（哲学社会科学版）1985 年第 4 期，第 9～16 页。

化，外延极度扩大；二是 2009~2011 年，相关研究成果大都集中于如何利用宏观调控政策应对国际金融危机，这与 2008 年全球性的金融危机有一定的关系，其中，陈东琪（2010）、吴易风和王晗霞（2011）等的研究成果较为突出。在这一时期的研究范式中开始涌现案例研究，以国际宏观调控的实践为研究范本的个案研究逐渐增多，比如对美国、韩国、日本、欧盟的研究，如安国勇（1995）、秦嗣毅（2002）、姜贤求（2002）、孙学工（2008）、盛美娟和刘瑞（2011）的研究，其为宏观调控理论的研究注入了新鲜血液。

第四阶段，2012 年至今。自中国经济步入新常态以来，再加上党的十九大新的历史方位的判定，我国经济发展进入新时代。这一时期的宏观调控研究成果主要集中于"新常态"、"结构性改革"、"创新与完善宏观调控方式"和"高质量发展"等，2018 年是改革开放 40 周年，对改革开放 40 年宏观调控进行反思与回顾、对建立与新常态相适应的推动高质量发展的调控方式的探索性研究开始增多，其中以刘树成（2013）、刘国光和程恩富（2014）、刘元春（2014）、张晓晶（2015）、李成勋（2016）、何自力（2016）、刘伟（2017）、庞明川（2018）、方福前（2019）、高培勇（2019）等为代表的研究对后续研究提供了相当大的启发。

2. 国内研究的主要内容

基于已有相关文献的梳理，从研究内容来看，理论界关于宏观调控的研究主要集中在以下八个方面。

（1）宏观调控的必要性研究

随着我国市场经济体制改革的逐步推进，几乎每一次经济波动都会引发学术界和理论界关于要不要进行宏观调控的争论。国内学术界就此展开了研究。逢锦聚从 1988 年经济过热引起的国民经济失控的态势出发，针对经济理论界关于经济体制改革目标模式选择上的争议引起的实践中的摇摆，提出要继续采取行之有效的宏观调控措施，选择阶段性推进的调控战略，深化宏观调控机制改革，以适应商品经济发展的需要，建立社会主义商品经济新秩序。① 程恩富从市场调节与国家调节的功能定位出发，分析了二者的优势和弱点，指出二者存在功能互补性、效应协同性、机制背反性的辩证统一关系，对其"基础、主导功能性结合"展开了比较研究，强调构建一种新型的功能性结合机制，即国家主导型的市场调节机制，以适应当时经济发展的客观需要。② 宋涛依据马克思关于市场调节的理论，结合我国当时的实际经济情况，分析了市场调节的弱点和消极面，即自发性、滞后性、缓慢性、不平衡性，它并不能包括所有的新建项目。要想实行社会主义市场经济，我国不仅要进行宏观调控，而且必须加强和改善对经济的宏观调控，才能减少和规避其弱点和消极面。③ 卫兴华和王元龙论证了宏观调控必要性的同时，着眼于宏观调控承担的主要任务，分析了其在社会主义市场经济体制中具有的一般和特殊两重含义，前者是弥补市场机制不足、减少市场信号失真引起的自发性和盲目性、维护市场秩序；后者针对当时造成经济波动的特殊情况，即经济体制转换的非均衡、预期与心理因素、自然灾害与突发事件。通过分析宏观调控两重含义的联系和区别，作者要求在社会主义市场经济条件下，重点是抓好宏观调控一般含义，构建与"国家调节市场，市场引导企业"的新经济运行机制相适应的宏观调控模式，以利于国民经济的健康发展。④ 刘国光在总结改革开放 30 年宏观调控取得的巨大成绩的基础上，针对当时一些人受新自由主义思潮的影响，把中国改革自行定义为"市场化改革"的错误观点，以及因此出现的迷信市场成风、谈计划色变的趋向，进行了有理有据的反驳和批判，指出在当前社

---

① 逄锦聚：《国民经济宏观失控的启示和深化宏观调控机制改革的思考》，《经济纵横》1989 年第 8 期，第 15～20 页。
② 程恩富：《构建"以市场调节为基础、以国家调节为主导"的新型调节机制》，《财经研究》1990 年第 12 期，第 9～15 页。
③ 宋涛：《社会主义市场经济与国家宏观调控》，《实事求是》1993 年第 2 期，第 11～16 页。
④ 卫兴华、王元龙：《论社会主义市场经济中的宏观调控》，《经济理论与经济管理》1994 年第 3 期，第 1～7 页。

会主义市场经济条件下，重新强调和加强国家宏观计划调控的必要性和紧迫性。① 除此之外，作者针对一部分人在党的十八届三中全会前歪曲中国的改革目标，认为中国当前实行的是"半统制、半市场"的体制，将政府干预过度、市场化不够看作改革开放出现问题的主要原因，将过度市场化看作改革开放成功的根本原因的错误观点，建议党和政府认清其实质，警惕其借市场化之名推行私有化之实的危险倾向，并再次提出要不断加强国家经济计划调控，提高计划导向能力，并将其作为保证经济改革正确方向的一个重要方面。② 李成勋在分析市场经济形式具有二重性的基础上，揭示了其不利于生产力发展的消极一面，认为加强政府的宏观调控，可以在一定程度上抑制市场经济形式的消极方面，③ 并针对当前产能过剩、库存严重等一系列结构失衡问题，呼吁不可漠视国民经济按比例发展规律，并强调社会化大生产客观上要求按比例发展，而要想实现按比例发展，就需要充分发挥政府的宏观调控作用，作者就政府如何利用宏观调控推动按比例发展给出了四个方面的建议，即坚持协调发展理念、定期制定并公布产业政策、科学进行经济预测并及时公布市场供求动态和科学地精简立项审批制度。④

（2）宏观调控的理论基础

国内对宏观调控的理论基础研究始于"巴山轮会议"（1985 年），在此次会议上，与会专家围绕宏观管理理论和国际经验进行了探讨，试图从概念上厘清计划功能与市场功能的定位、改革的目标模式及经济调

---

① 刘国光：《总结改革开放三十年——在继续坚持市场改革的同时，要重新强调国家宏观计划调控的作用》，《中国城市经济》2008 第 12 期，第 46~47 页。

② 刘国光：《十八届三中全会前再谈中国经济体制改革的方向——警惕以市场化为名推行私有化之实的倾向》，《江淮论坛》2013 第 5 期，第 5~8 页。

③ 李成勋：《略论市场经济形式的二重性》，《马克思主义研究》2005 年第 1 期，第 68~71 页。

④ 李成勋：《不可漠视国民经济按比例发展规律》，《毛泽东邓小平理论研究》2016 第 3 期，第 1~6 页。

控的手段等，并就改革的环境探讨了如何处理宏观控制与微观搞活的关系。① 其后，学者们基于巴山轮会议内容从不同的角度展开了对宏观调控理论的研究。许毅从宏观调控的主要手段出发，初步探讨了宏观调控的理论基础，重点分析了各种经济杠杆在社会主义商品经济条件下的作用范围及其质的规定性，指出其单一使用的局限性，探索其综合配套运用模式，以期在理顺各种关系的同时，实现计划管理。② 宋养琰、王海东初步探讨了社会主义经济运行机制和宏观调控，分析了社会主义经济运行的三个主体，即劳动者、集体或企业和国家，研究了各个主体在经济运行过程中的动机、动力和相互关系，找到了经济运行过程中存在动力冲突的根本原因，即按劳分配原则遭到破坏，通过对宏观调控功能的分析，作者得出了国家宏观调控可以有效消解动力冲突的结论，并在此基础上初步探讨了宏观调控的理论基础。③ 自党的十四大我国建立社会主义市场经济体制的改革目标确立后，部分学者开始把研究领域拓展到宏观调控的理论基础及其政策研究中，但研究视角各异。逄锦聚等针对当时要不要宏观调控的争议，结合我国当时宏观经济运行的特点，架构了中国式市场经济的宏观调控模式，在对西方发达国家干预模式的总结分析中，对我国宏观调控的理论基础、政策措施及其微观体系再造等进行了开拓性的研究，并做出了基础性的贡献。④ 张朝尊、曹新指出西方宏观经济理论忽视结构平衡和实物平衡，没有系统的结构平衡理论，这是西方宏观经济理论的缺陷，而马克思创立的关于社会总供需的平衡理论是我国宏观调控的理论基础，依据中国的国情，作者建议在社会主义

---

① 赵人伟：《1985 年"巴山轮会议"的回顾与思考》，《经济研究》2008 年第 12 期，第 17 ~ 28 页。

② 许毅：《论建立宏观调控体系问题》，《财政研究》1986 第 10 期，第 1 ~ 12 页。

③ 宋养琰、王海东：《社会主义经济机体的运行及其宏观调控》，《经济理论与经济管理》1987 第 5 期，第 51 ~ 57 页。

④ 逄锦聚等：《中国市场经济的宏观调控》，中国物资出版社 1995 年版，第 2 ~ 3 页。

市场经济条件下选择"硬"政府和"软"市场有机结合的宏观调控方式。[①] 刘朝明从经济非均衡的角度分析了我国宏观经济运行中的非均衡内容,考察了总需求的调节机制和弥合机制,概括了总量增长的非均衡与均衡模型,尝试构建我国宏观调控的理论基础,并提出了宏观调控政策的协同模式。[②] 汤在新、吴超林从理论和历史角度论述了国家干预经济的各种职能,明确了宏观调控的含义,考察了一般均衡理论、凯恩斯理论、现代非均衡理论,分析了马克思的均衡与非均衡理论,从不同角度重新探讨了宏观调控的理论基础和政策边界问题,为宏观调控提供了基本的理论依据。[③] 吴仁军、初可佳则认为要想形成完整的宏观调控理论基础,一定要放弃无制度背景的纯经济分析,要从制度变迁的角度出发,引入政治、文化等各种正式和非正式制度变量,分析政府进行宏观调控必要性的同时,考察其制度安排的需求与效应。[④] 刘明国批判了西方均衡(简单)国民收入决定理论与 IS – LM 理论,指出了其伪科学性和欺骗性,认为在全面建成小康社会的关键节点,要以金融、财政两大部门与国有—集体经济为三大宏观调控支柱,紧紧围绕共富、经安(经济安全)与经济结构优化三个层次的宏观调控目标,在"调"与"控"的基础上,综合运用各种宏观调控政策,建立中国特色社会主义宏观调控理论。[⑤]

(3) 对比西方发达国家经验,寻求中国宏观调控的借鉴意义

邓小平南方谈话提出建立社会主义市场经济体制设想后,我国理论

---

① 张朝尊、曹新:《马克思关于宏观调控理论基础问题的研究》,《中国人民大学学报》1995 年第 4 期,第 12 ~ 17 页。

② 刘朝明:《模型分析:总量增长非均衡及其控制》,《广西大学学报》(哲学社会科学版) 1996 年第 4 期,第 13 ~ 18 页。

③ 汤在新、吴超林:《宏观调控:理论基础与政策分析》,广东经济出版社 2001 年版,第 5 ~ 6 页。

④ 吴仁军、初可佳:《宏观调控的理论基础——从制度变迁角度的重新理解》,《经济问题探索》2004 年第 2 期,第 4 ~ 7 页。

⑤ 刘明国:《论中国特色社会主义宏观调控——兼对当代西方主流宏观经济学的批判》,《马克思主义研究》2017 第 3 期,第 147 ~ 158 页。

界在宏观调控的摸索与实践中，逐渐重视对发达国家政府干预经济经验的研究，试图在对比中，寻求中国宏观调控的借鉴意义。傅国华、刘云龙探讨了西方发达国家政府的干预经济模式及其作用，阐述了其成功经验对中国市场经济的借鉴意义，一是要依据中国国情，大胆探索，走自己的路；二是构建国家主导型市场经济体制；三是积极推动国企改革，推动其进入市场经济的运行轨道；四是加快经济立法，推动经济关系法律化；五是积极稳妥地推动价格改革，加快建立健全社会主义大市场。[①]逄锦聚比较了德国、日本和美国三个国家的干预模式，认为其对我国发展市场经济有三点启示：一是科学有效的宏观调控是现代市场经济的重要标志，是市场经济发展的内在要求；二是宏观调控的关键是发挥政府与市场的双重作用，要将二者有机结合起来；三是宏观调控的模式是多种多样的，不能照搬别国的模式。[②]李远东分析了西方市场经济干预体系的特点，要求既要借鉴国外经验，又要考虑我国的制度特性和我国的实际情况，针对我国宏观调控体系中存在的问题，作者建议构建以计划为导向、以资本配置为纽带、以财政金融政策为主要调控手段的新的宏观调控体系。[③]吴涧生等分析了金融危机以来西方发达国家政府干预的相关举措、主要特点及经验，阐述了其对中国宏观调控的启示：一是加强宏观调控的机制化、法制化建设，以提升宏观调控的科学性与有效性；二是深化金融体制改革，构建公开透明、运转高效的货币政策调控机制；三是在刺激短期经济增长方面，谨慎运用财政政策；四是短期宏观调控政策也应结合中长期结构改革。[④]国家发改委经济研究所课题组通过比较美国、欧盟和日本的国家干预机制，揭示了其机制化经验对我国的启

---

① 傅国华、刘云龙：《试论发达国家政府宏观调控经济的模式及对我国发展市场经济的借鉴作用》，《中央财政金融学院学报》1993 年第 10 期，第 10～13 页。
② 逄锦聚：《发达市场经济国家宏观调控模式比较》，《价格理论与实践》1993 年第 10 期，第 16～20 页。
③ 李远东：《西方国家宏观调控体系及借鉴》，《经济经纬》2001 年第 3 期，第 14～16 页。
④ 吴涧生等：《金融危机以来发达国家宏观调控的经验及借鉴》，《宏观经济管理》2013 年第 10 期，第 86～88 页。

示：一是要建立和完善宏观调控的法治体系，二是建立宏观调控政策间的协调配合机制，三是加强预期管理建设，四是进一步扩大自动稳定器对平滑经济波动与经济稳定的作用，五是设立的财政规则必须符合中国国情与经济现实。[1]

（4）对转轨过程中我国宏观调控路径的探索

程秀生探索了 1978～1990 年经济体制转轨期间经济波动的特征，分析了转轨期间的经济运行机制、干扰经济运行的冲击因素、经济系统内在稳定性、宏观调控目标和国家宏观调控能力，指出在体制转轨阶段，新的稳定机制及其宏观调控手段尚未成形，宏观调控目标的多重性也导致其目标间存在矛盾与冲突。[2] 黄振奇等强调了体制转轨时期宏观调控的必要性，指出转轨期间宏观调控具有四个特点：一是总量平衡与结构调整相结合；二是兼顾发展、制度两个因素两个方面；三是正确运用调控方式；四是正确发挥计划、财政、金融三大宏观调控职能部门的功能。同时作者指出了在转轨期间搞好宏观调控，需要抓好以下四个关键环节：其一，抓好农业的调控是调控供给的关键；其二，调控固定资产规模是调控需求的关键；其三，强化税收是增强政府宏观调控经济实力的关键；其四，提高政府管理能力是处理好集中与分散关系的关键。[3] 张卓元在分析转轨时期宏观经济管理目标的基础上，要求对宏观经济管理体制进行改革，从以直接管理为主过渡到以间接管理为主，在体制转轨时期，既要实施适度从紧的货币政策，又要尽可能采取微调的办法，以预防经济的大起大落，同时要处理好中央与地方的关系。[4] 陈锦华在总结 1978～1998 年我国经济转轨 20 年主要经验的基础上，分析了转轨时期的宏观调

---

① 国家发改委经济研究所课题组：《宏观调控机制化的国际经验》，《经济研究参考》2014 年第 7 期，第 69～83 页。

② 程秀生：《体制转轨阶段经济稳定协调发展问题》，《管理世界》1992 年第 1 期，第 67～74 页。

③ 黄振奇等：《论体制转轨时期的宏观调控》，《求是》1995 年第 8 期，第 35～38 页。

④ 张卓元：《迈向 21 世纪的中国宏观经济管理体系》，《中外管理导报》1997 年第 3 期，第 11～12 页。

控任务及其手段，建议正确处理计划与市场的关系，转变政府职能，深化宏观调控部门改革，不断完善宏观调控手段与协调机制，厘清并正确划分中央与地方的管理权限，建立有效的宏观监管体系，以适应市场经济发展的需要。① 匡家在剖析了我国体制转轨中不同阶段的宏观经济形势和体制特征，揭示了宏观稳定、经济增长以及市场化改革三者协调一致的关系，认为这种关系不但是转轨前期宏观调控的经验总结，而且是转轨中后期宏观调控应遵循的基本准则，并对转轨中后期的宏观调控政策选择提出了建议。② 冯梅、刘方在阐释宏观调控要义的基础上，对1978～2008 年中国 30 年转轨进程中的宏观调控进行了阶段性分析，探析了体制转轨与宏观调控的关系，指出体制转轨改革一方面是宏观调控的微观基础，另一方面是推动宏观调控进一步完善的动力，我国宏观调控在转轨过程中走向日趋成熟。③

（5）宏观调控政策工具的运用

在中国的宏观调控实践中，宏观调控政策工具发挥了重要的作用，国内学者对宏观调控政策工具的研究日益增多。最先对此展开研究的是漆先望，他指出加强宏观调控既要尊重价值规律，又要正确运用各种经济政策工具，他分析了我国在运用宏观调控政策方面存在的不足，认为在价格改革未全面推进的情况下，要想实现宏观调控目标，一定要运用好银行信贷与财政税收两大宏观调控政策工具。④ 孔燕分析了经济转轨时期直接货币政策的不足，指出经济环境的变化要求加快转变调控机制，而间接货币政策工具是我国当前金融条件下进行宏观调控的客观要求与现实选择。⑤ 刘克崮运用理论探讨与实证比较研究相结合的方法，从财

---

① 陈锦华：《中国经济转轨 20 年的主要经验》，《宏观经济研究》1999 年第 10 期，第 3～9 页。
② 匡家在：《体制转轨中的宏观经济调控研究》，中共中央党校博士学位论文，2005 年，第 1 页。
③ 冯梅、刘方：《我国的宏观调控在转轨进程中日趋成熟》，《生产力研究》2008 年第 21 期，第 6～8 页。
④ 漆先望：《正确运用政策工具 实现宏观调控目标》，《财经科学》1990 年第 5 期，第 2～3 页。
⑤ 孔燕：《引进间接货币政策工具是宏观调控的必然选择》，《前进》1997 年第 5 期，第 26～27 页。

政货币政策基本概念入手，系统地分析了经济发展中的财政货币政策。结合我国实践，作者对财政货币政策在我国的运用进行了相应的剖析，尤其是详细分析了中国加入WTO后的财政货币政策，通过系统分析，作者从战略高度上提出了适应我国当时经济发展情况的财政货币政策的建议。[1] 王春雷阐述了通货紧缩的一般理论，分析了其概念、成因及其影响，结合国外治理通货紧缩的经验，在规范分析与实证比较分析的基础上，阐述了中国治理通货紧缩的财政货币政策的内容，深入考量了税收、支出、公债等财政政策以及利率、汇率、物价等货币政策，比较分析了我国治理通货紧缩的财政货币政策效力，指出了财政货币两大政策协调配合的必要性。[2] 孙习稳指出了运用土地政策参与宏观调控是中国探索宏观调控政策工具的理论与实践创新。基于土地政策参与我国宏观调控的实践，作者建立了土地政策参与宏观调控的理论分析模型，考察、设计了土地政策与其他相关宏观调控政策协调配合的机制，提出了土地政策参与优化宏观调控环境的具体路径，并认为，土地政策参与宏观调控是适应我国经济现实的"次优选择"。[3] 杨代福基于"理性主义"的模型，分析了政策工具选择理性，指出了政策工具类型划分是政策工具理性选择的前提。他将政策工具类型划分为管制性、经济性、信息性、组织性和志愿性五种，分析了政策工具的内在特征及其适用条件，确定了政策工具绩效评估标准。通过对我国房地产2003～2008年的宏观调控政策工具进行验证分析，作者指出了其局限性，从理性视角出发，为我国改进房地产宏观调控政策工具选择提供了合理建议。[4] 林文浩运用历史回顾、国际借鉴、理论分析和归纳比较等多种方法，从多目标货币政策

---

[1] 刘克崮：《中国经济发展中的财政货币政策》，东北财经大学博士学位论文，2000年，第1页。

[2] 王春雷：《通货紧缩时期的财政政策与货币政策》，东北财经大学博士学位论文，2001年，第1～5页。

[3] 孙习稳：《土地政策参与宏观调控理论研究》，中国地质大学（北京）博士学位论文，2007年，第1～2页。

[4] 杨代福：《政策工具选择理性分析的理论基础与实证检验》，《华中科技大学学报》（社会科学版）2009年第4期，第70～74页。

框架的视角分析了中国货币政策和汇率政策的实践，指出了两个政策目标间存在着不协调的内在联系，从优化两个政策的目标体系、增强两者的调控能力、完善两者的协调配套措施三个方面给出了促进中国货币、汇率政策相协调的建议。① 张朝洋从预期管理出发，分析了货币政策与宏观审慎政策的各自表现特征及其主要目标，利用实证分析的方法，基于公司约束的视角、风险承担渠道的视角、银行信贷增长的视角，深入探讨了货币政策与宏观审慎政策的协调问题，在对两个政策分类考察的基础上，给出了中国加强两个政策协调运作的建议。② 苏剑、陈阳认为一个完整的宏观调控政策体系应包括供给管理、需求管理和市场环境管理三大类政策，而中国特色宏观调控政策体系完整地包含了上述三者。他们从中国宏观调控政策组合出发，探讨了三大类政策在中国宏观调控中的运用，通过比较中西方相关政策体系，认为中国目前宏观调控体系的核心是市场环境管理。③

（6）宏观调控的方式和手段

宏观经济调控的主要方式是直接调控和间接调控，前者指国家直接运用行政、法律手段对微观经济主体进行协调和控制的经济行为；后者指国家通过市场机制，运用经济手段影响和引导企业的经济行为，以实现宏观经济目标。最初对此探讨的学者是王积业，他认为社会主义经济规律的特点及社会主义国家的职能决定了要想对国民经济实行有效的计划管理，不但要采用行政手段，还要采用经济手段，同时一定要把两种手段有机地结合起来。④ 田培炎认为在社会主义经济体制模式转换的实

---

① 林文浩：《中国货币政策与汇率政策协调研究——基于多目标货币政策框架视角》，天津财经大学博士学位论文，2013 年，第 1 ~ 2 页。

② 张朝洋：《货币政策与宏观审慎政策协调研究来自中国微观主体的经验证据》，江西财经大学博士学位论文，2017 年，第 5 ~ 6 页。

③ 苏剑、陈阳：《中国特色的宏观调控政策体系及其应用》，《经济学家》2019 年第 6 期，第 15 ~ 22 页。

④ 王积业：《实行计划管理的行政手段和经济手段》，《学习与研究》1982 年第 7 期，第 34 ~ 38 页。

践中，经济、法律和行政三种手段并存是经济运行的客观要求，三种手段具有内在统一性，在实践中应以宏观控制为核心、以间接控制为基础，确定三种手段的服务方向和服务方式，建立适宜于综合运用三种手段的经济调节体系。[1] 刘延安、周荣芳从宏观调控手段的概念出发，按宏观调控手段的功能把宏观调控手段划分为四种，分别是经济、法律、行政和伦理手段，作者认为这四种手段相辅相成、紧密结合，形成了一个宏观调控手段体系。通过对宏观调控手段体系的结构特征、现象特征、功能特征的分析，作者获得了一个完整的宏观调控体系的手段特征概念，为各种调控手段的协调配合奠定了理论基础。[2] 阮方确、魏民考察社会主义商品经济结构后，认为它是一种典型的二元商品经济结构，在此基础上，作者探讨了宏观调控方式，建议政府实行多重复合的宏观调控方式，重视组织手段在宏观调控中的作用，以推进商品经济的健康发展。[3] 杨韧、王勇认为由直接控制向间接控制转变，是宏观调控方式的重大变革。通过综合分析，他们认为经济法不能作为宏观调控手段，行政手段具有历史暂时性，他们在此基础上考察了间接控制的宏观调控，指出了在宏观调控手段选择上，其要具有"总量控制"和"间接控制"的双重功能，以达到调节与施控的有机统一；在调控方式的选择上，其既要运用财政手段与货币政策的最佳组合，又要辅以宏观收入政策，还要结合各种经济杠杆的调控功能，进而建立起间接控制的宏观调控手段系统。[4] 尹文书基于宏观调控方式在宏观调控体系中的作用，分析了我国的商品经济与市场状况，主张我国在宏观调控方式选择上应采用直接控制、间

---

① 田培炎：《论经济运行中的经济手段、行政手段、法律手段》，《哲学研究》1986 年第 7 期，第 18～23 页。
② 刘延安、周荣芳：《对宏观调控手段体系特征的考察》，《福建论坛》（经济社会版）1987 年第 5 期，第 11～14 页。
③ 阮方确、魏民：《浅论二元商品经济结构及宏观调控方式》，《求实》1988 年第 11 期，第 1～5 页。
④ 杨韧、王勇：《宏观调控手段的选择与调控方式的转换》，《经济问题探索》1991 年第 5 期，第 25～29 页。

接控制并存的两种调控方式。在间接控制领域，应选择国家参数调节市场、国家模拟市场并用的两种方式。[1] 李京文在加强宏观调控意义的基础上，着重分析了宏观调控的方式和手段，认为在社会主义市场经济体制中，应以金融、财政政策和计划、产业政策为代表的经济杠杆为主要宏观调控手段，以及采用以间接控制为主的调控方式。[2] 闻潜比较了计划经济与市场经济宏观调控的差异，初步探讨了宏观调控的性质界定与转化问题，分析了政策调节与计划调节的区别，在此基础上，作者提出我国宏观调控变革的方向应从计划调节意义上的宏观调控向政策调节意义上的宏观调控转变。[3] 李平、李亮依据当时宏观调控面临的问题，主张进一步完善宏观调控方式，在深刻剖析中，把深化体制改革、转变增长方式以及加大推进结构调整的力度作为工作的着力点，认为宏观经济政策要趋于中性，在宏观调控手段方面，应尽量多用经济、法律手段，在必要的限度内才运用行政手段。[4] 刘瑞通过回顾 30 年来国家计划管理的探索与实践，总结了国家计划管理的成就，并将其归结于理论与实践的双向互动。在宏观调控方式的探讨中，他对"规划"与"计划"进行了区分，认为经过 30 多年的渐进式转型，我国完成了从国家计划向国家规划的转变，但依据我国的国情和社会主义市场经济的特征，在接下来的国民经济管理中，规划和计划应当在宏观调控体系中起牵头作用，在规划管理中要继续加强综合平衡的原则和方法，在规划编制中必须充分重视其预测性。[5] 陈东琪认为 2010 年我国进入新一轮经济增长周期，并

---

① 尹文书：《我国现阶段宏观调控方式的选择》，《中央财政金融学院学报》1992 年第 3 期，第 24～31 页。
② 李京文：《论加强宏观调控的意义、方式和手段》，《中国社会科学院研究生院学报》1993 年第 6 期，第 13～20 页。
③ 闻潜：《论中国宏观调控方式及其转化——兼述市场经济与计划经济的宏观调控差异》，《山西财经学院学报》1995 年第 4 期，第 20～25 页。
④ 李平、李亮：《进一步完善宏观调控方式》，《经济学家》2005 年第 1 期，第 122～123 页。
⑤ 刘瑞：《从计划到规划：30 年来国家计划管理的理论与实践互动》，《北京行政学院学报》2008 年第 4 期，第 49～51 页。

分析了这一周期的变化趋势及潜在风险，给出了进一步改进宏观调控的方式和方法：一是多采用市场调节，少采用直接行政干预；二是多采用"价格参数调节"，少采用"数量调节"；三是选择好宏观调控政策操作时机，把握好宏观调控的力度和节奏，防止"过调"。① 随着我国经济进入新常态，为何以及如何创新与完善宏观调控方式成为学界研究的热点，最初对此进行探索的是王小广，他分析了中国当前的经济运行趋势，认为中国经济进入新状态，原有的宏观调控政策不适应当今经济增速变化，需要采用新的宏观调控方式，同时，结合经济形势变化，要把创新宏观调控方式的着力点落实到促进经济结构转型升级上。② 魏杰、施戍杰基于 2014 年下半年经济形势的分析，给出了如何用新的宏观调控方式，打造升级版中国经济的建议：一是要采用发挥市场决定性作用的宏观调控新方式；二是综合运用市场化、差异化以及公共化多种手段以稳定经济增长速度和调整经济结构。③ 徐绍史分析了中央自十八大以来实施的宏观调控新方式，从区间调控、定向调控到相机调控，指出了创新与完善宏观调控方式应遵循的基本原则：一是坚持总量调节和定向施策同步进行；二是坚持短期和中长期结合；三是坚持国内和国际统筹；四是坚持改革和发展协调。同时依据"十三五"规划建议，他提出了创新、完善宏观调控方式的战略部署和主要任务：一是宏观调控实施依据既要遵循国家中长期战略规划目标，又要依据总供求格局；二是要创新调控思路和政策工具；三是完善宏观调控政策体系；四是运用大数据技术，提高政府对经济形势的监测预警水平；五是减少政府对价格的干预；六是建立风险识别和预警机制。④

---

① 陈东琪：《新一轮经济增长趋势与转变宏观调控方式》，《宏观经济管理》2010 年第 9 期，第 8~12 页。
② 王小广：《中国进入经济新状态 呼唤宏观调控新方式》，《中国经济导报》2013 年 7 月 11 日，第 B1 版。
③ 魏杰、施戍杰：《用新的宏观调控方式 打造升级版的中国经济——下半年经济形势分析与建议》，《紫光阁》2014 年第 9 期，第 14~16 页。
④ 徐绍史：《创新和完善宏观调控方式》，《人民日报》2015 年 12 月 1 日，第 7 版。

（7）宏观调控的成本

吴明远比较 1988～1989 年和 1993 年以来的两次宏观调控，认为后一次宏观调控的政策调整、调整力度以及调整时机的选择都相对成熟，同时认为经济调整的社会成本问题是宏观调控能否取得成功的关键。他通过比较其他发展中国家的经验，认为在经济调整过程中，作为对危机的一种反应，调整与代价是相伴而生的，这种代价主要体现在社会方面，即调整中的社会成本，主要表现为失业增加、实际工资下降，严重时甚至引起社会动荡等，原本对经济问题的调整如调整不当容易演变为政治问题，继而使调整难以进行。因此，作者建议在宏观调控中，要采取各种措施努力将宏观调控的社会成本最小化。[①] 李亚光基于我国 1989～1995 年的宏观调控实践，对我国近期宏观调控方式、调控效果与成本展开了分析，认为三者密不可分，宏观调控方式的选择实际上是效益选择，其选择是否适时适当主要取决于两方面：一方面是所支付的各类成本是否最小化，另一方面是所取得的效果是否顺利实现预期目标。他对我国 1989～1995 年的宏观调控进行了总体评价，指出了整体上我国宏观调控是有效果的，无论对宏观调控预期的把握还是对宏观调控政策和手段的选择都较前一次成熟合理。同时他对现存宏观调控的问题进行了剖析，认为近年来我国的宏观调控成本是高昂的，并对以后宏观调控政策的选择给出了两方面的建议：一是要综合考虑现实宏观经济运行状况，分析其特点，把握其长期趋势，结合各种宏观调控政策手段，考量其对宏观经济变量的综合效应；二是依据相关改革措施，对宏观经济政策进行精心选择、搭配与调整，切实发挥其调控作用，将短期均衡置于长期稳定之中，以达到良好的宏观调控效果。[②] 庞明川通过分析中国转轨以来的

---

① 吴明远：《中国宏观经济调控及其社会成本》，《南开经济研究》，1994 年第 1 期，第 17～22 页。

② 李亚光：《近期我国宏观调控方式的选择及调控效果和成本》，《科学·经济·社会》1997 年第 1 期，第 60～63 页。

六次宏观调控，以1996年前后为界，将六次宏观调控分为转轨前期（4次）和转轨中后期（2次），认为转轨前期紧缩性宏观调控政策是成效显著的，而转轨后期以扩张性和有保有压为主要政策的调控举措收效较少，他分析了转轨中后期政策绩效与预期脱节的原因，认为不同阶段的体制基础是制约宏观调控政策绩效释放的重要原因。[①] 刘秀光通过回顾经济史，认为在宏观调控过程中，不可避免地产生一种社会成本，即政策后遗症，他通过实证分析，找到了政策后遗症产生的原因，如财政政策的顾此失彼、政府投资的单一性、利率调整的两难处境等，并指出如何降低宏观调控社会成本、避免政策后遗症是今后政府实施宏观调控时亟须破解的难题。[②] 陈彦斌、王佳宁通过分析经济新常态背景下中国经济形势的特点和问题，认为只有加快建立以市场化为导向的宏观调控体系，才能真正提升宏观调控效率，才能以最小的代价推动经济稳健发展，才能助推"中国梦"的早日实现。[③]

（8）宏观调控的经验教训总结

理论界基于宏观调控政策的实施效果，展开了对历次宏观调控的经验教训总结。这方面的研究主要集中四个时期，分别是1994年、1998年、2008年和2013年以后，当时我国客观宏观经济形势分别处于实现"软着陆"、出现通货紧缩、面临全球金融危机和步入经济新常态。王继文通过总结1994年的经济发展与改革形势，认为当时政府对宏观调控的力度把握是松紧适度的，采取的宏观调控政策在推动经济实现"软着陆"方面取得了成效。[④]《中国改革与发展报告》专家组初步总结了我国

---

① 庞明川：《从紧缩、扩张、稳健到"双防"：宏观调控的政策绩效与体制基础》，《财贸经济》2008年第6期，第98~102页。

② 刘秀光：《宏观调控过程中的"政策后遗症"——基于宏观调控社会成本的一种解释》，《五邑大学学报》（社会科学版）2011年第13期，第59~62页。

③ 陈彦斌、王佳宁：《中国宏观调控的现实功用与总体取向》，《改革》2017年第3期，第5~18页。

④ 王继文：《在改革和发展中保持社会稳定——1994年经济发展与改革形势综述》，《宏观经济管理》1994年第12期，第3~5页。

1996 年以来实现经济 "软着陆" 的宏观调控经验,并建议以改革为动力,建立新的宏观调控体制。① 马国强、王春雷基于全球通货紧缩的背景,对 1997 年下半年以来中国存在的通货紧缩现象进行了成因分析,指出中国已经步入通货紧缩趋势性时期,当时宏观调控政策的取向选择应是:首先,宏观调控的基本目标选择应该是反通货膨胀;其次,在政策选择上要实行扩张性的宏观经济政策组合,并要加强政策间的协调配合。② 陈东琪总结了 "九五" 期间宏观调控的基本经验,并将其归结为以下五点:一是依据经济形势的变化,对宏观调控目标适时调整;二是在经济运行中应主要运用经济手段来调节国民经济的发展;三是注意宏观调控政策工具间的协调搭配;四是采用微调方式以减少宏观调控中的振荡;五是利用国际市场变化,积极调节国内市场的供求关系。③ 杨帆将改革开放以来我国四次宏观调控的经验归结为:党中央与中央政府的强大与有力的政治领导是宏观调控成功的关键;宏观调控要想成功一定要讲究方法,以引导社会舆论和心理预期;改革开放既要警惕极左又要警惕 "极右" 两种错误倾向;在经济学界一定要摒除新自由主义的干扰和误导。④ 庞明川在分析中国特色宏观调控机理的基础上,把改革开放30 年中国特色宏观调控的基本经验归结为以下五点:一是充分认识宏观调控的地位与作用;二是不拘泥于西方的传统,极大地拓展了宏观调控的内涵与外延,构建了具有中国特色的宏观调控体系;三是依据科学发展观的要求对宏观调控进行加强和改善;四是把加强和改善宏观调控同深化经济体制改革结合起来;五是把加强和改善宏观调控同民生问题进

---

① 《中国改革与发展报告》专家组:《中国经济的 "软着陆" ——我国宏观调控经验的初步总结》,上海远东出版社 1998 年版,第 61 页。

② 马国强、王春雷:《通货紧缩时期的宏观调控政策选择》,《财经问题研究》2000 年第 10 期,第 26 ~ 33 页。

③ 陈东琪:《"九五" 的经验和 "十五" 的思路》,《经济学动态》2001 年第 1 期,第 4 ~ 9 页。

④ 杨帆:《改革开放以来前四次宏观调控的经验教训》,《科学决策》2008 年第 3 期,第 31 ~ 35 页。

行了有机结合。① 王元、曾铮通过分析 2008 年以来金融危机背景下我国三个阶段的宏观调控历程及其主要特点，将宏观调控经验归结为以下五点：一是政策决策与政策实施的及时性为宏观调控效果实现提供了保障；二是总量政策与结构政策结合使用；三是注重需求管理与供给管理在调控中的协调使用；四是政策实施的同时既重视提振市场信心，又要加强预期管理；五是注重经济和社会协调发展。② 张晓晶认为中国积累了很多的宏观管理经验，以前中国宏观调控都是向西方学习，现在西方向我们学习，作者认为，在这个最好的发展机遇期，在总结中国特色宏观调控经验的基础上，要从四个方面对我国宏观调控进行创新：一是要把握宏观调控政策的结果；二是在新常态的背景下，要给予地方积极性，提升其经济活力；三是给予地方立法权，发挥地方自主能动性；四是建立中国宏观调控的良好决策机制。③ 宋瑞礼通过回顾改革开放 40 年以来中国各个时期宏观调控的探索实践及其政策体系的形成历程，认为我们在探索中走出了一条具有中国特色的宏观调控新道路，并将其基本经验归结为以下几点：一是以适用的经济理论作指导是搞好宏观调控的前置条件；二是遵循经济运行规律是搞好宏观调控的客观要求；三是搞好宏观调控要遵循和坚持稳中求进的工作总基调；四是深化改革是搞好宏观调控的重要保障；五是宏观调控目标既要有重点，又能根据形势变化及时调整；六是实施宏观调控时，需要统筹考虑外部因素的影响。④

3. 国外研究的主要内容

西方学者对于中国宏观调控的前期研究并不多，受冷战思维影响，普遍认为中国的宏观调控就是西方的国家（政府）干预，且持怀疑、批

---

① 庞明川：《中国特色宏观调控的实践模式与理论创新》，《财经问题研究》2009 年第 12 期，第 17～24 页。
② 王元、曾铮：《金融危机背景下我国宏观调控的特点及经验总结》，《中国物价》2012 年第 12 期，第 29～32 页。
③ 张晓晶：《中国宏观调控的经验与创新》，《政治经济学评论》2015 年第 5 期，第 27～29 页。
④ 宋瑞礼：《中国宏观调控 40 年：历史轨迹与经验启示》，《宏观经济研究》2018 年第 12 期，第 5～17 页。

评态度的居多。直到 20 世纪 90 年代以后，随着社会主义市场经济体制的建立，中国经济实力的迅速提升，尤其是随着 21 世纪我国应对金融危机的突出表现，绩效明显优于西方发达国家，西方学者才开始关注中国的宏观调控，他们在反思西方宏观经济政策的同时，从不同的分析视角给中国宏观调控以积极的评价，当然也存在消极方面的评价，但他们都没有对中国的宏观调控进行系统性总结。

积极性的评价。Frye 和 Shleifer 认为中国政府相较于俄罗斯和东欧国家，在经济发展中扮演了迥然不同的角色，向地区经济发展伸出了相对更多的"援助之手"。[①] Blanchard 和 Shleifer 认为中国的官员晋升模式具有集权性的特征，在一定程度上了保证了政府不会轻易被地区利益集团所"俘获"。[②] 多数国外学者与机构将中国 2003 年以来的宏观调控称为"macro-economic controls"（宏观经济调控），并对我国 2003 年以后的宏观调控给予了积极的评价，认为中国宏观调控总体效果良好，促进了中国经济的发展。美国著名经济学家迈克尔·斯宾塞高度评价了中国宏观调控政策，认为中国政府在宏观经济运行中，采取了得力的措施，展现出高度的自信，正确处理了经济运行中的各种复杂问题，中国当前总体经济运行状况良好。中国从计划经济模式向市场经济制度过渡的努力成效显著，尤其是在消除贫困、吸引外资等方面。[③] 美国花旗集团高级顾问罗伯特·库恩指出中国经济转型是史无前例的，不同于外国，不能照搬国外经验，中国宏观调控是果断而明智的选择，他就中国的宏观调控问题给出了两方面的建议：一是依据中国的实情，将政府行为的财政、货币政策结合起来，抑制经济过热，由外国人开出的调控自由经济的药

① Timothy M. Frye, Andrei Shleifer. "The Invisible Hand and The Grabbing Hand," *American Economic Review*, Vol. 87, 1997, pp. 354–358.

② Oliver Blanchard, Andrei Shleifer. "Federalism With and Without Political Centeralization: China versus Russia," *IMF Staff Papers*, *Palgrave Macmillan Journals*, Vol. 48, 2001, pp. 1–8.

③ 刘超：《美学者赞扬我宏观调控政策》，新浪新闻，2004 年 11 月 8 日，http://news. sina. com. cn/o/2004–11–08/05214169815s. shtml。

方并不适用于中国国情；二是针对中国经济转型的独特性，不能在宏观调控中采用一刀切的模式，否则会影响中国的整体经济发展。[①] 1999 年诺贝尔经济学奖获得者、美国著名经济学教授罗伯特·蒙代尔对中国宏观调控给予了积极的评价，认为中国采取的宏观调控措施是相当不错的，在中国经济运行中，经济增长速度是健康的；中国政府运用宏观调控对经济进行调整的行为举措，正在促使中国经济不断迈向价值链高端；调整后的中国经济有着光明的前景。[②] 也有学者在高度评价中国宏观调控政策的同时，针对中国经济中出现的问题，给出了针对性的建议，Hofman 和 Kuijs 认为中国的经济平衡应该更多地依赖服务业和内需，而不是较多地依赖工业和进出口。[③] Presad 认为中国的宏观调控政策极大促进了中国经济的快速发展，宏观经济政策对经济结构失衡的治理有很大的提升空间。[④] Bonatti 和 Fracaso 则进一步建议，中国可以通过经济政策之间的相互组合，比如财政、货币政策等来促进国内经济增长。[⑤] 美国耶鲁大学资深教授史蒂芬·罗奇基于中国管理经济方面的突出表现，认为中国的宏观政策是发人深思的，中国实施的反通胀措施，成功地遏制了长期破坏经济稳定的最大威胁，中国经过慎重考虑采取的行政措施、上调银行存款准备金率和上调利率三项行动，显示出了中国高超的宏观调控本领，中国的宏观调控政策日趋成熟，他呼吁世界其他国家向中国学习宏观调

---

① 〔美〕罗伯特·库恩：《中国宏观调控 果断而明智的选择》，《国际金融报》2004 年 8 月 6 日，第 1 版。

② 刘铮，李灿：《蒙代尔：宏观调控措施使中国经济健康增长》，中国网，2004 年 10 月 31 日，http://www.china.com.cn/chinese/OP - c/692854.htm。

③ Bert Hofman, Louis Kuijs. "Reblancing China's Growth," Presented at the Peterson Institute for International Economics, October 19, 2007, https://www.piie.com/publications/papers/hofman1007.pdf.

④ Eswar S. Prasad. "Rebalancing Growth in Asia," *International Finance*, Vol. 14 (1), 2011, pp. 27 - 66.

⑤ Luigi Bonatti, Andrea Fracasso. "The China - US Co - dependency and the Elusive Costs of Growth Reblancing," *Rivista Internazionale di Scienze Sociali*, *Vita e Pensiero*, *Pubblicazioni dell'Università Cattolica del Sacro Cuore*, Vol. 120 (1), 2012, pp. 59 - 102.

控。① 随着中国经济进入新常态，经济增长放缓，面对西方媒体对中国宏观调控的质疑，许多外国学者对中国的经济依然保持乐观的态度。比如法国著名经济学者达留什·科瓦尔奇克认为以往中国经济政策的巨大成功显示出中国在加速度中实现了宏观调控目标，中国政府依然有很强的宏观调控能力，手中还有很多牌可以打，可以继续采取宽松的货币政策、增加公共开支等，中国依然是世界经济增长的首要贡献者。俄罗斯经济学者安德烈·科索夫表示，中国正在进行的经济改革是经济增速放缓的原因，改革是为了转变经济增长方式，中国的经济增长方式正在由依靠投资和生产向依靠消费和服务业转变，中国的经济增长率虽然有所放缓，但新的经济增长模式生命力旺盛，能够保证中国经济稳健发展。② 党的十九大召开后，外国学者、机构与媒体以前所未有的热情关注党的十九大报告及紧随其后的年度政府工作报告，比如，路透社认为中国2019 年政府工作报告将 2019 年目标增长设定为 6% ~ 6.5%，淡化了GDP 增长指标，基本符合市场预期，已经勾勒出未来一段时期中国宏观经济运行的趋势特征。英国《金融时报》指出，中国下调了 2019 年的经济增长目标，设定了一个经济增长目标区间，在动态调整中体现了中国政府的应变能力，赋予经济增长目标更大的政策灵活性。③

消极性的评价。有一部分学者不从客观事实出发，扩大甚至歪曲中国经济发展中的问题，对中国的宏观调控成绩视而不见，反而对其评价持消极态度。美国匹兹堡大学托马斯·罗斯基研究了中国各省区市的经济资料，在质疑中国经济增长成绩的同时，攻击中国的宏观调控政策。④ Blanchard 和 Giavazzi 对中国汇率改革持批评态度，认为中国自汇率制度

① 〔美〕史蒂芬·罗奇：《向中国学习宏观调控》，《人民日报》2012 年 3 月 13 日，第 3 版。
② 马文静：《世界解读 2015 年中国经济"成绩单"》，手机央广网，2016 年 1 月 23 日，http://m. cnr. cn/finance/20160123/t20160123_ 521212164. html。
③ 转引自中国社会科学院经济研究所《外媒关注 2019〈政府工作报告〉》，中国社会科学网，2019 年 3 月 8 日，http://ie. cass. cn/academics/economic_trends/201903/t20190311_4845619. html。
④ 张幼文、黄仁伟等：《2003 中国国际地位报告》，上海远东出版社 2003 年版，第 201 页。

改革以后，经济上存在高储蓄、高资本积累、高出口与高进口并存的"四高"现象。① 随着中国综合国力的日益提升，西方部分媒体、学者及政要出于扼制中国崛起的目的，不但制造大量虚假信息歪曲中国的管理模式，设置消极倾向的引导框架，以影响不明真相的受众，而且对中国的宏观调控政策及手段断章取义，选择以局部事实代替整体事实，以达到抹黑中国、阻碍中国发展的目的。

4. 国内外研究中存在的问题

虽然我国在宏观调控的实践中取得了很大的成绩，但国内学界对宏观调控的研究仍存在一定的欠缺。主要表现在如下三个方面。

（1）对于宏观调控的内涵界定不清，导致对其的理解泛化

基于现有的研究资料，学界对宏观调控的内涵其实是缺乏规范统一、科学严谨的界定的，对其的理解存在着泛化现象。具体包括以下三点。其一，混淆了政府宏观调控与微观经济职能，认为二者是一致的。而实际上，宏观调控与微观规制是政府管理经济的两大职能，二者不仅有着清晰的边界，还存在着相对独立的体系（吴超林，1999；王健，2002；纪显举，2008）。其二，对宏观调控的主体表面上的理解与实际上的操作存在差异，宏观调控的主体是中央政府，但许多人认为地方政府也是宏观调控的主体，甚至有人认为我国应实行二级宏观调控体制，即中央政府和地方政府分级调控，比如郑生权（1992）、高勇（1993）、杨庆育和黄朝永等（2005）。其实，宏观经济调控权只能集中于中央，地方政府只是宏观调控的客体。② 其三，将宏观调控直接等同于国家干预，忽视了二者的区别。实际上，二者无论在理论基础、经济基础、政治基础、制度基础还是在覆盖范围、调控目标、调控政策等方面都存在显著的差异。

---

① Oliver Blanchard, Franceco Giavazzi. "Rebalancing Growth in China: A Three-handed Approch," *China & World Economy*, Vol. 14（4），2006，pp. 1 - 20.

② 刘瑞：《宏观调控的定位、依据、主客体关系及法理基础》，《经济理论与经济管理》2006年第 5 期，第 17 ~ 23 页。

（2）对于宏观调控的研究深度不够，研究出现片面化

基于现有的研究成果，学术界对于宏观调控的研究缺乏深度挖掘，大部分都是就经济现象论经济现象，而忽视了对其蕴含的经济规律的进一步挖掘。由于研究深度不够，所以研究视角与方法相对单一，内容存在碎片化特征，并缺少系统化。

（3）忽略了我国转型期宏观调控的特殊性，对转型背景重视不够

在宏观调控研究中，国内学术界出现了简单的拿来主义，未深入分析我国转型经济制度的深刻背景，而是按照西方的政府干预理论来理解我国的宏观调控，片面强调我国市场经济宏观调控与西方发达国家政府干预的相似性，忽略了我国转型期宏观调控的特殊性。而国外的研究普遍出现拿西方的标准来衡量中国的发展、无视中国的转型背景的现象，这更应该引起我们的警醒。

（二）关于宏观调控体系的研究现状及文献综述

虽然国内第一次在官方文件上出现"宏观调控体系"是在党的十三届五中全会上（1989 年），但这之前国内学术界已经开始对宏观调控体系进行关注与研究。在知网上分别以"宏观调控体系"为主题词和关键词检索 1986～2019 年的相关文献，搜索到的文献数量分别为 3688 篇、1044篇。其中包括以"中国特色宏观调控体系"为主题词搜索到的相关文献，共 27 篇（1994～2019 年）。通过查阅国家图书馆馆藏书籍，以"宏观调控体系"为题名搜索到的相关专著共 7 本。可见，研究宏观调控的人很多，但研究其体系的人相对较少，研究中国特色宏观调控体系的人更少，以"中国特色宏观调控体系"为题名，搜索到的专著有 2 本，分别是刘瑞 2016 年由中国人民大学出版社出版的《中国特色的宏观调控体系研究》和李德水 2018 年由中国言实出版社出版的《建设和完善中国特色社会主义宏观调控体系》。进入新时代，对新时代中国特色宏观调控体系的研究资料更少，2012～2019 年仅 1 篇，是高培勇 2018 年在《今传媒》上发表的《习近平新时代中国特色社会主义经济思想引领宏观调

控体系布局》。国外专门对中国特色宏观调控体系进行研究的专著几乎没有。

1. 关于宏观调控体系的研究内容

基于国内的研究资料，宏观调控体系的研究内容主要体现在以下四个方面：一是关于宏观调控体系的设想与探索；二是关于中国特色宏观调控体系的构建；三是关于健全中国特色宏观调控体系的研究；四是基于新常态的背景，创新与完善中国特色宏观调控体系的研究，也可以说是对新时代中国特色宏观调控体系的探索。国内学者从这四个方面展开了对中国特色宏观调控体系的研究。

（1）关于宏观调控体系的设想与探索

国内最早对宏观调控体系进行研究的是许毅，他把国民经济比喻成一个复杂的大系统，认为其在运行过程中会不断产生新的矛盾，运用各种手段去解决不断产生的矛盾是他研究的重要内容，他利用经济杠杆来解决五大矛盾即计划与自由、集权与分权、条条与块块、供给与需求、资源合理利用与局部利益，试图构建一个宏观调控体系的雏形。[①] 汪涤世等从宏观调控体系建立的必要性出发，提出了构建适应有计划的商品经济的宏观调控体系设想，通过明确对宏观调控的目标、方法、手段以及国家机关的职能作用，指出了新的宏观调控体系的两个主要任务是调控社会总需求和经济结构，归纳出了新的宏观调控体系模式，设想通过若干子系统的协调运转，达到促使国民经济良性运转的目的。[②] 王斌在分析市场机制与宏观调控体系关系的基础上，指出了市场机制越发展越要求建立宏观调控体系，在对宏观调控的经济手段进行分析的基础上，认为建立的宏观调控体系不仅要包括经济内容，还要涵盖某些关于社会的、政治的以及思想文化方面的内容。[③] 杨建安认为宏观调控体系是一

① 许毅：《论建立宏观调控体系问题》，《财政研究》1986年第10期，第1~12页。
② 汪涤世等：《建立健全宏观调控体系的设想》，《社会科学研究》1986年第6期，第3~8页。
③ 王斌：《市场机制与宏观调控体系》，《商业经济研究》1989年第9期，第13~15页。

个复杂的机制体系，是由多元化、多层次的调控机制形成的。他从当时经济阶段的基本特征出发，分析了体制转轨阶段的现状，提出了在有计划商品经济理论指导下构建具有中国特色的宏观调控机制体系的设想。[①]陆百甫依据我国经济实践，在分析社会主义经济计划含义的基础上，认为在整个宏观体系中，中央调控体系作为整个宏观体系的核心环节，是母系统；地方调控体系作为国家宏观调控体系的配套环节，是子系统，二者之间既互相联系，又相得益彰。在此基础上，他提出了建立中央与地方两级宏观调控体系的设想。[②]李同明基于计划与商品经济的关系，分析了社会主义商品经济的宏观调控方式，提出了关于有计划商品经济宏观调控体系的构想，认为该宏观调控体系既要坚持经济调节规则一元化，又要坚持经济调节方式多样化，两者有机统一是实现宏观调控体系良性运转的重要保证，在此基础上，他提出了在商品经济条件下，构建宏观平衡体系的总思路，并初步设想了该体系的基本框架。[③]随后，王梦奎（1993）、刘国光（1994）等基于我国国情，在分析政府与市场关系的基础上，均从转变政府职能方面对宏观调控体系的构建提出了建设性的意见。黄伯平在反思我国宏观调控理论的基础上，澄清了宏观调控认识中的误区，提出构建宏观调控政策手段体系的设想，认为宏观调控体系包括两大政策手段体系，分别是内生性宏观调控体系和外生性宏观调控体系。通过比较分析，他认为前者趋近于西方的"宏观经济政策"，后者则是比较典型的"宏观目标与微观手段"。[④]

（2）关于中国特色宏观调控体系的构建

从党的十四大提出"确立社会主义市场经济体制……必须加强和改

---

①　杨建安：《论具有中国特色的宏观经济调控机制体系》，《财经理论与实践》1990年第4期，第16~19页。

②　陆百甫：《建立中央与地方分级宏观调控体系的思考》，《管理世界》1991年第6期，第26~29页。

③　李同明：《关于建立有计划商品经济的宏观调控体系的构想》，《经济科学》1992年第1期，第1~5页。

④　黄伯平：《宏观调控的理论反思》，《社会科学研究》2008年第3期，第34~40页。

善国家对经济的宏观调控"到十四届三中全会提出"建立健全宏观经济调控体系",学界对中国特色宏观调控体系构建方面的研究逐渐增多。何竹康从深化我国经济转轨时期宏观经济管理改革的目标需要出发,基于已有的改革成果,提出要把宏观经济管理转向主要调控全社会宏观经济活动上,无论是宏观调控手段、目标还是宏观调控模式的构建,都要依据中国实际,形成独特优势,逐步建立起以市场为基本对象的具有中国特色的宏观调控体系和运行机制。① 严书翰通过探讨亚洲四小龙发展市场经济的主要历程,总结其发展市场经济的规律,为我国发展市场经济提供启示。在阐述亚洲四小龙处理政府与市场关系的基础上,他指出在我国经济体制转轨时期,要大胆探索,尽快建立起具有中国特色的宏观调控体系,以适应当前社会主义市场经济发展需要。② 叶煜荣等立足于改革宏观管理方式,转变经济职能,使其适应市场经济发展的需要,阐述了构建宏观调控体系的必要性,认为中国特色宏观调控体系应由宏观经济调控的主要任务、目标系统和组织系统三个系统组成。③ 王健从法学的角度论证了宏观调控体系是构建宏观调控法律体系的逻辑起点,并认为中国特色宏观调控体系问题究其实质是关于不同经济手段的分类优化组合、联系及协调问题,中国特色宏观调控体系的核心与支柱是以计划、金融和财政为代表的三大经济手段,但它们并不能涵盖宏观调控体系的全部,因此,作者提出要构建宏观调控的法律体系。④ 欧阳进(2003)和王健(2007)分别从宏观调控体系的目标演进以及我国五次宏观调控的经验教训中,提出建立中国特色宏观调控体系的对策性建议。闫革通过对比西方发达国家的干预体系,基于我国市场发育情况以及加

① 何竹康:《建设以市场为基本对象的宏观经济调控体系》,《中国社会科学》1994年第5期,第3~14页。
② 严书翰主编《亚洲四小龙发展启示录》,中原农民出版社1994年版,第486页。
③ 叶煜荣、董建新、李鸿庄主编《邓小平理论概论》,广东高等教育出版社2000年版,第146~147页。
④ 王健:《宏观调控法律体系构造论》,《法律科学》1998年第2期,第41~47页。

入 WTO 后宏观调控遇到的挑战，认为我国应在原有宏观调控体系的基础上构建具有与自身特色相适应的宏观调控体系，并阐释了该体系的有机架构，认为它是由发展计划、财政、货币以及产业政策等构成的一个有机整体。① 吴亚卓、吴英杰通过阐述宏观经济调控的基本原理，回顾与分析了我国宏观调控的实践，通过分析中国宏观调控体系的特征，提出在中国特色宏观调控体系的构建过程中，应特别重视国家计划与国有经济的特殊作用，要认识到中国市场体系尚不健全，对宏观调控中发生的一些"超经济行为"要给予理解。② 辛向阳在研究中国特色社会主义道路的过程中，对中国特色宏观调控体系的构建进行了初步的分析梳理，认为该体系的构建既是构成中国特色社会主义理论的重要元素，又在不断发展中，成为开拓中国特色经济发展道路的重要任务。③ 文魁基于我国宏观调控的实践，对构建中国特色宏观调控体系的条件进行了详细分析，认为公有经济是构建我国基本利益结构的经济基础，国有经济是奠定共同利益的主导力量，而以共同利益为基础的基本利益结构的形成，则提供了构建中国特色宏观调控体系的客观条件。④

（3）关于健全中国特色宏观调控体系

中国特色宏观调控体系随着市场经济的不断发展逐渐形成，党的十三届五中全会初步提出要逐步建立健全宏观调控体系，党的十五大报告坚持充分发挥市场机制作用的同时健全宏观调控体系。国内学界逐渐掀起了对健全宏观调控体系研究的高潮。最早对健全宏观调控体系探索与思考的学者是李平安，他分析了当时经济发展中遇到的问题和面临的困难，指出宏观调控失控是其最突出的表现，并由此展开了对健全宏观调

---

① 闫革：《略论我国政府宏观调控体系》，《华北电力大学学报》（社会科学版）2005 年第 1 期，第 50 ~ 53 页。

② 吴亚卓、吴英杰：《宏观经济调控研究》，北京邮电大学出版社 2005 年版，第 137 ~ 138 页。

③ 辛向阳主编《中国特色社会主义道路研究》，河北人民出版社 2011 年版，第 193 ~ 194 页。

④ 文魁主编《制度支柱与体制根基——论科学发展的经济基础》，首都经济贸易大学出版社 2017 年版，第 154 ~ 155 页。

控体系的探索，他通过分析认为，健全宏观调控体系的前提是澄清某些错误论调，比如综合平衡过时论、赤字无害论、通货膨胀有益论等，以克服指导思想上的急于求成；健全宏观调控体系的关键是计划经济与市场调节相结合；健全宏观调控体系不能忽略的重要环节是要实行分级调控；健全宏观调控体系的重要内容是要综合运用各种调控手段。[1] 随后，学者们基于各个角度对健全中国特色宏观调控体系进行了探索。万斌在探讨中国特色社会主义的理论与实践的建设中，指出了健全中国特色宏观调控体系的必要性。首先，健全宏观调控体系是国民经济按比例发展规律的必然要求，是在全社会范围内自觉遵守客观经济规律，保持国家经济快速、可持续发展的必要条件；其次，是为了弥补市场机制缺陷，提升市场在资源配置中的效率，以发展社会主义市场经济；最后，是为了提高宏观经济效益。[2] 逄锦聚等认为健全而完善的宏观调控体系是实现有效宏观调控的重要保证。一个健全的宏观调控体系不仅包括调控的目标、手段，还包括调控体制、法律法规支撑体系等，健全中国特色宏观调控体系应立足于中国国情，从建立具有中国特色宏观调控的目标体系、政策手段着手，把建立有效的宏观调控体制作为重点。[3] 也有学者对健全中国特色宏观调控体系给出了对策性的建议，比如王健在回顾我国自改革开放以来五次收缩型宏观调控经验与特点的基础上，指出了当前宏观经济运行中的主要问题，并提出了一系列健全中国特色宏观调控体系的对策性建议，一是实行经济发展新战略，既要立足内需，又要优化外需，在促进可持续发展的基础上，协调宏观调控目标；二是调整投资，促进消费，减少顺差；三是既要以平衡的财政政策、稳健的货币政策为主，还要加强其与产业、土地和社会发展等政策的协调配合，同时

---

① 李平安：《关于健全宏观调控体系的思考》，《人文杂志》1990 年第 5 期，第 44～48 页。
② 万斌主编《建设有中国特色社会主义理论与实践》，浙江人民出版社 1996 年版，第 196～197 页。
③ 逄锦聚等主编《政治经济学》，高等教育出版社 2003 年版，第 419 页。

综合运用各种调控手段，提高宏观调控的效率。[①] 党的十七大报告专门提出了要在科学发展观的指导下，在深化认识社会主义市场经济规律基础上，"从制度上更好发挥市场在资源配置中的基础性作用，形成有利于科学发展的宏观调控体系"。[②] 学界由此展开了如何在科学发展观的指导下，健全中国特色宏观调控体系的研究。辛向阳在剖析科学发展观基本内涵的基础上，指出健全中国特色宏观调控体系是落实科学发展观的重要战略部署，他对健全和完善宏观调控体系提出了两大要求，既要有利于宏观经济的稳定和效率的提高，又要有利于助推宏观经济的协调以及公平正义的实现，这两大要求为构建以科学发展观为指导的中国特色宏观调控体系指明了方向。[③] 截至 2014 年，代表这方面研究最新进展的应该是中国人民大学宏观经济形势分析与预测课题组，他们通过考察我国宏观调控的实践历程，分析了我国宏观调控的特点，一方面是调控水平持续提高；另一方面是在我国宏观调控中，宏观调控目标具有矛盾性和多重性、宏观调控政策存在多变性和滞后性、宏观调控效果存在失衡性。课题组提出了健全宏观调控体系的设想，提出了七项建议，一是宏观调控对象应转向需求管理和供给管理并重；二是设立中国痛苦指数，并对其进行调控；三是宏观调控应以规则为基础，同时兼顾灵活性；四是突出经济结构调整的位置；五是将物价稳定的安全线提高到 4%；六是调整财政政策的着力点；七是优化货币政策。[④]

（4）关于新时代中国特色宏观调控体系的探索

随着我国经济进入新常态，谋求宏观调控体系的完善以适应新常态的需求成为理论界研究的热点，尤其是随着新时代历史方位的界定，理

---

① 王健：《健全宏观调控体系的对策思考》，《国家行政学院学报》2007 年第 2 期，第 17～20 页。

② 胡锦涛：《高举中国特色社会主义伟大旗帜 为夺取全面建设小康社会新胜利而奋斗——在中国共产党第十七次全国代表大会上的报告》，人民出版社 2007 年版，第 21 页。

③ 辛向阳：《科学发展观的基本问题研究》，中国社会出版社 2008 年版，第 47 页。

④ 中国人民大学宏观经济形势分析与预测课题组：《在全面深化改革中健全宏观调控体系》，《宏观经济管理》2014 年第 4 期，第 9～12 页。

论界和学术界展开了对新时代中国特色宏观调控体系的探索，以创新与完善中国特色宏观调控体系。刘志铭基于习总书记对"新常态"的表述，剖析了新常态的内涵，指出新常态不但蕴含着新研判、新要求和今后宏观调控政策的新方向，还意味着宏观调控思路的转换，新常态背景下的宏观调控除了涵盖原有的总量平衡，还包括结构调整、预调微调、风险防范以及稳定预期。① 方福前基于大改革大发展的背景，重新审视了我国宏观调控体系的逻辑进程，指出原有的宏观调控体系已经不适应新的市场定位的变化，要求打造 2.0 升级版的符合"市场在资源配置中起决定性作用"的中国特色宏观调控体系，并就重构调控理念、目标、架构方面给出了建设性的意见。② 徐绍史认为，加快构建引领新常态客观需要的中国特色宏观调控体系是有力推动"十三五"时期经济运行顺畅有序、健康发展的保障，他依据"十三五"规划的战略要求，给出了完善宏观调控政策体系的三方面的建议，一是加大重大问题研究及其政策储备，二是构建完善重大政策统筹协调机制，三是完善政策分析评估机制。③ 胡鞍钢认为经济新常态需要加强和改善宏观调控，制定宏观调控目标"新版本"，完善宏观调控目标体系，并将其列为理论界需要重点研究的崭新课题。④ 随着供给侧结构性改革在我国的实行，国内学者开始就如何围绕供给侧结构性改革架构新的宏观调控体系展开了研究。何自力基于新常态的背景，分析了创新和完善宏观调控体制的必要性，并就如何在推动供给侧结构性改革中实现宏观调控体制的创新提出了以下建议：一是以国家中长期发展战略规划目标为着力点，重构总供求格局；二是坚持总量 + 结构的调控模式；三是坚持短期调控 + 中长期调控；四是坚持国内外宏观调控统筹；五是建立风险识别与预警机制；六是增

---

① 刘志铭：《新研判 新要求 新方向》，《南方日报》2014 年 8 月 25 日，第 F2 版。
② 方福前：《大改革大发展背景下打造中国宏观调控体系 2.0 版》，《人民论坛》2014 年第 21 期，第 52～54 页。
③ 徐绍史：《创新和完善宏观调控方式》，《中国经贸导刊》2015 年第 34 期，第 4～6 页。
④ 胡鞍钢：《新常态呼唤宏观调控目标升级版》，《理论学习》2015 年第 8 期，第 53 页。

强宏观调控的精确性；七是完善宏观调控政策体系。① 高培勇基于我国
经济进入新时代以来宏观调控体系呈现的新变化，认为现有的宏观调控
理论滞后于实践，指出要以习近平经济思想为引领，构建与供给侧结构
性改革相配套的中国特色宏观调控体系。② 杜秦川认为无论是供给侧结
构性改革还是宏观调控都具有鲜明的中国特色，在供给侧结构性改革的
背景下，要不断创新与完善宏观调控体系，并提供了相应的建议：一是
创新宏观调控需要遵循市场化导向、法治化导向、促进深化改革和促进
经济发展四个原则；二是创造相对平稳宽松的环境，以推动供给侧结构
性改革顺畅进行，构建长中短协调配合的政策工具体系；三是要扭转宏
观调控泛化的理念，将财政、货币政策功能聚焦于熨平波动；四是在政
策操作上，既要注重增强机制化、透明化等操作范式，也要注重改善预
期引导和管理；五是注重创新宏观调控方式，对其进行优化组合，充分
发挥其协调配合作用；六是注重国际宏观经济政策协调，对大国政策的
溢出回荡效应进行妥善应对。③ 国内学界还从高质量发展出发，对中国
特色宏观调控体系展开了探索，刘伟分析了我国经济发展进入新时代以
来的宏观经济形势及其经济失衡的新特点，指出立足高质量发展，要以
推进供给侧结构性改革为重点，贯彻稳中求进的工作总基调，不断创新
与完善宏观调控方式，构建宏观调控新体系。④ 苏剑分析中国近几年的
宏观调控实践，认为中国的宏观调控方式在不断创新，中国形成了以需
求、供给和市场环境三方面管理为理论基础和支柱的宏观调控体系，在
现阶段，高质量发展成为实施宏观调控的根本要求，要构建与高质量发
展相适应的新的宏观调控体系，以刺激优质需求，推动高质量发展目标

① 何自力：《在推动供给侧结构性改革中创新宏观调控体制》，《财经理论研究》2016 年第 2
　　期，第 1～6 页。
② 高培勇：《习近平新时代中国特色社会主义经济思想引领宏观调控体系布局》，《今传媒》
　　2018 年第 2 期，第 162～163 页。
③ 杜秦川：《供给侧结构性改革下创新宏观调控的方向》，《宏观经济管理》2018 年第 6 期，
　　第 22～28 页。
④ 刘伟：《立足高质量发展创新和完善宏观调控》，《经济日报》2019 年 6 月 6 日，第 15 版。

的实现。① 何自力认为经过改革开放 40 年的发展，我国经济发展正在迈向高质量发展阶段。高质量发展对宏观调控提出了新要求，因此，要在创新与完善宏观调控中，适应高质量发展的需要，构建与高质量发展相匹配的宏观调控体系。② 高培勇对经济高质量发展问题进行了全面探讨，认为从新时代到新阶段是高质量发展的内在逻辑，作者剖析了高质量发展的主要内容，认为其追求的发展目标是更好地满足人民对美好生活的愿景与期望，所秉承的理念是五大发展理念，所贯穿的宏观经济政策主线是供给侧结构性改革，所解决的主要矛盾是结构矛盾，所实施的宏观调控主要手段是深化改革，作者建议打破以高速增长为目标的"惯性思维"，走稳推动高质量发展之路。③ 可以说，这也从宏观层面对新时代中国特色宏观调控体系的架构提供了雏形。

2. 国内外宏观调控体系研究存在的问题

（1）理论研究滞后于实践的发展

基于已有的研究，大部分相关论著都集中于构建与健全宏观调控体系的研究上，且在此过程中对中国特色的宏观调控体系的研究缺乏自信，缺乏相对完善的系统性研究。尤其是随着我国经济发展进入新时代，原有的宏观调控理论体系已经远远落后于实践的发展，不适应于新时代经济发展的需要。

（2）研究出现碎片化，系统化研究不足

研究新时代中国特色宏观调控体系的文献资料较少，既有的研究资料只是从局部，比如宏观调控背景、创新与完善调控方式、目标设想、政策协调等某一方面进行研究且比较零散，缺乏系统化、深入化的研究。对中国特色宏观调控体系的理解存在泛化现象，对新时代中国特色宏观

---

① 苏剑：《创新宏观调控体系旨在刺激优质需求》，《中国经济时报》2019 年 6 月 27 日，第 4 版。
② 何自力：《构建适应高质量发展要求的宏观调控体系》，《经济日报》2019 年 7 月 3 日，第 15 版。
③ 高培勇：《理解、把握和推动经济高质量发展》，《经济学动态》2019 年第 8 期，第 3~9 页。

调控体系虽有提法，但缺乏整体性研究。研究的视角和方法相对单一，且缺乏跨学科的视野和高度。

（三）几个相关核心概念的界定

通过对国内外关于中国宏观调控及其体系的研究现状分析，笔者发现国内外对中国特色宏观调控体系的研究取得了一定的成就，也存在不少的问题。人们虽然开始重视对中国特色宏观调控体系的研究，但对其理解存在泛化现象，且大部分学者基于西方经济学进行研究，忽略了中国特色宏观调控及其体系的特殊性，相对缺乏本土自信，对宏观调控及其体系缺乏科学严谨的概念界定，许多学者直接将宏观调控等同于西方的国家干预。在全面深化改革的背景下，虽然党的十九大报告对新时代的内涵与意义进行了深刻的阐释，但如何从经济方面理解新时代，还需要厘清，因此，笔者对新时代、宏观调控、中国特色宏观调控体系等展开概念界定，以澄清理论界对其的模糊认识。

1. 关于新时代

党的十九大报告做出了一个新的历史性方位的判断，"中国特色社会主义进入了新时代"，[①] 这也意味着我国经济发展进入了一个新时代。十九大报告从历史脉络、实践主题、人民性、民族性以及世界性五个维度高度凝练和科学概括了中国特色社会主义新时代的深刻内涵。理论界依据十九大报告精神，基于各种学科的需要，对新时代赋予了不同的含义，给出了不同的解释。理论界形成的共识是，新时代的起始阶段是党的十八大。随着社会主要矛盾的转化，学者们基于不同的角度对中国经济进入新时代给出了不同的解释。王朝科从政治经济学的视角分析了新时代的科学内涵，他指出在马克思主义的本质规定下，新时代历史方位的界定是科学社会主义的最新实践，既体现了我国社会主义市场经济的

---

① 习近平：《决胜全面建成小康社会　夺取新时代中国特色社会主义伟大胜利——在中国共产党第十九次全国代表大会上的报告》，人民出版社 2017 年版，第 10 页。

演变历程，又紧扣"社会生产与人民需要"的具有鲜明中国特色的政治经济学的核心命题。① 闫坤从社会主要矛盾转变是新时代的理论基础出发，分析了新时代的新的阶段性特征，认为消除贫困人口是化解新时代社会主要矛盾的关键点，新时代意味着要以新的阶段性特征展示新的历史使命。② 张宇等认为新时代方位的确定，开启了中国特色政治经济学发展的新时代，在经济发展中，要紧密契合新时代的历史背景、历史方位，重新定位、构建、规划和思考我们的实际经济工作，真正实现由富起来到强起来的时代转变。③ 张占斌、钱路波认为"新时代"的时代特征和使命不但重标了我国社会主义发展的时代坐标与历史方位，而且丰富拓展了与马克思主义政治经济学相关的时代理论，标志着中国特色社会主义政治经济学迈入了新的阶段。新的时代意味着要有新的理论与之相匹配，倒逼理论创新。我们应该在坚持马克思主义"大时代"的基础上，坚持和发展适合中国国情的小时代的理论创新与发展。④ 任保平基于新时代历史方位的界定，认为中国经济已经进入新时代，新时代中国经济正在扬弃数量型经济增长方式，迈向以质量效益型为特征的高质量发展之路，呈现新的阶段性特色。高质量发展的理论导向和实践取向意味着新时代中国经济发展走的是遵循经济发展规律的科学之路，走的是符合人类美好生活愿景的文明发展之路。⑤ 基于理论界出现的对新时代理解不一，误读、滥用新时代的现象，马克思主义学者们从各个角度给予了深刻的解读。卫兴华基于对我国社会主要矛盾的深刻分析，认为党

① 王朝科：《关于新时代的中国特色社会主义政治经济学的解读》，《毛泽东邓小平理论研究》2017 年第 12 期，第 33～38 页。
② 闫坤：《新时代：以新的主要矛盾标识新的历史方位》，《学习与探索》2017 年第 12 期，第 1～6 页。
③ 张宇等：《中国特色社会主义政治经济学》，高等教育出版社 2018 年版，第 37 页。
④ 张占斌、钱路波：《习近平新时代中国特色社会主义经济思想的学理逻辑》，《国家行政学院学报》2018 年第 6 期，第 37～41 页。
⑤ 任保平：《新时代中国经济从高速增长转向高质量发展：理论阐释与实践取向》，《学术月刊》2018 年第 3 期，第 66～74 页。

的十九大报告之所以选择了新时代，而没有用新时期，是因为新时代相较于新时期是个大概念，其内涵无论从广度还是深度都更大、更深远。①金民卿认为，应该以马克思主义的时代观为指导，把我们所处的新时代与当今人类所处的社会历史时代有机统一起来，这样才能更好地把握新时代的内涵以及所肩负的历史使命。判断一个时代的核心标准是由居于统治地位的生产关系决定的，在当今的世界历史时代中，处于统治地位的仍然是资产阶级，这是一个大的时代，而我们定位的新时代仍然处于这个大时代中。②辛向阳认为十九大报告所讲的新时代指的是中国特色社会主义的新时代，不是别的什么时代。中国特色社会主义新时代既是马克思主义所揭示的关于历史大时代中的伟大时代，又是中国特色社会主义长时代中的一个伟大时代，也是破解新的社会矛盾逐渐满足人民不断增长的美好生活需要的时代，因此，面对新时代新的历史责任与使命，我们既要站在我国新的历史方位的角度，又要站在马克思主义的高度去理解，不要误读、滥用新时代的概念。③

综合学界对新时代既有的研究成果，结合官方的语义表达，笔者专门从马克思主义政治经济学的角度对新时代进行了界定：新时代就是在马克思主义时代理论的指导下，依据党的十八大以来所取得的历史性成就和社会主要矛盾的转变，在中国共产党的坚强领导下，在习近平经济思想的指导下，在以人民为中心的基础上，围绕实现"两个一百年"奋斗目标，在稳中求进的前提下，遵循经济社会发展规律，紧扣社会主要矛盾，以推动高质量发展、满足人民对美好生活需要、建设现代化经济强国为目标的中国特色社会主义新时代。

① 卫兴华：《对新时代我国社会主要矛盾转化问题的解读》，《社会科学辑刊》2018 年第 2 期，第 5～14 页。
② 金民卿：《历史唯物主义关于社会历史时代的思想及其当代意义》，《思想教育研究》2018年第 12 期，第 3～5 页。
③ 辛向阳：《科学把握"新时代"准确内涵》，《方圆》2018 年第 11 期，第 58～59 页。

2. 关于宏观调控

"宏观调控"（macro control）是中国政府在管理宏观经济实践中提出的一个概念，其间经历了"宏观调节"、"宏观控制"到"宏观调控"的演变过程。经刘瑞（2006）论证，它是我国独创的专有名词，西方学术著作并无与其直接对应的词语，与其最为接近的是"政府干预"（Government Intervention）。二者存在共性但也存在区别，许多学者往往忽略了二者的区别，直接采取拿来主义，将宏观调控的概念严重泛化，忽略了中国经济转轨过程的特殊性及其经济管理的复杂性。基于已有的研究文献，梳理理论界对宏观调控定义的不同解释，笔者发现学界对宏观调控的含义还缺乏清晰一致的理解，没有形成公正权威的定义。学界对宏观调控的定义主要分为三类：广义论、狭义论和特色论。

广义论者直接将宏观调控等同于政府干预或国家干预，把所有针对市场失灵所采取的调节方式都纳入宏观调控的范畴，将宏观调控的外延极度扩大。马洪认为宏观调控"就是政府为了实现总量（宏观）平衡，保持经济持续、稳定、协调增长……通常把政府弥补市场失灵的其他措施也纳入宏观调控的范畴"。[1] 乔新生把政府对经济的直接干预认为是宏观调控的本质所在。[2]

狭义论者主要以西方宏观经济学理论为框架，认为政府主要运用财政、货币两大政策对社会总需求进行调节，将宏观调控直接与西方的宏观经济政策相对应，反对将结构调整、行政规划手段纳入宏观调控体系。汤在新、吴超林通过探讨宏观调控的理论基础与政策，认为宏观调控作为国家的经济职能，是国家干预经济的特定方式，是国家运用一定的以财政货币为主的经济政策调节社会供需（宏观经济总量），使其趋近或达到经济均衡目标的行为过程，宏观调控的总体目标是"实现总供需的

---

① 马洪主编《什么是社会主义市场经济》，中国发展出版社1993年版，第197页。
② 乔新生：《宏观调控中经常被误用的三个概念》，《中国特色社会主义研究》2005年第2期，第51~53页。

均衡，促进经济持续稳定的增长"。① 钱颖一认为，虽然宏观调控的概念已经提出 20 多年，但学界尚未完全分清宏观经济与微观经济的区别，故而没有将政府对经济的宏观调控与市场监管两种职能进行有效的区分，他通过对宏观经济与微观经济进行解析，认为宏观调控指的是"政府有关财政、货币、汇率等调整总量的政策"，市场监管指的是"政府对企业、行业或单个市场的行为规制"，不能将宏观调控等同于市场监管。② 汤在新认为宏观调控没有配置资源与结构调整的功能，其只是从价值量上调节总供需之间的均衡，针对一些专家提出的今后宏观调控要采用针对总量控制和结构调整等多种手段的观点，他在文中反问道："如果把结构调整、资源配置都作为市场经济体制下宏观调控的职能，还需要市场经济干什么呢？还有必要推行市场经济改革吗？"③ 通过对宏观调控含义的解析，许小年认为宏观调控是"运用宏观政策调节社会总需求"，强调的是"宏观政策"和"总需求"，宏观政策只有财政、货币两类政策，政府通过"控制货币供应总量、税收与财政开支"，继而"调节以国内消费与投资为主的社会总需求"④。

特色论者认为应该根据中国的国情来制定具有中国特色的宏观调控理论，不能完全照搬西方市场经济的做法，要具有本土的特色，代表学者是刘瑞、庞明川、张勇等。刘瑞通过对宏观调控概念的梳理，认为宏观调控是一种"较为特殊的政府管理行动"，是"对社会主义市场经济管理实践的经验总结与概念创造"⑤。庞明川认为宏观调控具有鲜明的中国特色，明显迥异于西方成熟市场经济国家以及转轨国家的宏观调控，他将我国宏观调控的突出特色总结为涵盖领域广、宏观调控政策工具多

---

① 汤在新、吴超林：《宏观调控 理论基础与政策分析》，广东经济出版社 2001 年版，第 247 页。
② 钱颖一：《宏观调控不是市场监管》，《财经》2005 年第 5 期，第 42～44 页。
③ 汤在新：《为宏观调控正名》，《经济学家》2006 年第 1 期，第 86～92 页。
④ 许小年：《为宏观调控正名》，《现代商业银行》2008 年第 3 期，第 51～52 页。
⑤ 刘瑞：《宏观调控的定位、依据、主客体关系及法理基础》，《经济理论与经济管理》2006年第 5 期，第 17～23 页。

样、宏观调控力度适当等方面,将转轨经济背景下宏观调控的特点概括为实践性、过渡性、综合性等,并认为以上宏观调控具有的特色和特点为中国经济的持续快速增长给予了保证。[①] 张勇认为宏观调控作为宏观经济管理的中国范式,源于中国经济特殊的复杂的转型实践的概念认知,植根于中国独特的东方社会文化环境,呈现出独特的认知路径。[②]

比较以上三类观点,三者共同的认知就是宏观调控是国家管理经济的职能,但对比剖析后发现,广义论的观点将宏观调控的概念扩大化,将其等同于政府干预,实际上混淆了宏观与微观两类措施的区别。狭义论的观点将宏观调控视为宏观经济政策,其理论架构来源于西方主流宏观经济理论,这类观点传播广、危害大。特色论的观点虽然试图基于中国社会主义市场经济的实践给出一种合理的理论解释,但由于缺乏相对系统的理论研究成果,尚没有形成更大范围的理论共识。

基于以上分析,笔者认为宏观调控就是在发挥市场对资源配置起基础性作用的前提下,政府在管理国民经济中,综合运用多种手段(经济、法律、行政、计划等),从需求侧和供给侧对经济社会发展进行调节和控制,以实现总量平衡和结构平衡、地区协调、人与自然和谐等为宏观经济目标的国家职能。

中国特色宏观调控就是在中国特色社会主义市场经济条件下,在中国共产党的领导下,在以人民为中心的基础上,采取的既不同于西方传统的国家干预,也不同于其他发展中国家国民经济管理的模式,其是根据中国国情和中国特色社会主义制度优势,综合运用多种手段,遵循国民经济按比例发展规律和市场经济规律,从供需两侧对国民经济进行调节和控制,以实现经济增长、结构优化、地区协调、风险防控、就业优

---

① 庞明川:《中国特色宏观调控的实践模式与理论创新》,《财经问题研究》2009 年第 12 期,第 17~24 页。

② 张勇:《宏观经济管理中国范式的形成与发展——论中国宏观调控实践的理论价值》,《中国延安干部学院学报》2012 年第 1 期,第 99~104 页。

先和收入公平等为宏观经济目标的国家职能。

3. 关于中国特色宏观调控体系

所谓体系，按照《现代汉语词典》的解释，即若干事物或某些意识按照一定的秩序或内部之间的互相联系而构成的一个整体。而宏观调控体系则是源于宏观调控的系统性特征所形成的一个专有名词。西方相对来说有定型的国家干预体系，而国内学者对于宏观调控体系的研究还处于探索与完善阶段。比如王健（1998）、杨秋宝（2002）、欧阳进（2003）、方福前（2014）等分别从宏观调控法律体系、绩效体系、目标体系、政策体系进行了探索，但往往缺乏相对完整的宏观调控体系内涵界定，尤其是缺乏对中国特色宏观调控体系的概念界定，对新时代中国特色宏观调控体系的概念界定到目前还没有形成。基于已有的研究成果，笔者对中国特色宏观调控体系、新时代中国特色宏观调控体系进行概念界定。

中国特色宏观调控体系就是在中国特色社会主义市场经济条件下，立足中国国情，以中央政府为调控主体，针对市场经济波动，采取以间接调控为主，以直接调控为辅，利用计划（规划）、经济杠杆、经济法规和经济组织等来调节国民经济运行，以保证国民经济稳健、协调、持续发展为目标的一套综合调控系统。

新时代中国特色宏观调控体系就是在新时代经济发展背景下，在加强中国共产党对经济的全面领导下，立足新时代宏观经济形势变化，在以人民为中心的新发展理念指导下，以中央政府为调控主体，针对市场经济波动，紧扣社会主要矛盾，以供给侧结构性改革为主线，采取以间接调控为主，以直接调控为辅，利用计划（规划）、经济杠杆、经济法规和经济组织等来调节国民经济运行，以推动高质量发展、建设现代化经济体系、实现国民经济稳健运行和协调持续发展为目标的一套综合调控系统。

三 研究方法与结构安排

（一）研究方法

笔者从马克思主义政治经济学的视角出发，在坚持辩证唯物主义、历史唯物主义的前提下，基于中国改革开放尤其是党的十八大以来经济发展的现实，结合新时代中国宏观经济形势的变化，对新时代中国特色宏观调控体系进行了深入研究，采取的主要方法如下所示。

1. 文献分析法和引证法

为满足研究的需要，笔者查阅了大量的文献资料，马克思经济学体系中没有直接提出宏观调控这一概念，但其理论体系中蕴含着丰富的宏观调控思想。通过阅读马恩经典著作，尤其是重点研读《资本论》，以及阅读西方论述宏观经济思想的相关文献，笔者梳理出与宏观调控及其体系相关的学理支撑，在对其深入分析的基础上，结合研究的需要进行引证，力求做到文中所论述的观点有典可依、有据可查。

2. 比较分析方法

本书结合研究的需要，采用了对比分析的方法，通过对中国的宏观调控与西方的国家干预的对比分析，厘清了两者的区别，证明了宏观调控是源于中国本土实践的理论创新，是具有典型中国特色的概念创造。笔者对改革开放40多年来中国特色宏观调控及其体系的演变历程进行梳理，比较了不同阶段宏观调控的目标、手段、方式、效果等，证明中国的宏观调控在渐进式改革中逐渐走向系统化、完善化，使我们对中国特色宏观调控体系的科学性与合理性具有更加清晰的认识。

3. 历史与逻辑相统一的方法

本书基于中国宏观调控的客观现实，结合改革开放后八轮宏观调控的演变历程，在总结其经验的基础上，把握其演进脉络，运用历史与逻辑相统一的方法，对宏观调控、宏观调控体系以及中国特色宏观调控体系等核心概念进行了逻辑概括，展开了对宏观调控运作体系的分析，进而形成了自身的研究逻辑，从纷繁的历史进程中归纳出其基本规律，以期达到历史与逻辑的高度统一。

4. 系统分析法

运用系统论的基本原理来研究新时代中国特色宏观调控体系，通常来说，体系的构建本身就是一项复杂的系统工程，在研究中，笔者运用系统分析的方法，结合新时代宏观调控体系的崭新变化、目标要求等，按照整体性、有序性以及目的性的原则，对新时代中国特色宏观调控体系的构建及完善进行了深入的考察与分析。

5. 规范研究与实证研究搭配组合的方法

本书运用规范研究的方法，对中国特色宏观调控体系追根溯源，利用规范分析的方法，对马克思经济体系中的宏观调控思想进行提取、梳理和整合，为中国特色宏观调控体系的科学性与合理性奠定了理论基础。在规范分析的基础上，本书利用实证研究的方法，对中国自改革开放以来的八轮宏观调控展开了分析，考察了各个阶段的调控对策及调控效果。以上举措为本书的研究提供了崭新的实践基础和充分的立论依据。

（二）结构安排

基于本书的研究背景与目的，全文除绪论和结束语外，设有六章内容，在逻辑架构上分为四个部分。第一部分包括绪论和第一章，为理论基础篇，交代并阐述了本书的研究背景、意义、方法和思路，结合理论界既有的相关研究成果，对中国特色宏观调控与西方国家干预的理论基础进行了分析，证明了中国特色宏观调控的科学性与合理性。第二部分包括第二章和第三章，从中国特色宏观调控的演变历程、基本经验以及新时代中国特色宏观调控的新挑战与新机遇方面，介绍了构建新时代中国特色宏观调控体系的必要性和迫切性。第三部分是文章的主体，包括第四章、第五章，介绍了新时代中国特色宏观调控体系的主要内容以及新在何处。第四部分以第三部分为基础，包括第六章和结束语，提出了进一步完善新时代中国特色宏观调控体系的思路和建议，同时对后续研究进行了展望。

第一章对中国宏观调控的理论基础与西方的国家干预进行历史考察，在追根溯源的基础上，指出了中国的宏观调控不仅是结合中国国情对马克思宏观经济思想的进一步发展，而且是具有鲜明的本土特色的概念创新，同时指出西方国家干预的实质及其伪科学性，证明了中国特色宏观调控的科学性、阶级性及革命性。

第二章剖析了中国特色宏观调控体系的演变历程，通过对改革开放以来八轮宏观调控的分析，对当时的宏观经济运行进行了全景式、过程式的探察，一方面证明了中国特色宏观调控体系是随着渐进式改革逐渐形成并发展的，另一方面总结其基本经验，为后续研究奠定了基础。

第三章基于新时代宏观经济形势的变化，结合国内外经济运行趋势，从中国外部宏观经济环境趋紧、在国际产业分工中面临新困境、国际宏观政策协调难度加大、对外政策综合化考虑因素增多等方面分析了新时代中国特色宏观调控面临的新挑战。依据党的十八大以来中国经济建设和国家经济管理的成就，从中国推动国际宏观政策的协调作用增强、宏观调控的基础条件更加坚实、宏观调控的空间较大等方面分析了新时代中国特色宏观调控面临的新机遇，也从侧面证明中国有能力、有信心、有空间来应对百年未有之大变局下的宏观调控新挑战。

第四章基于新时代中国特色宏观调控面临的新挑战与新机遇，阐述了构建新时代中国特色宏观调控体系的必要性和迫切性，依据新时代宏观经济特征变化，从宏观调控的主客体、组织架构、目标体系、政策手段、基本原则等方面阐述了新时代中国特色宏观调控体系的主要内容，厘清了新时代宏观调控体系的内容概要。

第五章阐述了新时代中国特色宏观调控体系新在何处。通过对其内容的考察，分析了新时代中国特色宏观调控体系呈现的新特征、新目标、新方式，在"变"与"不变"之中，指出其与原来的宏观调控体系相比的创新之处。

第六章对新时代中国特色宏观调控体系的政策效果进行评价，从如何完善新时代中国特色宏观调控目标体系、政策体系、决策协调体系方面给出了完善新时代中国特色宏观调控体系的思路与建议，以期为新时代中国特色宏观调控体系的完善做出一些努力。

四　创新与不足之处

本书在理论探索与对比剖析中，紧扣马克思主义政治经济学学科知识，依据新时代宏观经济环境的变化，结合中国特色的制度优势、宏观经济运行特点及问题，试图对中国特色宏观调控体系的构建和完善提出一个科学合理性的解释及使其进一步完善的思路与建议。本书的创新之处如下。

第一，研究视角的创新。本书突破原来普遍针对宏观经济某一领域的研究，将研究的视角拓展到宏观调控的整个体系，将我国宏观调控的各个环节及要素均纳入系统化的视野中。考虑到我国宏观调控的特殊性和复杂性，本书在分别梳理改革开放以来八轮宏观调控的演变逻辑和实践历程的基础上，完整地呈现中国特色宏观调控体系的演进历程，并结合新时代宏观调控体系的新变化，系统性地构建了一个涵盖宏观调控主客体、目标体系、政策手段等的新时代中国特色宏观调控体系。

第二，研究内容的创新。本书紧扣马克思主义政治经济学的学科背景，结合政治学、管理学、法学、历史学等多学科的交叉应用，依据新时代宏观调控环境的变化，在分析现阶段经济形势的基础上，从宏观战略上紧扣社会主要矛盾转化，在以人民为中心的新发展理念的指导下，以供给侧结构性改革为政策主线，利用多种分析方法，对新时代中国特色宏观调控体系展开了多角度的研究，并对其新在何处进行了论述，在层层递进中，结合当前宏观调控中存在的问题，给出了进一步完善新时代中国特色宏观调控体系的对策性建议，既加深了对中国特色宏观经济管理规律的认识，又在创新性研究中弥补了中国特色宏观调控体系在新时代经济社会发展中的理论欠缺。

第三，话语体系的创新。在宏观调控体系的理论探讨与研究中，受西方主流经济学的影响，中国与西方发达国家之间存在"话语逆差"问题，本书试图通过新时代中国特色宏观调控体系的研究解决此问题。在对比剖析中，本书通过概念界定及理论创新与完善，既弥补了现实经济发展中理论滞后于实践的需要，又构建了新时代中国特色社会主义政治经济学的话语体系，增强了中国政治经济学的国际学术话语权。

诚然，本书也存在不足。首先，研究资料不足。虽然国内研究宏观调控的文献较多，但对宏观调控体系的研究较少，对新时代中国特色宏观调控体系的研究更少，且比较零散化、碎片化，近些年国外虽然对中国的宏观调控有部分研究，但几乎没有专门研究中国特色宏观调控体系的研究，这都增加了对其系统梳理的难度。其次，笔者虽然吸收了这一领域一些专家的建议，也到宏观经济管理有关部门去调查访问，但由于缺乏相关的实践经验，研究视野具有局限性。希望这些问题在以后的研究中可以得到弥补和解决。

第一章

中国特色宏观调控理论与西方的国家干预理论辨析

中国特色宏观调控理论是在中国特色社会主义市场经济体制下，中国政府管理国民经济、调节经济运行的理论，是中国特色政治经济学的重要内容之一。虽然中国的宏观调控建设取得了丰硕的成果，具有鲜明的中国特色，但受西方主流经济学的影响，许多人想当然地认为西方的国家干预就是中国特色的宏观调控，我们很有必要对二者进行对比剖析，对其理论基础追根溯源，辩清二者的区别。只有厘清附加在中国特色宏观调控上的不正确认识，才能正本清源，筑牢中国特色宏观调控体系的理论大厦。

第一节　中国特色宏观调控的理论基础及其发展

我国社会主义经济建设始终坚持马克思主义的指导地位，宏观调控作为经济体系的重要一环，其理论基础自然与马克思主义经济理论息息相关。但是马克思主义经济理论体系博大精深，并不是所有的内容都是宏观调控的理论基础。通过探究马恩经典著作，马克思《资本论》第二卷第三篇的社会资本再生产理论直接构成了宏观调控的理论基础。通过梳理、探究新中国成立 70 多年管理国民经济的实践，笔者发现，虽然在改革开放之前［除了社会主义改造完成之前的那几年（1949～1956年）］，中国实行的是完全排斥市场机制的单一的计划经济体制，政府采取直接性的指令性方式管理经济，资源配置方式相对单一①，但是无可否认的是，我国经济建设取得了巨大的成就，不但解决了人民的温饱问题，还为改革开放奠定了坚实的物质基础，也形成了适应当时经济发展的宏观调控思想，如毛泽东的《论十大关系》和陈云的"综合平衡思想"。改革开放后，中国在探索社会主义市场经济发展的道路上，在管理国民经济的实践中，逐步形成了适应市场经济要求的宏观调控理论依据，如江泽民的"论十二大关系"、胡锦涛的"科学发展观"和习近平的"新发展理念"。中国尚未建立成熟的系统性的宏观调控理论，为了更好地把握中国特色宏观调控的逻辑脉络和指导思想，中国特色宏观调控的理论依据除了马克思的相关理论，还包括计划经济时期适应市场经济发展的国民经济管理思想。

一　马克思的社会资本再生产理论

马克思社会资本再生产理论是在批判资产阶级政治经济学的基础上创建起来的，在马克思主义经济思想史上占据举足轻重的地位。它包括个别资本再生产和社会总资本再生产，而后者对于构建中国特色宏观调控具有重要的意义，可以说是中国特色宏观调控的直接理论基础。

马克思在其社会资本再生产理论中虽然没有直接使用社会总供给与社会总需求的概念，然而马克思的再生产图示中却蕴含着总供给与总需求（总供需）的理论，它不仅阐述了两大部类的组成，剖析了其生产与消费的关系，实质上也揭示了社会总供需的平衡关系。

---

① Paul R. Gregory, Robert C. Stuart. *Comparative Economic System*, Houghton Mifflin Company, 1995, p. 418.

（一）马克思社会资本再生产图示

社会总产品及其实现问题是社会资本运动的出发点和核心问题，而要研究这一出发点和核心问题，就需要分析马克思社会资本再生产图示，如下所示：

$$\text{I} . 4000c + 1000v + 1000m = 6000 \qquad (\text{Pm}) \qquad (1)$$

$$\text{II} . 2000c + 500v + 500m = 3000 \qquad (\text{Km}) \qquad (2)$$

作为一种科学抽象，马克思在其图示中明确地将社会总产品划分为价值构成与实物构成两大部类，这两大部类也是马克思再生产理论中的两个基本原理，是考察社会资本再生产的理论前提。社会总产品在价值形态上由不变资本（c）、可变资本（v）和剩余价值（m）三部分组成，在实物形态上分为生产资料生产和消费资料生产两大部类，即第 I 部类和第 II 部类。

1. 社会总供给和总需求

从图示中可以看出：$4000c + 1000v + 1000m$ 是生产资料部门社会产品的价值，$2000c + 500v + 500m$ 是消费资料部门社会产品的价值，而这两个部门生产出来的社会总产品价值构成了价值形态上的总供给 9000。社会总产品在实物形态上的总供给是生产资料的商品与消费资料的商品之和，也是 9000。可以说，总供给在价值形态与实物形态上达到了供给一致（平衡）。

社会再生产需要在不断的运动中才能发展下去，这就需要生产过程中消费掉的各种生产要素必须得到价值上的补偿和实物上的替换，否则再生产就不能继续进行下去。以商品生产形式进行的社会再生产，对生产资料的部门来说，只有收回已消费的不变资本，才能重新购置新的生产资料，只有收回预先支付的可变资本，才能重新购买劳动力。而以逐利为目的的资本家，为了满足其对生活资料和奢侈品的需求，必然会对剩余价值提出新的需求。同理，对生产消费资料的部门来说，也需要补

偿相应的 c、v 和 m。如将 I（$4000c + 1000v + 1000m$）和 II（$2000c + 500v + 500m$）两者加总，便构成了价值形态上的社会总需求。而要想生产已经消费掉的"具有必须进入或至少能够进入生产消费的形式的商品"和"进入资本家阶级和工人阶级的个人消费的形式的商品"[1]，就必然要求生产生产资料和生产消费资料所需要的各项生产条件得到满足，而这种补偿要求构成了实物形态上的社会总需求。

马克思的再生产图示表明了社会总产品的构成内容和实现条件，实质上，也给出了内含在再生产图示中的马克思总供需均衡的实现条件及模型。[2] 马克思的再生产图示是对再生产理论的一种逻辑严密的数学表达。这也为列宁运用数理方法推演出生产资料优先增长理论（原理）奠定了基础。

2. 三种必要的交换关系

通过马克思的再生产图示，我们可以清晰地看出三种必要的交换关系。除了第 I 部类的 $4000c$ 和第 II 部类的 $500v + 500m$ 只能通过各自部类内部的交换，打造自身的均衡状态外，还包含两大部类之间的交换。具体如下。

第 I 部类的 $4000c$，是以本部类资本家所需要的生产资料的各种形式存在的，所以，在交换中，为了补偿自身消费掉的 c，$4000c$ 只能用于本部类，并通过本部类资本家之间的互相交换达到内部的供求均衡。[3]

第 II 部类的 $500v + 500m$，是作为工人的工资和资本家的收入来购买消费资料的，第 II 部类内部的交换要通过第 II 部类的工人和资本家之间、资本家与资本家之间的交换，在本部类内部达到均衡状态。

两大部类之间的交换。第 I 部类 $1000v + 1000m = 2000$ 和第 II 部类的

① 《马克思恩格斯文集》第 6 卷，人民出版社 2009 年版，第 439 页。
② 汤在新：《宏观调控的理论基础——马克思的均衡和非均衡模型》，《教学与研究》2001 年第 2 期，第 5～11 页
③ 陈征等主编《〈资本论〉与当代中国经济》，福建人民出版社 2017 年第 3 版，第 201 页。

$2000c$ 分别是以彼此部类需要的生产资料形态和消费资料形态存在的，可是，各自价值要分别购买本部类所需要的消费资料和生产中已经消耗的生产资料①，所以，两大部类之间就形成一定的交换关系，$I(1000v + 1000m) = II 2000c$，从而得出 $I(v + m) = II c$ 的等式，这样的交换，既满足了两个部类的实现条件，又实现了两个部类间的供求平衡。

上述两大部类之间的三种必要的交换关系，有两种是在部类内进行的，有一种是在部类间进行的，这三种交换关系要想同时实现，就意味着整个经济的社会总供给和总需求处于均衡状态。这个一般均衡关系也是社会再生产过程的客观要求。

（二）总供需均衡模型

简单再生产和扩大再生产是社会资本再生产的两种基本类型，前者是后者的重要组成部分和物质基础，后者是对前者的发展。可以说简单再生产的过程中包含着扩大再生产的潜力。马克思从社会再生产的各种必要交换关系中，提出了社会总产品实现的基本条件，进而构建了总供需均衡的模型。

1. 简单再生产条件下的总供需均衡模型

简单再生产作为一种理论上的抽象，是指在原有规模上（假定没有积累的情况下）的简单重复生产。但是简单再生产是扩大再生产的一个现实因素，扩大再生产是简单再生产的展开。而马克思根据两大部类之间必然存在交换关系，得出简单再生产过程中社会总产品实现的最基本条件：$I(v + m) = II c$①，即第 I 部类的可变资本和剩余价值的价值额必须等于第 II 部类的可变资本。这也是两大部类保持均衡的基本条件。通过这个基本条件，可以换算出 $II(c + v + m) = I(v + m) + II(v + m)$②，$I(c + v + m) = I c + II c$③。通过②+③，可以推导出 $I(c + v + m) + II(c + v + m) = I c + II c + I(v + m) + II(v + m)$④，④公式是马克思简

①　陈征等主编《〈资本论〉与当代中国经济》，福建人民出版社 2017 年第 3 版，第 201 页。

单再生产图示中总供需均衡模型。这个模型的本质意义清晰地表明只有社会总供需保持均衡关系，在其数字符号交换中，简单再生产才能顺畅进行。[①]

2. 扩大再生产条件下的总供需均衡模型

扩大再生产是指在简单再生产的基础上进行的规模扩大的再生产。由于简单再生产是在假定没有积累的情况下进行的，其前提是 $I(v+m) = IIc$，这是同资本主义生产不相容的。[②] 所以，马克思在社会资本扩大再生产中，把积累因素考虑进去了，这意味着扩大再生产要有多余的生产资料，即第一部类生产资料的供给大于第二部类对生产资料的需求。与简单再生产的前提条件不同，扩大再生产的前提条件是 $I(v+m) > IIc$。通过这个前提条件可以推算出，$II(c+v+m) > (Iv+IIv) + (I\frac{m}{x} + II\frac{m}{x})$（$\frac{m}{x}$表示资本家用于消费的剩余价值），这表明了扩大再生产要有多余的消费资料。可以说，两大部类之间是处于非均衡状态的，这种非均衡状态意味着两大部类的交换不能完全实现。马克思通过考察社会资本的再生产和流通，引申出扩大再生产的基本实现条件：$I(v + \Delta v + \frac{m}{x}) = II(c + \Delta c)$（$\Delta$ 表示追加）。这个公式表明了第 I 部类可变资本（v）、追加的可变资本（Δv）及用于个人消费的剩余价值（$\frac{m}{x}$）的总量必须等于第 II 部类不变资本（c）与追加的可变资本（Δc）的总量。这也意味着两大部类对生产资料的生产与消费，对消费资料的生产与消费都必须保持一种比例均衡的关系，即第 I 部类对生产资料的生产与第 II 部类对生产资料的消费之间，以及第 II 部类消费资料的生产与第 I 部类对消费资料的消费之间，都必须保持一种均衡的关系。[③]

---

① 汤在新：《宏观调控的理论基础——马克思的均衡和非均衡模型》，《教学与研究》2001 年第 2 期，第 5~11 页
② 参见《马克思恩格斯文集》第 6 卷，人民出版社 2009 年版，第 587 页。
③ 刘振彪：《国家宏观调控演变》，湖南人民出版社 2004 年版，第 90 页。

通过 $I(v+\Delta v+\dfrac{m}{x})=II(c+\Delta c)$ 引申出另外两个实现条件：$I(c+v+m)=I(c+\Delta c)+II(c+\Delta c)$①，$II(c+v+m)=I(v+\Delta v+\dfrac{m}{x})+II(v+\Delta v+\dfrac{m}{x})$②。将这两个衍生的实现条件相加，可以得到马克思扩大再生产图示中的一般均衡模型：$I(c+v+m)+II(c+v+m)=I(c+\Delta c)+II(c+\Delta c)+I(v+\Delta v+\dfrac{m}{x})+II(v+\Delta v+\dfrac{m}{x})$。这个模型的本质意义表明总供给等于总需求是社会资本扩大再生产顺利进行的客观要求，如果总供给不等于总需求，就意味着资源未能充分利用，没有得到最佳的配置。

通过分析马克思扩大再生产的前提条件和基本实现条件，可以得出如下的结论：一方面，扩大再生产的前提条件要求生产与消费之间是不等的，而这个不等意味着市场非均衡是扩大再生产的外在必然；而基本条件要求生产与消费之间相等，这意味着市场均衡是扩大再生产的内在要求。二者（前提条件与基本实现条件）之间的矛盾在扩大再生产条件下是不可避免的。二者之间的矛盾也意味着国家对经济的宏观调控已经成为市场经济发展的内在要求。①

3. 市场经济的矛盾需要国家宏观调控来治理

市场经济的内在要求是总供需均衡发展，但是实际情况是总供需并不总是均衡的。价值规律是供需均衡的实现机制，而价值规律作用的结果，一方面促使商品总供给和总需求均衡，实现资源的优化配置；另一方面市场经济具有盲目性、自发性与事后性，导致市场经济的矛盾，这就需要国家的宏观调控。平衡与不平衡作为对立的统一，既隶属于唯物辩证法的范畴，又是市场经济中的普遍现象。在总供给的基本要素构成中，"各个特殊领域中使用资本的比例固然通过一个经常的过程达到平

---

① 汤在新、吴朝林：《宏观调控：理论基础与政策分析》，广东经济出版社 2001 年版，第 185 页。

衡，但是这个过程的经常性本身……往往是强制地加以平衡的那种经常的比例失调为前提"①。所以市场经济内在的平衡要求与外在发展的不平衡的矛盾，就需要国家的宏观调控来治理。

马克思生活在资本主义自由竞争阶段，其所处的现实生活既无法摆脱经济危机又不存在国家（政府）对宏观经济的调控。②但马克思在追根溯源中，通过剖析两大部类之间的关系，最早对市场经济总供求的失衡，尤其是总需求小于总供给的矛盾做出了科学的分析，这为我们实施宏观调控政策提供了帮助。

（三）马克思社会资本再生产理论对我国宏观调控的启示

马克思社会资本再生产理论虽然产生于资本主义主导的生产关系中，但是，它反映的一般商品经济的关系及经济原理是非常适合社会主义商品生产的，它生动地诠释了社会主义市场经济的总量平衡观与结构平衡观，为我国宏观调控理论的构建提供了坚实的理论依据。

1. 为政府界定宏观调控的目标与任务奠定了理论基础

通过分析马克思社会资本再生产理论可知，该理论既包括总量平衡，又包含结构平衡，也可以说，该理论不仅关注社会总产品供求总量平衡，还重视两大部类之间及其内部的结构平衡，蕴含着"结构平衡是总量平衡的基础"这一原理，继而进一步认识、把握和论证了国民经济的运行规律、特点及其基本条件。在社会主义市场经济条件下，首先，政府要通过宏观调控来治理市场失灵，政府的宏观调控目标除了要兼顾总量平衡，还要关注结构平衡，注重结构的优化和调整，包括产业结构、产品结构以及需求结构等，否则，总量平衡目标就难以实现。其次，宏观调控可以从供需两端同时进行。社会再生产是周而复始、连续不断、螺旋式前进的，其平衡是动态的，当社会总产品供求失衡，就可以从供需两

---

① 《马克思恩格斯全集》第 34 卷，人民出版社 2008 年版，第 559 页。
② 汤在新：《宏观调控的理论基础——马克思的均衡和非均衡模型》，《教学与研究》2001 年第 2 期，第 5~11 页。

端同时进行宏观调控，并依据情况有所侧重。比如针对当前中国的产能过剩、产业结构失衡等问题，就要从供需两端同时发力，但重点在供给侧。

2. 指明了宏观调控的对象

马克思论述的社会资本再生产过程，除了物质资料再生产，还包括人类自身的再生产以及生产关系的再生产，三者的有机结合与统一构成了社会资本再生产的全部内容。三者也分别是人类社会存在与发展的基础、社会活动的主体以及人们在社会生产过程中所形成的相互关系。三者相互依存、相互结合，促使社会再生产顺利进行。可见，市场经济条件下的宏观调控应当是全方位的，除了经济活动领域之外，还应该涵盖人的全面发展以及社会关系的协调等方面。

3. 表明了财政、货币政策的重要性

马克思社会资本再生产理论通过阐述货币的作用，在一定程度上也指出了财政、货币政策的重要性，而二者也是构成宏观调控的政策手段。马克思通过剖析货币资本的作用，认为货币资本既是整个生产过程的启动力，也是保持生产过程正常运行的持续力，同时揭示了在市场经济条件下，要想保持生产和再生产在扩大规模上的连续正常运转，必须有一定程度的货币资本积累，因为"货币资本积累是社会资本扩大再生产的先决条件"。[①] 这也就暗含着在社会主义市场经济条件下实施宏观调控时，一定要注重财政、货币政策的运用，利用二者的合理组合，实现货币资本的积累和使用能够保证社会再生产循环进行。

在层层剖析中可知，马克思社会资本再生产理论在本质上阐述的是宏观经济平衡及其运行的理论，在管理国民经济实践中，其是社会主义市场经济条件下宏观调控的直接理论基础。但是也要注意马克思对社会资本再生产的分析是在一系列假定封闭经济条件下进行的，而今天的社

---

① 黄宪等编著《货币金融学》，武汉大学出版社 2002 年版，第 22 页。

会再生产是在开放经济条件下运行的，可以说，当今的时代，较马克思所处的时代复杂得多，因此，要在理论与实践结合的基础上，以更广阔的视野和角度来理解、运用、分析、发展马克思社会资本再生产理论，在不断深化宏观调控理论基础的同时，要保持社会再生产的按比例发展和综合平衡发展。

二 毛泽东《论十大关系》

任何理论的产生均基于一定的历史背景，毛泽东的《论十大关系》是其在探索社会主义道路中对管理国民经济实践进行的理论总结，体现了计划经济时期较为系统的宏观调控思想。新中国成立初期，由于我们面临的经济形势以及国内外环境都艰难复杂，在国家经济发展道路上，学习与模仿苏联经济模式是当时唯一的选择。苏联当时实行的是社会主义公有制基础上以行政指令性计划为主要手段、以优先发展重工业尤其是国防工业为核心、以高度集中统一为标志的计划经济体制。

（一）《论十大关系》产生的背景

苏联经济模式曾在1929～1933年的世界性经济危机和第二次世界大战中显示出优越性，苏联采用了优先发展重工业的赶超型经济发展战略，仅仅用了10年就完成了欧美发达国家100年的工业化历程，并于1937年成为世界第二大工业强国。这一发展成就对其他社会主义国家产生了极大的吸引力，新中国成立初期基本上采用了苏联经济模式。

这一经济模式对中国的经济发展起到了促进作用，尤其是在"一五"计划期间，无论是在集中全国的人、财、物推动重点基础项目建设方面，还是在利用计划管理稳定市场、保持国民经济按比例发展、改善人民物质文化生活方面，都起到了不可小觑的作用。但是，随着我国"三大改造"基本完成，以及社会主义经济建设规模的扩大，苏联经济模式的弊端就日益暴露出来，越来越不适应我国经济发展的需要。主要表现在以下四个方面：一是所有制结构单一；二是中央集权过多，经济管理手段单一；三是过度排斥市场机制；四是分配上重积累轻消费。相应地也带来了四方面的消极影响：一是不利于生产力的均衡和多层次发展；二是管理模式僵化，不利于发挥地方的积极性；三是影响了商品的流通；四是不利于提升劳动者的积极性。除了经济管理上的弊端，赫鲁晓夫对斯大林及其社会主义实践的批判，引起了毛泽东的高度关注。毛泽东意识到不仅要从理论上总结中国经济建设的经验，更要探索出一套依据中国国情、符合中国经济发展道路的经济模式。因此，毛泽东听取了34个部委关于经济建设问题的汇报后，写了《论十大关系》，并于随后的中央政治局扩大会议上作了《论十大关系》的报告。

（二）《论十大关系》与宏观调控相关的主要内容

《论十大关系》在借鉴苏联经验的基础上，初步总结了我国管理国民经济的经验和教训，提出要依据自己的情况，调动一切积极因素为我所用，走出一条适合自己国情的社会主义建设道路。《论十大关系》中蕴含着丰富的宏观调控思想，为我国以后的宏观调控提供了重要的指导原则。

顾名思义，《论十大关系》阐述了十个方面的关系，其主要内容如下：第一，阐述了重工业和轻工业、农业的关系，根据重工业相对落后的实际情况，用多发展农业、轻工业的办法以支持并促进重工业的发展[1]；第二，阐述了沿海工业与内地工业的关系，在处理二者关系时，要在优先发展沿海工业的基础上，支持和发展内地工业[2]；第三，阐述了经济建设与国防建设的关系，强调在二者共同发展的基础上，既要着力加强国防建设，又要适当降低军政费用，增加经济建设费用[3]；第四，叙述了国家、生产单位和生产者个人的关系，在艰苦奋斗中，既要兼顾三者利益，绝不能顾此失彼，又要关心群众生活[4]；第五，调节好中央

---

① 参见毛泽东《论十大关系》，人民出版社1978年版，第2页。
② 参见毛泽东《论十大关系》，人民出版社1978年版，第4页。
③ 参见毛泽东《论十大关系》，人民出版社1978年版，第6页。
④ 参见毛泽东《论十大关系》，人民出版社1978年版，第10页。

和地方的关系，既要巩固中央统一领导，又要为了整体利益，充分发挥地方的积极性①；第六，阐述了汉族和少数民族的关系方法，既着重反对大汉族主义，在强调民族团结的同时，也反对地方民族主义，并主动积极帮助后者搞好经济、文化建设②；第七，关于党和非党的关系，既要求共产党和民主党派团结起来，又要做到长期共存、互相监督③；第八，阐述了革命和反革命的关系，要求在分清敌我的同时，采取正确的措施，给予反革命分子自新的机会④；第九，论述了是非关系，要求党内外要分清是非，对待犯错误同志既要采取正确的态度，又要做到"惩前毖后，治病救人"，给予其改正的机会⑤；第十，在处理中国和外国的关系上，注重有分析有鉴别地去学习一切国家和民族的先进科学技术与管理方法⑥。

《论十大关系》首次集中阐述了新中国成立后毛泽东和党中央的宏观调控思想。通过对其内容的阐述，我们可以清晰地看出，前五个关系与我国社会主义经济建设息息相关，第六个关系和第十个关系与我国宏观调控有直接的关系。这种用对立统一观点统率全局的做法，以及处理经济运行中的矛盾的方法，既展示了毛泽东娴熟地运用哲学方法分析经济问题的能力，又意味着其《论十大关系》是我国宏观调控的重要理论基础。

（三）《论十大关系》对我国宏观调控的启示

《论十大关系》是马列主义与我国社会主义经济建设实践相结合、反映客观经济发展规律的开创性理论成果，不仅为当时的经济建设指明了方向，还对我国今后的宏观调控具有重要的指导意义。

---

① 参见毛泽东《论十大关系》，人民出版社 1978 年版，第 12 页。
② 参见毛泽东《论十大关系》，人民出版社 1978 年版，第 14～15 页。
③ 参见毛泽东《论十大关系》，人民出版社 1978 年版，第 16 页。
④ 参见毛泽东《论十大关系》，人民出版社 1978 年版，第 18～21 页。
⑤ 参见毛泽东《论十大关系》，人民出版社 1978 年版，第 22 页。
⑥ 参见毛泽东《论十大关系》，人民出版社 1978 年版，第 24～25 页。

第一，《论十大关系》作为探索我国社会主义道路的最初成果，在异常艰难的环境下，对新中国的经济管理体制、经济发展模式进行了开创性的探索，为新中国下一步如何发展定下了基调。其对农业、轻工业、重工业关系的分析，对重点投资比例的安排，在一定程度上既反映了我国依然是落后的农业国的现实，又意味着我国将要走一条适合国情的工业化道路。在处理中央与地方、沿海工业与内地工业等的关系上，在继承发展中，其强调要调动一切积极因素，广泛协调各方关系，兼顾各方利益，走出一条符合国情的社会主义道路，为中国未来的发展奠定了理论基础。

第二，《论十大关系》通篇闪烁着唯物辩证法的光芒，它作为具有中国特色的社会主义理论的方法论起点[①]，对如今的宏观调控具有方法论上的指导价值。首先，坚持对立统一的观点，运用矛盾分析的方法，依据统筹兼顾的方针，照顾各方利益，解决复杂的矛盾关系；其次，坚持理论联系实际，避免生搬硬套，在实事求是的基础上注重调查研究；最后，坚持联系和发展的观点，将长远目标与短期目标相结合，重点与一般相结合，处理好全局与局部的关系的同时，抓主要矛盾，善于利用矛盾的主要方面来观察和处理问题。

第三，《论十大关系》丰富和细化了宏观调控的结构调整内容。我国的宏观调控自实施起就比较关注经济结构调整问题，这既与我国的宏观调控理论源于马克思社会资本再生产理论有关，又与我国经济长期发展不平衡、生产力具有多层次性有关。《论十大关系》不仅关注到了经济结构，比如产业结构中的农业、轻工业、重工业关系，也关注到了地域结构，比如沿海工业与内地工业，还关注到了汉族与少数民族的关系，其涉及中西部的经济建设问题。《论十大关系》继承、丰富了马克思社会资本再生产理论，也为陈云的"综合平衡思想"、江泽民的"论十二

---

① 王诚安、侯建会：《中国特色社会主义理论的方法论起点——〈论十大关系〉的方法论特色》，《科学社会主义》2005 年第 5 期，第 61~64 页。

大关系"等奠定了理论基础，为以后的结构调整提供了指南。

三　综合平衡思想

陈云同志作为我们党卓越的经济工作领导人，在长期领导和参与经济建设的实践中，构建了独特的经济思想理论体系，其中最为大家熟知的、与宏观调控紧密相关的就是综合平衡思想。综合平衡思想是根据马克思主义再生产理论，同时结合宏观经济管理实践，逐步升华提炼而来的，兼具理论性、实践性和可操作性。

（一）综合平衡思想的主要内容及特点

陈云的综合平衡思想作为构成其经济思想体系的重要部分，是典型的、符合中国表达习惯的马克思主义中国化、本土化实践的创新性成果，不仅西方经济学没有此理论，苏联经济学也无此概念。该思想孕育于20世纪40年代末至50年代中期，形成于20世纪50年代末至60年代初，发展于20世纪70年代末。[①] 作为我国调控经济的根据，综合平衡思想与宏观调控相关的主要内容如下。

其一，坚持经济建设和人民生活兼顾，在处理二者关系上，一方面，在财力、物力供应上，要求先保证民生，后保证建设；另一方面，在处理经济建设内部之间的关系上，要求先生产、后基建。[②] 其二，要求在合理布局、保证重点的基础上，建设规模和国力相适应。[③] 除了以上内容之外，陈云的综合平衡思想主要涵盖了财政收支、银行信贷、物资供需和外汇收支四个方面的平衡。四方面的结合统一构成了实现内外经济综合平衡的基本条件。正如陈云所言："所谓综合平衡，就是按比例；

---

① 吴易风：《陈云的综合平衡理论及其现实意义》，《马克思主义研究》2005年第3期，第45~58页。

② 王珏主编《中国社会主义政治经济学40年》第1卷，中国经济出版社1991年版，第277~279页。

③ 王珏主编《中国社会主义政治经济学40年》第1卷，中国经济出版社1991年版，第280~282页。

按比例，就平衡了。任何一个部门都不能离开别的部门。"① 可见，综合平衡思想的核心是追求国民经济有计划按比例发展。综观陈云的综合平衡思想，可以发现，它不仅包括总量平衡、结构平衡，还包括短期平衡与长期平衡。

综合平衡思想主要特点如下：第一，立足于全局的总量平衡，强调四方面平衡（四大平衡）的基本目的就是实现总供需平衡，并注重统计分析，以平衡表为基本方法；第二，重视结构平衡，通过仔细研究国民经济的比例关系，要求国民经济各部门在统筹协调中按比例发展，因为"按比例发展是最快的速度"②；第三，在经济建设中强调脚踏实地、稳妥务实的稳定观，要求"建设规模要和国力相适应"③；第四，注重短期平衡与中长期平衡的协调统一，将调控重点定位于供给短缺的短线平衡，注重调控的协调性与有序性；第五，强调全国一盘棋，总体平衡是前提，局部平衡要服从总体平衡，可以保留局部上的不平衡。

（二）综合平衡思想对我国宏观调控的启示

陈云的综合平衡思想体现了鲜明的中国特色，是我国社会主义经济思想史上论述最早的宏观调节理论④，不仅有力地指导了我国的经济建设实践，也为改革开放以来我国宏观调控的发展奠定了理论基础。

第一，综合平衡思想贯穿的一个主线是国民经济系统按比例发展，保持综合平衡。这不仅指出了宏观调控的目标、路径，还涵盖了宏观调控的实质，对我们今天如何搞好宏观调控、保持经济稳定提供了思路。

第二，综合平衡思想具备方法论的特点，它提供了一些宏观调控的手段和方法。其一，坚持统一计划，但不排斥市场调节。陈云坚持计划调节，但在总结苏联经验教训的基础上，没有被计划经济思想所束缚，

---

① 《陈云文选》第3卷，人民出版社1995年版，第211页。
② 《陈云文选》第3卷，人民出版社1995年版，第251页。
③ 《陈云文选》第3卷，人民出版社1995年版，第48页。
④ 刘凤岐：《陈云经济思想及其主要理论贡献》，《宁夏社会科学》1995年第4期，第29~36页。

提出了市场调节的理念，并将其运用于经济工作实践，他在主持东北财政经济工作期间，运用统一计划、调节市场的方法，有效地调集和掌握了粮源，成功地抑制了市场物价的剧烈波动，这既是第一代领导集体最早尝试采用经济手段调节经济运行的案例，也说明陈云将市场调节手段运用于实践是社会主义经济思想史上的理论创新与实践突破。① 其二，必要的行政手段是不可缺少的。在计划经济时期，的确存在冒"进"的问题、经济失调的问题等，确实出现了无视综合平衡、比例严重失调的现象，在一定程度上存在着矫正阻力较大的问题。针对这种情况，陈云主张用"砍"的方式，采用强制平衡的方法，以保证综合平衡。这要求国家在宏观决策时，对屡屡破坏经济稳定的不符合社会主义市场经济发展的经济行为，在统一部署下，应采用必要的行政手段。其三，经济平衡法。为了达到综合平衡，陈云在其综合平衡思想中提出了一系列平衡法，其中较为突出的是齐步走平衡法、短线平衡法和留有余地平衡法。可见，陈云强调的平衡并不是机械的、绝对的平衡，而是动态的、大体上的平衡。其四，数据分析法。在综合平衡思想中，陈云提出建立单项平衡表，在编制计划时，利用先基础、后指标的方法，注重基础数据分析，他建议要从基础数据做起，在综合考虑与分析中，"看远景规划能达到什么水平，而绝不能采取倒过来的办法"②。这种方法可以有效地避免计划上的急躁冒进，同时使计划可靠、可行，保证了计划的科学性，这仍然是我们编制年度计划（规划）所遵循的基本方法之一。

第三，综合平衡思想提供了宏观调控应坚持的基本原则。其一，既实事求是，又量力而行的原则。陈云在综合平衡思想中，一直在强调经济建设要脚踏实地、既反保守又反冒进、建设规模要与国力相适应等，这些都是其稳定观与平衡观的综合反映。其二，既统筹兼顾，又留有余地的原则。陈云的综合平衡思想通篇都散发着统筹兼顾、注重平衡的观

---

① 《陈云研究述评》上，中央文献出版社 2004 年版，第 225～226 页。
② 《陈云文选》第 3 卷，人民出版社 1995 年版，第 211 页。

点。在经济建设中，他认为搞综合平衡要从全局出发，分清轻重缓急，同时不忘留有余地，反映了其既具有原则的坚定性，又掌握了策略的灵活性。其三，既突出重点，又照顾一般的原则。陈云在其平衡思想中，要求紧紧抓住关系国民经济发展的决定性环节，认为抓住重点，全盘皆活，同时不忘兼顾一般，利用重点和一般相结合的原则，"正确处理建设中的'骨头'和'肉'的关系"①。

四 "论十二大关系"

江泽民在建立社会主义市场经济体制的实践中，在继承前人丰富管理经验的基础上，于十四届五中全会上做了关于《正确处理社会主义现代化建设中的若干重大关系》（又称"论十二大关系"）的讲话，不但丰富了党的宏观调控理论，而且为建立健全具有中国特色的宏观调控体系做出了重要的贡献。②

（一）"论十二大关系"产生的背景

改革开放以来，我国在探索社会主义经济建设的道路上，逐步明确了宏观调控的概念、目标、手段以及体制机制等，尤其是邓小平1992年的南方谈话，不但引发了新一轮的思想解放，而且突破了社会主义与市场经济不兼容的思想束缚，为我国经济体制改革奏响了前奏曲。随后召开的党的十四大确定了"市场在国家宏观调控下对资源配置起基础性作用"③。虽然我国的宏观调控实践在当时取得了令人瞩目的成就，但是由于我国处于新旧体制转轨阶段，随着改革的深化，社会主义市场经济不断产生一系列新的摩擦、矛盾，为稳定经济形势，针对出现的新矛盾、新问题，江泽民同志在总结苏联和东欧国家经验的基础上做了"论十二

---

① 《陈云文选》第3卷，人民出版社1995年版，第57页。
② 王爱云：《党的第三代中央领导集体与中国的宏观调控》，《党史研究与教学》2006年第5期，第29~38页。
③ 《江泽民文选》第2卷，人民出版社2006年版，第17页。

大关系"的报告,以加快社会主义现代化建设。

(二)"论十二大关系"的主要内容

"论十二大关系"作为跨世纪的重要指导性文献,是在继承和发展《论十大关系》基础上的理论创新。它是指导社会主义市场经济建设宏观调控的行动指南,主要内容如下。①在改革、发展和稳定的关系上,认为三者相辅相成,缺一不可,三者之间的关系是十二大关系的根本,起着统揽全局的作用。②在速度和效益的关系上,认为二者的统一是现代化建设必须遵循的原则。③在经济建设和人口、资源、环境的关系上,将处理好它们之间的关系列为可持续发展的重大任务。④在三大产业之间的关系上,从产业结构优化的必要性,给出了产业结构优化的主要任务以及实现结构优化的机制和条件。⑤在东部和中西部地区的关系上,要求在正视地区差距的同时,对如何促进区域协调发展做出了战略部署。⑥在市场机制和宏观调控的关系上,认为发挥二者的作用是建立我国市场经济体制的基本要求。⑦关于公有制与其他经济成分的关系,认为一定要坚持公有制的主体地位,把其他经济成分作为社会主义经济的补充。⑧在收入分配的关系中,不仅要正确处理国家、企业和个人三者之间的关系,还要处理好积累与消费的关系。⑨关于扩大开放和坚持自力更生的关系,既要进一步扩大开放,又要把立足点放在自力更生上。⑩关于中央和地方的关系,既要充分发挥二者的积极性,维护中央调控的权威,又要在深化改革中理顺二者的关系。⑪关于国防建设和经济建设的关系,既要进行国防现代化,又要转变思想,走中国特色的精兵之路。⑫关于物质文明和精神文明建设的关系,要求正确认识二者辩证关系的同时,提升精神文明建设的地位,将其归入国民经济与社会发展的总体规划。这十二个关系是在改革和发展的新形势下带有全局性的重大问题。

从其主要内容可以清晰地看出,该理论既继承了《论十大关系》的理念,又对其有了创新性的发展。比如①②③⑥⑦⑩⑪都是《论十大关系》所没有的,另外五大关系与《论十大关系》的内容相同或相似,但具有鲜明的时代特征，同时融入了新颖的思想内容。可见，其不仅是社会主义市场经济进程中宏观调控的理论基础，在理论发展进程中也具有系统性、辩证性等特点。

（三）"论十二大关系"对宏观调控的启示

"论十二大关系"作为社会主义建设理论的新发展，其丰富的内容不但指导我国的宏观调控取得了丰硕的成果，而且其专门阐述了"市场机制与宏观调控的关系"，指出了如何发挥二者的作用，以提高国家的经济管理能力，这既是党和国家不断探索经济发展新路径的一次有益尝试，也对如今的宏观调控具有一定的指导价值。

第一，在深化、拓展社会主义市场经济理论的基础上，"论十二大关系"加强了对宏观调控重要性的认识。江泽民在分析社会主义市场经济特点的基础上，依据我国市场经济体制的本质要求，论述了市场经济与宏观调控的关系，指出了二者之间的内在联系，在论述二者作用的同时，驳斥了搞市场经济不需要宏观调控的错误论调，进一步彰显了市场机制的重要性以及巩固、发展和加强宏观调控的必要性。

第二，在深化管理体制改革的基础上，"论十二大关系"深化了对市场经济条件下宏观调控体系内容的认识，为建立健全中国特色宏观调控体系奠定了理论基础。在全面阐述十二对关系的基础上，江泽民论述了建立现代宏观调控体系的内容，明确"保持经济总量的基本平衡，促进经济结构的优化，引导国民经济持续、快速、健康发展，推动社会全面进步"[1] 是宏观调控的主要任务。除了经济法律行政手段外，在经济运行中，"论十二大关系"还强调计划、金融、财政之间的协调配合，这依然是我们今天进行宏观调控所遵循的目标和采用的手段，"论十二大关系"为完善中国特色宏观调控体系提供了参考。

第三，在理论实践中，"论十二大关系"对政府与市场的关系有了

---

[1] 《十四大以来重要文献选编》上，人民出版社1996年版，第530页。

新的认识。"论十二大关系"强调在实践中发挥市场的基础性作用,注重转变政府职能,以建立全国统一的大市场。一方面,统筹协调中央与地方的关系,将宏观调控权集中在中央,维护其权威,同时在其集中指导下赋予地方必要的权力;另一方面,在实践上,积极转变政府职能,发挥市场的作用,以建立全国统一的大市场。这既体现了全局的统一性,又具有兼顾局部利益的灵活性,也相对明确、规范地划分了中央和地方的经济管理权限,这种划分方法,是一种新的"一盘棋主义"①,推进了之后的宏观调控改革实践。

五 科学发展观

21 世纪,为了推进全面建设小康社会历史任务的实现,胡锦涛依据国内外经济形势的变化,在深刻分析、把握我国发展阶段性特征的基础上,针对经济层面暴露出来的问题,尤其是影响我国经济健康以及社会和谐发展的突出问题,于 2003 年 8 月底 9 月初在江西省考察工作时,提出了让人耳目一新的"科学发展观"的概念,并在随后的十六届三中全会上首次倡导要树立和落实科学发展观,党的十七大将其写入党章,党的十八大报告将其列入党长期坚持的指导思想。在渐进式发展与实践中,科学发展观逐渐深入人心,成为指导中国特色宏观调控的重要思想。

(一)科学发展观的主要内容

科学发展观作为探索管理中国特色社会主义市场经济实践的创新性理论成果,其内涵丰富,时代特征明显,主要内容如下。其一,发展是第一要义。在辩证思考中,科学发展观与时俱进,继承了马克思主义发展观,并拓展了其发展范畴。胡锦涛要求把发展作为"党执政兴国的第一要务"②,并主张在以经济建设为中心的基础上,不断解放和发展生产

---

① 辛向阳:《红墙决策——中国政府机构改革深层起因》,中国经济出版社 1998 年版,第 448 页。
② 《胡锦涛文选》第 3 卷,人民出版社 2016 年版,第 375 页。

力，把握经济发展规律，创新发展理念，实现又快又好发展。其二，核心是以人为本。科学发展观的核心和关键就是人民利益至上，不仅把人民群众的根本利益放在首位，还尊重人民群众的主体地位，保障人民群众各项权益，走共同富裕的道路，促进人的全面发展。其三，基本要求是全面协调可持续。在理性反思中，科学发展观指出中国追求的是各个方面协调式的、发展进程具有持久性和连续性的发展，是全面协调可持续性的发展，不是片面的、不计代价的、涸泽而渔式的发展。其注重从各个方面推进现代化建设的协调发展，坚持走文明发展道路，助力经济社会实现永续发展。其四，根本方法是统筹兼顾。在深入探索中，科学发展观在总揽全局的基础上，统筹规划事关群众利益的突出问题，按照"五个统筹"的要求，对社会主义现代化建设进行科学布局、合理安排，以实现科学和谐发展。可见，在追求整体性、注重普惠性的同时，统筹兼顾既是其根本方法，又反映了其价值诉求。①

科学发展观丰富的内容证明了其作为我们党的战略思想具有科学性与合理性，彰显了党驾驭市场经济的能力在渐进式改革中日益增强，首创性地把创新、协调与可持续有机地统一起来，并赋予其新的时代内涵，可见，科学发展观既是对变革的理性思考，又是中国特色宏观调控的重要理论基础。

（二）科学发展观对中国特色宏观调控的贡献

科学发展观的提出、贯彻和落实，不仅清晰地阐述了其与宏观调控的关系，而且有利于构建科学发展的体制机制，对中国特色社会主义宏观调控的发展具有重大的意义。

第一，科学发展观深刻地阐述了其与宏观调控的关系，深化了党加强和改善宏观调控的思想认识。胡锦涛认为市场机制与宏观调控是相辅相成的，在发展社会主义市场经济的进程中，发挥市场的基础性作用与

---

① 陈若松：《科学发展观的价值诉求》，学习出版社 2015 年版，第 147 页。

加强和改善宏观调控是不可或缺的，贯彻落实科学发展观，为加强和改善宏观调控指明了正确的方向，而加强和改善宏观调控是对科学发展观的具体践行和落实，其实质和目的是"优化经济结构……实现又快又好发展"[①]。

第二，科学发展观作为创新性的理论，不但开阔了我们的视野，还丰富了宏观调控的理论内容，并在实践中取得了丰硕的成果，有利于形成科学发展的宏观调控体系。主要表现如下。其一，深化人们对供求总量平衡与结构调整关系的认识。科学发展观既注重供求总量基本平衡，又要求大力推进结构调整，要求在结构优化中促进总量平衡，总量平衡要建立在结构优化的基础上。同时，宏观调控要注重短期与长期增长目标的衔接统一，以利于经济运行的稳定性与协调性。其二，注重宏观调控政策的协调配合，深化人们对宏观调控工具的认识。在经济运行中，坚持运用科学的宏观调控手段，并强调注重宏观调控政策间的协调配合；在统筹协调中，着重运用经济杠杆对由市场支配的经济行为进行合理调整；在突破提升中，注重发挥规划、产业政策的战略导向作用；在精心布局下，全面灵活运用经济、法律以及必要的行政手段，通过科学合理运用宏观调控工具，形成系统性的宏观调控政策工具体系以及政策调控合力，以保障宏观调控的预期效果。其三，注重增强宏观调控的预见性和灵活性，深化人们对经济增长周期性变化的认识。通过总结我国以往宏观调控的经验可知，在经济增长中，关键是要防止大起大落，在经济周期的上升和下行阶段，要尽力避免通货膨胀和通货紧缩两种情况，应在科学分析市场运行特点的同时，把握其运行规律，积极主动"提高应对经济波动的预见性和针对性"[②]。其四，在宏观调控中提出的区别对待、分类指导的原则，有利于启发人们对宏观调控对象的普遍性与特殊性关系的思考。在宏观调控中，胡锦涛强调要立足于我国发展不平衡的

---

① 《十六大以来重要文献选编》中，中央文献出版社 2006 年版，第 309 页。
② 《十六大以来重要文献选编》中，中央文献出版社 2006 年版，第 454 页。

现实情况，处理好普遍性与特殊性之间的关系，在落实和加强宏观调控政策时不能搞"一刀切"，要在把握全局的情况下，采用区别对待、有保有压的办法。其五，深化人们对宏观调控目标的认识，其全面协调可持续发展的思想，日渐深入人心。其注重处理人与自然、经济与社会等各种关系，凸显了生态文明建设思想，依然是如今宏观调控所要努力达到的目标，其为推动循环发展提供了思路。其六，把搞好宏观调控的立足点定位于维护人民群众利益，在注重经济发展的同时提高人民生活水平，这既是在突破创新中对执政为民思想的具体落实，又是在科学发展中恪守为民之责，同时，还丰富了宏观调控的理论内涵。

第三，科学发展观提供了新的方法论。科学发展观散发着辩证科学思维的方法，其新的方法论主要体现如下：既坚持实事求是，又注重推进理论创新；既坚持与时俱进，又注重创新发展理念；既坚持以人为本，又注重突出使命担当；既坚持统筹兼顾，又注重科学和谐发展。

在继承创新中，用其来指导我国宏观调控，不但有利于政府宏观调控政策的科学化与规范化，还为宏观调控政策的有效发挥提供了制度保障，同时，有助于形成科学发展的中国特色宏观调控体系。

六　新发展理念

新发展理念站在新的历史起点上，立足于发展全局的深刻变化，在新常态的背景下，它是一个突破性的创新，具有严密的逻辑系统。习近平在十八届五中全会上概括、阐述了其基本内涵，在党的十九大上将其载入党章，并在公开场合多次强调要贯彻落实新发展理念。新发展理念在突破创新中，日渐深入人心，成为指导新时代经济发展的基本理念。该理念作为关系我国新时代经济发展全局的一次深刻革命，不但具有理论逻辑，还体现了丰富的实践要求，成为指导新时代中国特色宏观调控的理论基础和指导思想。

（一）新发展理念提出的背景

党的十八大以来，我国面临的国内外环境异常复杂和多变，新发展理念的提出也具有深刻的背景。国际背景：全球治理体系深刻变革，逆全球化开始暗潮汹涌；全球经济增长乏力，各国均在力图寻找经济发展新动力；全球生态环境面临严峻挑战；地缘政治关系日益复杂，不和谐、不稳定因素逐渐增多。国内背景：经济发展进入新常态；经济发展不协调、社会发展不平衡凸显；文化不自信现象突出；生态环境面临威胁。面对这种国内外环境，习近平基于马克思主义发展观，依据国内外经济形势变化，总结国内外实践经验，针对我国经济发展新常态的现实状况，以及其在此背景下面临的突出矛盾和复杂多变的问题，在十八届五中全会上首次整体地、创新性地提出了新发展理念。

（二）新发展理念的主要内容

新发展理念作为习近平治国理政思想的重要体现，是习近平新时代中国特色社会主义思想的重要内容，是当今中国的治国之道，有着丰富的内涵。

所谓新发展理念，是相较于以往的发展理念来说的，作为中国特色社会主义的新发展观，在渐进式改革中，它具有"破解发展难题""提升发展质量"① 的崭新内涵，是中国由大国迈向强国的根本之道，作为统管全局的战略性纲领，主要包括创新、协调、绿色、开放和共享五大发展理念。② 各组成部分既蕴含独特的作用，彼此之间又相互联系、相互贯通和相互作用，综合形成合力，推动国民经济稳健协调持续发展。

1. 创新发展：开拓中国特色强国之路的首要动力

习近平在探索、谋划新时代背景下中国特色强国之路的重大战略布

---

① 张学中、何汉霞：《新发展理念的三维视域：新背景 新内涵 新要求——中国化马克思主义发展思想研究》，《观察与思考》2017年第8期，第64~70页。

② 参见《习近平谈治国理政》第2卷，外文出版社2017年版，第200页。

局中，将创新列为时代发展的关键，列为引领经济发展的首要动力，在逻辑架构中，使其处于国家发展全局的核心位置。在五大发展理念中，把创新发展置于首位，这既是中国共产党治国理政历史上的首创，也反映了党在探索中逐渐认识、掌握了人类社会发展的规律。其不仅包括理论、制度方面的创新，还涵盖了科技、文化等方面的创新。

理论创新作为创新的本质前提，是创新的灵魂与方法来源，是党用以指导中国经济建设并取得巨大的成就的法宝，为新发展理念提供了思想基础。制度创新是助力自主创新、建设创新型国家、实现永续发展的重要保证。中国特色社会主义制度作为一种创新性的制度，体现着鲜明的优越性，不但是我们党实现创新发展的制度保障，也是推动中国进步、体现中国模式的根本制度保障。科技创新作为创新发展的核心，是推动中国经济快速发展的原动力。综观大国兴衰史，可以清晰地看出，科技兴，则国力强，反之亦然。走中国特色自主创新之路的关键就是要不断推进科技创新。文化创新作为创新发展的基础，为创新活动注入了新的生命力。文化创新在推动社会实践中能够不断推动民族文化繁荣，让民族文化充满活力，从而推动人的全面发展。

2. 协调发展：塑造中国特色平衡发展新格局的内在要求

在依据中国国情、厚植发展优势中，在立足于国民经济发展全局、着眼于补齐短板的基础上，协调发展是对国民经济按比例发展的拓展与深化，注重破解发展中的不平衡问题，是中国经济实现行稳致远的重要保证。发展不协调是我国发展中长期存在的问题，长期追逐高速发展的后遗症凸显，尤其是在区域之间、城乡之间等表现明显，如发展参差不齐、"木桶效应"明显等，因此，习近平强调，要注重协调发展，并将协调视为我国经济持续健康发展的内在要求。①

协调发展是在以往协调理念基础上的创新性发展，拓展了以往协调

---

① 《十八大以来重要文献选编》中，中央文献出版社 2016 年版，第 792 页。

理论的内容，注重的是全面，强调的是平衡。我国"现代化建设的任务是多方面的，各个方面需要综合平衡，不能单打一"[①]，而"协调既是发展手段又是发展目标，同时还是评价发展的标准和尺度"[②]。因此，在与时俱进中，在协调发展的基础上，应努力实现全面发展，着力形成平衡发展的新格局。

3. 绿色发展：人与自然相融共生的必要条件

绿色发展是习近平在我国生态环境日益严峻的情况下，突破传统发展观的束缚，对发展模式的一种创新，强调在相融共生中实现环境保护与经济社会同步发展，最终达到人、自然、社会的协调可持续发展，走向生态文明新时代。

绿色发展立足于人与自然共生的视角，理顺了人与自然之间的关系，在经济发展中，既兼顾生态效益，又注重发展质量，强调一种整体的、有机的合理平衡的发展模式。其主要内容如下。第一，生态环境是生产力，是经济增长的重要驱动力。绿色发展中最让人耳目一新的是"保护环境就是保护生产力，改善环境就是发展生产力"[③]。第二，在循环发展中，生态环境是民生的重要内容。针对人民群众对良好生态环境的期盼，党中央首次将生态环境列为民生的重要内容加以考察，认为"环境就是民生，青山就是美丽，蓝天也是幸福"[④]，而良好的生态环境是践行绿色发展、助力高质量发展的必要条件，是最普惠的民生福祉。第三，强调在加强制度建设中推进生态文明建设，注重国际绿色发展合作。生态环境建设涉及面广、建设周期长，需要不断加强制度建设，以保护生态环境，可以说，完善的制度建设一定程度上筑牢了生态环境保护的根基。生态环境问题是全球面临的共同议题，在经济全球化的背景下，只有各

---

① 《邓小平文选》第 2 卷，人民出版社 1994 年版，第 250 页。
② 《习近平谈治国理政》第 2 卷，外文出版社 2017 年版，第 205 页。
③ 《习近平谈治国理政》第 2 卷，外文出版社 2017 年版，第 209 页。
④ 《习近平谈治国理政》第 2 卷，外文出版社 2017 年版，第 209 页。

国在团结合作的基础上遵循绿色发展理念，才能实现全球生态安全。

4. 开放发展：中国从繁荣走向辉煌发展的必由之路

开放发展立足于对内改革、对外开放，着重解决发展中的内外联动问题。我国对外开放自党的十八大以来进入了一个新阶段，经济发展日益深入地融入全球发展的大趋势，要想在全球经济竞争中脱颖而出，必须实行开放发展。综观大国崛起之路，"开放是国家繁荣发展的必由之路"[1]。开放发展理念是对以往发展理念的继承、丰富与发展，具有崭新的时代内涵。

中国日益走近世界舞台中央，正以全球的视角看待中国与世界的发展，在日新月异的发展中，开放发展具有丰富的、符合时代潮流的发展内容。第一，开放发展强调的是主动的互利共赢的开放。在经济全球化的大趋势下，中国正以崭新的姿态，主动融入全球化的进程，积极参与全球经济治理，遵循互利共赢的合作原则，构建广泛的利益共同体，为持续稳定发展搭桥铺路。第二，开放发展注重的是双向互动的对等开放。我国在开放发展中，实行的是引进来和走出去双向互动模式，整合全球资源优势为我所用是双向互动模式的目的，中国的大门是向世界敞开的，但是随着贸易保护主义的抬头，西方某些国家持双重标准，妄图以不对等的开放条件阻遏中国的发展，因此，开放发展理念强调的是在共商共建共享基础上的双向互动的对等开放。第三，开放发展强调的是协调平衡的、更高层次的开放。遵循协调平衡发展是中国经济的发展原则，在开放发展中，既要注重内外需协调，也要注重进出口平衡，同时，中国作为全球经济增长的新动力，需要更高层次的开放，力争实现内外需协调平衡的高层次发展。

5. 共享发展：中国特色社会主义的本质要求[2]

在理论探索与实践演进中，共享发展立足于引领发展的价值取向，其在拓展马克思主义发展观的同时，也是实现公平正义的有效途径。共

---

[1] 《十八大以来重要文献选编》中，中央文献出版社2016年版，第792页。
[2] 张杨：《习近平新发展理念研究》，湖南师范大学博士学位论文，2018年，第90页。

享发展提倡全民共同享有发展成果，主要是解决发展中的社会公平正义问题，体现了一种新型的收入分配关系。

共享发展作为重要的强国目标，是社会主义发展的根本目的，是符合历史唯物主义的群众史观①，作为新发展理念的归宿，具有新的内涵，其核心内容如下。第一，发展依靠人民，强调在发展中共享。人民群众是推动经济社会进步的主体力量，同时，也是我们国家紧紧依靠的对象，我们所讲的共享并不是空中楼阁，而是在发展与共享的有机统一中，紧紧依靠人民，实现发展为了人民。第二，共享发展的核心是人民群众共享发展的成果。人民群众是否共享了发展成果既体现了全体人民的共享机会是否平等，也体现了人民群众对改革发展是否满意，是判断改革得失的重要衡量标准，所以，发展的成果应由人民共享，以提高人民的生活质量，增进人民的民生福祉。

（三）新发展理念对新时代中国特色宏观调控的启示

在全面深化改革的大视野下，新发展理念作为马克思主义再生产理论在中国的创新性运用和发展，是统领经济全局的理念，突破了原有的经济学模式，是一次崭新的经济学革命，深化和拓展了中国特色社会主义政治经济学。② 在内涵、外延及发展目标等方面，新发展理念相较于以往的发展理念，有着巨大进步，它正确处理了一系列关系，比如区域之间的关系、产业之间的关系、人群之间的关系、本国和世界之间的关系、人和自然之间的关系，是指导新时代中国特色宏观调控的理论指南，对于构建、完善新时代中国特色宏观调控体系有着非同寻常的意义。

第一，提供了新思路。在宏观调控中，创新与完善宏观调控方式，既强调区间调控，又注重定向调控，以增强宏观调控的针对性，减少政府对价格形成的干预。同时，要求充分发挥国家的宏观调控功能，强调

① 韩庆祥：《强国时代》，红旗出版社 2018 年版，第 131 页。
② 杨承训：《经济学革命：用新发展理念统领发展全局——学习〈习近平关于社会主义经济建设论述摘编〉》，《毛泽东邓小平理论研究》2017 年第 9 期，第 33~45 页。

总量调控与结构调控，并在此基础上，落实创新发展理念，注重营造科技创新环境，打造核心竞争力，强调走中国特色的自主创新之路，在很大程度上提供了应对新常态的宏观调控新思路。

第二，有利于新时代中国特色宏观调控体系的形成。首先，新发展理念丰富了现代宏观经济管理的内容，其在注重总量平衡和结构优化的基础上，既强调稳增长与调结构的统一，强调利用统筹兼顾、长短结合的方法推进总量平衡与结构调整，又兼顾防风险、保就业等多重目标。同时，新发展理念注重创新驱动方式，利用供给侧结构性改革与加快科技创新的方式，推动产业结构迈向中高端，提高供给体系的质量与效率，把精准扶贫作为平衡区域协调发展、缩小贫富差距的一种手段，强调绿色发展是追求和实现可持续发展的崭新理念，充实了新时代宏观调控体系的内容。其次，在明确新时代宏观调控目标的基础上，新发展理念注重政策的连续性与稳定性，为构建中国特色生态文明体系打下了坚实的基础。在新发展理念中，习近平强调了共享是目标，协调是路径等，体现其以人民为中心的核心思想；其多次强调要稳定和完善宏观调控政策，注重政策工具的合理搭配。这些内容都为架构新时代中国特色宏观调控体系提供了素材。

第三，为构建和完善新时代中国特色宏观调控体系提供了理论指南。新发展理念既开辟了我国经济长远发展的新境界，又提高了民众对政府宏观调控的信心，也预示着新时代中国特色宏观调控机制化建设必将取得突破性进展，新发展理念是新时代中国特色宏观调控体系的理论指导与行动指南。

第二节　西方国家干预的理论基础及其发展

长期以来，追求纯粹的自由市场经济在西方经济学界拥有大量的"粉丝"，他们普遍认为市场作为"看不见的手"，可以自动达成资源最优配置,并实现经济均衡增长。但是在现实世界中,完全纯粹的自由市场经济是不存在的。1929～1933年资本主义世界经济大危机的爆发,不仅彻底颠覆了他们的理想与梦想,而且在实践中催生了"罗斯福新政",国家干预理论被推上了历史的舞台,并为人们所熟知。虽然西方的国家干预理论形成于20世纪30年代,并在与自由经营理论的相互争论中得到迅速发展,但是之前的西方经济思想史中,已经蕴含国家干预思想。

一 重商主义

重商主义作为一种商业资本意识形态,产生于西欧封建制度瓦解与原始积累时期,在经济思想史上最早对资本主义生产关系进行了理论探讨,其集商业资本追逐金银货币的经济思想与国家干预的政策主张于一体,反映了16～17世纪商业资产阶级利益的经济理论和政策体系①,在一定意义上构成了现代经济学的前史,但还不是马克思认为的"真正的现代经济科学"②。

(一)重商主义的主要内容

重商主义认为贵金属(货币)是财富的唯一形态,是衡量财富的唯一标准,而对外贸易是增加货币财富积累的手段。按发展的历史阶段划分,重商主义分为早期重商主义(15世纪末～16世纪中叶)与晚期重商主义(16世纪下半叶～17世纪)两个阶段,两者关于国民财富的性质的观点完全一致,但是在如何增加财富的途径问题上,两者因经济发展程度不同,存在不同的主张,主要区别表现如下。第一,积累货币的方式不同。前者主张通过货币的运动达到积累的目的,后者主张通过调节商品的运动达到积累的目的。第二,对外贸易的基本原则不同。前者强调只买不卖,或多卖少买;后者主张在保持商品输出大于输入的基础

---

① 傅殷才、颜鹏飞:《自由经营还是国家干预——西方两大经济思潮概论》,经济科学出版社1995年版,第4页。

② 《马克思恩格斯文集》第7卷,人民出版社2009年版,第376页。

上，扩大对国外商品的购买。第三，在具体政策方面存在较大的分歧。由于积累货币的方式不同，其在对外贸易的基本原则方面必然存在差异，所以在采取具体政策方面存在分歧。比如以英国统治者为代表的早期重商主义者，一方面，为了加强对本国商人的统治，严格禁止输出货币。在1461～1483年爱德华四世统治时期，统治者曾将输出金银定为大罪，出口商品除了直接换回货币外，还必须在指定地点经营。另一方面，为了加强对外国商人的统治，统治者颁布了消费法和侦查法两条法令，前者规定外国商人在英国收到的货款，只能全部用于购买英国商品；后者除了委派专人记录外国商人的每笔交易外，还严格监督和审核外国商人的每笔交易是否把英国货币带出国外。而西欧各国的晚期重商主义者，则采取了贸易保护主义的措施，比如为了保护本国工商业，除了严格限制商品进口、规定高额的进口税率以外，还严禁国内原料输出，同时，对需要进口的原料还辅以优惠条件；鼓励商品输出，并给予各种优惠条件，如退还税款、颁发特许证等，以扩大本国商品出口；为了推动新兴工厂手工业的发展，颁布了延长工作日、压低工资的法令，提供了充足而廉价的劳动力；推行殖民政策，对殖民地的贸易进行垄断；等等。

相对而言，晚期重商主义与商业资本的思想体系较为适应，马克思将其称为真正的重商主义。重商主义的一系列政策反映了其以商人的观点来研究经济生活中的一切现象，集中体现了其将商业资本经济思想融入国家干预政策的措施，其实质就是一种集商业资本与国家政权于一体的原始国家干预主义。

（二）重商主义对国家干预理论的贡献

重商主义作为西方国家干预经济的发端，对资本主义市场经济早期的国家经济职能率先做出了历史定位，体现了最早的国家干预经济思想，一定意义上可以说，它是西方国家干预经济的思想源泉。

第一，重商主义规定了国家干预经济的范围。首先，重商主义主张国家对流通领域的经济活动进行大规模地积极干预，利用国家垄断的方式对私人领域的经济活动范围进行限制，直接管制所有商人的经营行为。其次，随着商业资本的逐渐强大，其强调扩大国家干预经济的范围，从流通领域扩大到基本涵盖生产、消费和分配的所有经济领域。

第二，提供了国家干预经济的政策手段。首先，在国家干预经济的手段上，强调除了利用行政和立法手段外，为了达到攫取金银货币的目的，还可以采用政治、外交手段甚至大规模的暴力以及军事战争手段进行原始资本积累。可以说，重商主义国家干预指导下的资本原始积累是"用血和火的文字载入人类编年史的"①，是建立在对生产者和落后民族的剥夺和掠夺的基础上的。其次，在国家干预经济的政策上，制定了一系列关于贸易管制、工业管制的保护政策，强调通过国家政权的力量，以规范与保护本国商品与货币的交换活动。这种政策一方面维护了本国的经济利益，增强了其在世界市场上的竞争能力，但另一方面，也阻碍了世界市场的形成。

第三，明确了国家干预的目标。重商主义认为其干预经济活动就是为国家积累更多财富（货币）。一方面，对外保护本国商业利益，利用多种保护主义政策，防止国内货币外流；另一方面，对内通过积极干预、直接管制商人的买卖行为等方式，建立商品经济新秩序，以避免经济生活中出现分工与交易的不合理行为。

二　古典政治经济学的老自由主义

古典政治经济学的兴起与重商主义的衰落是相伴而生的，自 17 世纪中叶起，产业资本逐渐取代商业资本并占据统治地位。反对封建贵族特权、主张自由贸易与竞争、代表新兴资产阶级利益的古典政治经济学，随同资本主义早期经济关系的确立应运而生。由于古典政治经济学主张经济自由主义，其又被称为经济自由主义经济学，其按时间阶段划分为

---

① 《马克思恩格斯文集》第 5 卷，人民出版社 2009 年版，第 822 页。

老自由主义（古典自由主义）与新自由主义。老自由主义主要指的是主张放任自流的市场经济的自由主义思想。

（一）老自由主义中的国家干预思想

虽然以亚当·斯密为代表的老自由主义者推崇自然秩序，主张市场经济应自由放任，反对国家对经济生活的干预，提出了"经济人""看不见的手"等概念，并认为，每个人受"看不见的手"的指导，在经意或不经意间，已经"尽力达到一个并非他本意想要达到的目的……他追求自己的利益，往往使他能比在真正出于本意的情况下更有效地促进社会的利益"。[①] 基于种种假定，斯密构建出一种近似于完全自由竞争的市场经济模型，但他并非完全不要国家干预的极端的经济自由主义者，他在《国富论》中论述了国家应尽的义务和职能，并将义务和职能纳入经济自由主义学说，使学说蕴含国家干预的思想。

国家的一般经济职能。斯密定位了国家的三大基本经济职能。其一，保护本国社会的安全，要建立强大的国防体系，使国家不受其他独立社会的侵犯，并将之列为君主的第一要务。其二，保护人民，设立严正的司法行政机构，使人民不受其他人的侵害或压迫。其三，建设公共工程和公共机关，为市场经济的自由发展提供外部条件。除了第三个职能，第一、二个职能分别从保证国家安全和维护社会安定方面为一国经济发展提供了外部条件。

国家的具体经济职能。在经济自由主义的框架下，斯密论述了国家的具体经济职能，并严格规定了国家适度干预经济的前提条件。其一，对国防所必需的特定产业，国家制定给予优惠的政策；其二，对幼稚产业部门，国家可以给予扶持；其三，对某些个人无力经营或不愿经营的或对自然经济秩序有干扰的事业，国家应出面经营或干预。

---

① 〔英〕亚当·斯密：《国民财富的性质和原因的研究》下，郭大力、王亚南译，商务印书馆2017年版，第30页。

（二）老自由主义对西方国家干预理论的启示

老自由主义在反对原始国家干预的基础上，主张经济自由主义，代表了当时新兴资产阶级的利益，为其提供了反对封建主义的理论武器。老自由主义对国家经济职能的界定，尤其是有限地适度地干预经济的思想，一方面为当时经济的自由发展创设了良好的外部条件，另一方面为以后的国家干预理论提供了养分，也提供了批判的对象。

第一，亚当·斯密虽然主张严格限制政府职能，主张"廉价政府"，但其对国家经济职能的界定也从另一层面证明了"看不见的手"并不是全能的，国家的适度干预是必要的。

第二，老自由主义建立在反对原始国家干预基础上的有限的适度的国家干预思想上，有一定的进步性，其深刻地反映了当时资本主义市场经济深入发展的客观要求，成为促进当时西方国家迅速积累资本的理论指导。

第三，老自由主义反对国家干预，主张自由放任，强调市场机制的自动调节，并推崇"自然秩序"，认为市场能够达到自动均衡，不可能爆发普遍的经济危机等，这也成为后来国家干预主义对其进行批判的有力武器。

三 《政治经济学的国民体系》

德国历史学派的创始人弗里德里希·李斯特（1789～1846年）是对古典经济学持批判和怀疑态度的著名资产阶级经济学家，其代表性著作是《政治经济学的国民体系》。该著作不仅为经济演化分析做出了开创性的贡献，还专章论述了国家干预论，强调了国家干预经济的必要性。该著作所提出的一系列理论及政策主张，尤其是国家干预主义思想和国家保护主义学说，完全适应了当时德国新兴资产阶级的需要，为德国赶上先进资本主义国家立下了汗马功劳。马克思对该著作写了长篇评论，恩格斯认为其"不失为德国资产阶级经济学著作中最优秀的作品"[1]。

---

[1] 《马克思恩格斯文集》第2卷，人民出版社2009年版，第596页。

（一）《政治经济学的国民体系》问世的背景

李斯特当时生活的德国是经济上比较落后的封建农奴国家，而同期英法两国已经在经济自由主义理论的指导下走向了自由贸易的道路，成为发达的资本主义国家，如何在发达国家与落后国家并存的条件下维护德国的利益，加快德国的工业化进程，促进德国的经济发展，成为以李斯特为代表的德国经济学家的一项艰巨任务。

当时德国内部封建关卡严重，国内统一市场难以形成，这阻碍了德国资本主义工商业的发展，同时，英法两国的自由贸易政策对德国的市场形成了严重的冲击。为了打破内外枷锁，保护本国工商业，建立国内统一市场，满足本国资产阶级的需要，李斯特反对自由贸易，提倡国家干预经济，于1841年出版了其代表性巨著《政治经济学的国民体系》。

（二）《政治经济学的国民体系》中的国家干预论

李斯特从民族利益出发，在抨击老自由主义的自由放任政策的同时，极力反对其"世界主义"政策，倡导"国家经济学"。他认为亚当·斯密的经济学是一种"世界主义经济学"，他对其持批评态度，认为其"不承认国家原则，也不考虑满足国家利益……没有考虑到国家的精神和政治利益，眼前的和长远的利益以及国家的生产力"[1]，一针见血地指出其实质上是狭隘的本位主义和个人主义。他把国家作为《政治经济学的国民体系》的研究对象，把国家主义作为其理论体系的一个基础，把国家干预主义作为其经济思想的要旨。

李斯特在《政治经济学的国民体系》中，从发展国民生产力的角度阐述了国家干预经济的必要性和干预的范围及内容。

1. 国家干预经济的必要性

第一，财富的生产力比财富本身重要。李斯特认为，一个国家的富

---

[1] 〔德〕弗里德里希·李斯特：《政治经济学的国民体系》，陈万煦译，商务印书馆2017年版，第171页。

强在于掌握生产力，不在于掌握财富本身（交换价值），"财富的生产力比之财富本身，不晓得要重要多少倍，它不但可以使已有的和已经增加的财富获得保障，而且可以使已经消失的财富获得补偿"。[①] 财富来自生产力，而发展生产力必须借助国家的作用，因此，国家要干预经济，国家的政策要促进生产力的发展。

第二，落后国家赶上先进国家需要国家干预经济。李斯特通过分析荷兰、英国和法国的国家政策和德国的发展背景，认为本国不能采用自由贸易政策，要依靠政府力量，采用保护主义的政策，推进本国工业赶上先进国家，他推论出国家干预经济对于落后国家的必要性，尤其是对那些处在工业化转变关键时期的国家，国家干预尤为重要，国家干预能够加快工业化转变的进程。

第三，私人经济的局限性需要国家干预经济。首先，李斯特通过论述私人经济与国家经济的关系阐述了私人经济的局限性，指出有些任务，比如保卫国家、维护社会安定等，一般不会被私人经济所考虑，这些任务只有借助国家的力量才能实现。因此，国家为了民族的利益，要对私人经济进行某种约束与限制。其次，李斯特通过论述民族经济与世界经济的关系，阐述了在国际贸易中，采用关税保护政策的必要性。最后，他指出个人生产能力的形成主要通过国家才能实现，而在保护和积累生产力方面，国家起着决定性作用。

2. 国家干预经济的范围及内容

李斯特在论述国家如何干预经济时，指出了国家干预经济的范围和内容。他认为国家干预经济只能限于部分领域，而不是一切领域，国家并没有越俎代庖，做"关于国民个人知道得更清楚、更加擅长的那些事"，而是做"即使个人有所了解、单靠他自己力量也无法进行的那些

---

① 〔德〕弗里德里希·李斯特：《政治经济学的国民体系》，陈万煦译，商务印书馆 2017 年版，第 133 页。

事"。① 国家应做的事情主要包括：借助海军的力量和航海法来保护本国的商船；建设基础设施，比如修筑铁路、公路、运河等；制定专利法和促进生产力及消费的有关法规；实行贸易保护政策，保护幼稚产业，以推动本国制造业的发展；等等。同时，李斯特还指出，立法和行政方面的干预对落后国家推进经济发展，不仅必不可少，而且更加重要。

（三）国家干预论的影响和意义

李斯特的国家干预论作为其经济学说的重要内容，在经济发展史上留下了不可磨灭的印迹，作为一种进步的思想理论，其影响深远。

第一，推动了19世纪德意志民族的进步。作为一种进步的社会思想，李斯特的国家干预论无论是对当时德国关税同盟的确立，推动德意志民族的统一，还是为德意志民族在19世纪下半叶经济上赶超英法等先进国家均起到了指导作用。②

第二，为许多后进国家赶超先进国家提供了理论指导和借鉴。李斯特关于国家干预的一系列政策和主张除了指导德国的进步外，还为世界上许多落后的国家提供了赶超先进国家的理论指导和经验借鉴，比如发展独立的民族经济、保护幼稚产业、实现工业化等。

当然，也不可否认，其国家干预论中的许多经济理论和政策，包含着一定的殖民主义与沙文主义的成分，这是后来德国走向霸权主义和法西斯主义道路的思想基础。③ 因此，我们要以辩证的眼光看待李斯特的国家干预论。

四 凯恩斯的国家干预理论

1929～1933年资本主义世界经济大危机打破了古典经济学所倡导的

---

① 谭崇台主编《西方经济发展思想史》，武汉大学出版社1993年版，第173～174页。
② 张家林：《论李斯特的国家干预经济思想及其借鉴意义》，《上海经济研究》1991年第3期，第68～72页。
③ 傅殷才、颜鹏飞：《自由经营还是国家干预——西方两大经济思潮概论》，经济科学出版社1995年版，第218页。

市场自身调节经济的"和谐完美性",揭开了市场自身调节经济的天然缺陷,使古典经济理论陷入危机;美国"罗斯福新政"在实践中,催生了凯恩斯国家干预理论。而1936年凯恩斯(1883~1946年)的代表性著作《就业利息和货币通论》(简称《通论》)的出版,标志着资本主义市场经济国家干预理论的正式诞生。

(一)凯恩斯国家干预理论的主要内容

凯恩斯在其《通论》中,不仅猛烈抨击了经济自由主义的理论和政策,还系统阐述了其国家干预经济的一系列理论和政策。这一主张在西方经济学界刮起了一股旋风,其主要内容如下。

第一,关注资本主义国家的失业问题,并对其进行分类。就业问题是凯恩斯国家干预理论的核心,凯恩斯公开承认现代资本主义存在着比较严重的失业问题,在理论对比与剖析中,在传统失业类型的基础上,他将非自愿失业列入失业的种类。同时将充分就业列为国家干预的重要目标。

第二,提出了有效需求理论。凯恩斯通过驳斥"供给会创造自身需求"的理论和否认存在生产过剩的危机理论,推翻了萨伊定律,提出了有效需求理论。凯恩斯认为产生有效需求不足的原因是边际消费倾向、资本边际效率和流动偏好三大心理规律,而有效需求不足必然导致失业和经济危机。

第三,提出了刺激消费和投资的政策。凯恩斯在论证国家干预经济必要性的基础上,指出了如何运用宏观经济政策以扩大社会需求的同时,增加投资总量。他认为"最好的方法是'双管齐下',一方面由社会来统制资本量,让资本的边际效率逐步下降,另一方面用各种政策来增加消费倾向"。[①] 在政策的交互作用中,首先,利用扩张性(膨胀性)的财政政策,比如扩大政府支出、增发国债、增加赤字预算等,增加政府的消

---

① 〔英〕凯恩斯:《就业利息和货币通论》,徐毓枬译,商务印书馆1983年版,第34页。

费与投资，提高社会的消费倾向。其次，通过增发货币的扩张性货币政策，降低利率，以刺激消费。最后，利用对外经济扩张政策，扩大对外商品输出与资本输出，这既为国内滞销商品和过剩资本寻找出路，又带来了较多的就业机会，增加国民收入。

（二）凯恩斯国家干预理论的贡献

相较于以往的关于国家干预的思想而言，可以说，凯恩斯的国家干预理论为西方国家干预经济提供了一个相对完整的理论体系，奠定了西方国家干预的理论基础。[①] 在与自由主义的论战中，其理论贡献如下。

第一，阐述并论证了国家干预的必要性，指出了国家干预经济的目标。凯恩斯作为现代西方国家干预经济的倡导者，首次明确了国家干预经济的必要性，在同传统的经济学论战的过程中，推动了"凯恩斯革命"，认为国家干预经济的首要目标不再是传统经济学强调的物价稳定，而是保证充分就业、实现经济增长和消除经济危机。[②] 但其核心目标是维护资本主义制度，避免资本主义制度毁灭。

第二，开创了西方国家宏观经济政策理论的先河。凯恩斯在对自由主义自由放任政策批判的同时，明确了调节政府经济的重要工具，即财政政策与货币政策，并将前者作为"反危机"政策的核心，为应对经济危机提供了借鉴。

第三，凯恩斯的国家干预理论在资产阶级经济学说史上是一次进步，它打破了西方传统的旧的自由经营理念，代替了自由经营理论，在一段时间内成为西方经济学的主导，缓解了西方主要资本主义国家的经济危机和失业问题，在一个时期内，促进了资本主义经济的发展甚至使资本主义经济走向了繁荣。

---

① 吴易风：《经济自由主义和国家干预主义论争的历史考察》，《当代思潮》2002 第 2 期，第 49～61 页。

② 傅殷才、颜鹏飞：《自由经营还是国家干预——西方两大经济思潮概论》，经济科学出版社 1995 年版，第 259 页。

凯恩斯的国家干预理论代表了垄断资产阶级的利益，自然是替国家垄断资本主义辩护，其认为国家垄断资本主义能够医治资本主义的危机和失业等"痼疾"，但其犯了根本性的错误，就是回避了资本主义基本矛盾，只是在一些现象形态、次要因素上兜圈子，后来爆发的大规模的经济危机证明了其理论和政策并不能解决资本主义的基本矛盾。

五　新自由主义

长期以来，西方经济学一直在国家干预理论与自由经营理论中争论不休，存在着此消彼长的现象。新自由主义虽然产生于 20 世纪 20 ~ 30 年代，但一直处于边缘地位，直到 20 世纪 70 年代，资本主义经济危机的爆发，尤其是"滞胀"现象的出现，动摇了凯恩斯主义的正统地位，新自由主义才得以发展。新自由主义强烈反对凯恩斯的国家干预理论，但相比于早期的自由主义，其又没有彻底摒弃国家干预理论的成果。

（一）新自由主义的主要内容

新自由主义在与国家干预主义的论战中，形成了以现代货币（货币主义）学派、理性预期学派和供给学派为代表的若干学派，其经济思想也主要体现在这些学派的经济理论与政策主张中。

1. 货币主义学派

在新自由主义的若干学派中，货币主义学派的影响最大，（美）米尔顿·弗里德曼是主要代表。在其《货币数量论——一个重新表述》（1956）中[1]，他以崭新的视角概述了传统的货币数量说，为货币主义奠定了理论基础。随后，他又出版了一系列宣扬新自由主义的著作，比如《资本主义与自由》（1962）、《自由的选择》（1980）等。

（1）货币主义学派的主要内容

弗里德曼崇尚私有经济，推崇自由市场制度，重视货币理论的研究，

---

[1]　王立中：《现代货币主义经济学》，《西欧研究》1992 年第 2 期，第 59 ~ 61 页。

在反对国家干预中论述了其经济思想，主要内容包括以下几方面。其一，提出了现代货币数量论。弗里德曼将通胀的原因归结于货币供应太多，他认为国家应控制货币增长，在与凯恩斯主义论战中，他在着力强调并剖析其货币政策重要性的前提下，极力反对后者主张的相机抉择货币政策，主张采用"单一规则"的货币政策。其二，创立了消费函数论。他在驳斥凯恩斯边际消费递减规律的基础上，创立了"恒常所得假说"，认为消费者做出选择的消费模式是由其永久收入的改变决定的。其三，提出了"自然率假说"理论。弗里德曼与菲利普斯于 1968 年同时提出了"自然率假说"理论，否定了凯恩斯的非自愿性失业理论，他们认为，通货膨胀与失业率从长期来看，不存在必然的联系。在现实生活中，自然失业率不仅是不能消除的，还是长期存在的，他们反对政府增加就业的政策。

（2）货币主义学派的贡献

货币主义学派作为最早对凯恩斯国家干预理论提出挑战的新自由主义的代表，其理论和政策主张沉重打击了凯恩斯主义，在一段时间内成为西方发达国家的经济政策的指导理论。

第一，弗里德曼从分析货币入手，阐述了通货膨胀与政府干预的关系，分析了政府干预经济的局限性，并运用计量方法对政府干预经济的客观效果进行了实证检验，有助于人们从另一个角度认识政府干预经济的作用，具有一定的启示意义。

第二，弗里德曼在阐述自然失业率概念的同时，论证了其产生的客观必然性，将失业现象与市场失灵进行了区分，在一定程度上促使人们重新认识和思考市场机制的作用，以及政府干预经济的界限。由于其阶级的局限性，其对政府失灵的原因缺乏深入分析。

2. 理性预期学派

理性预期学派作为新自由主义的一个重要学派，产生于 20 世纪 70 年代，并于 20 世纪 80 年代迅速崛起，作为凯恩斯主义的坚决反对者，其继承和发展了货币主义学派的理论。

美国经济学家约翰·弗雷泽·穆思于1961年在其《理性预期与价格变动理论》一文中，首次提出了"理性预期"概念，后经（美）罗伯特·卢卡斯和（美）托马斯·萨金特等经济学家的发展，形成了理性预期学派。

（1）理性预期学派的主要论调和政策主张

理性预期学派作为比货币主义学派更彻底的学派，是在三个基本假定的基础上，论述其政策主张的。

第一个假定是经济当事人（个体）遵循最大化行为准则。理性预期学派着眼于政府政策作用对象的行为模式，认为消费者、要素所有者和厂商分别追求效用、收入和利润最大化。

第二个假定是理性预期。基于经济主体是有理性的，理性预期学派认为经济当事人能够利用自己的理智，运用自己已占有的各种信息，基本准确地预测未来的经济变动情况，继而做出合理的决策。虽然在预测时会偶尔出现随机偏差，但由于预期平均数是正确的，所以绝不会出现系统偏差。

第三个假定是认为市场是连续结清的。也就是说，理性预期学派认为一切经济变化都会马上反应在价格调整上，市场出清的原因是经济当事人能够依据他们所觉察到的价格，做出最优的供求反应。

以上三个假定与卢卡斯的总供给曲线相加，就形成了相对系统的理性预期理论，会得出政策无效命题。[①]

理性预期学派认为，国家干预经济的政策和措施最终都是徒劳的，保持经济稳定的唯一方法就是"无为而治"，顺其自然。其政策主张是，首先，反对国家干预，主张市场经济自发调节，如果政府要实行干预，实行固定的规则最适宜。其次，在自由放任理论中，要充分考虑预期的作用，要依靠规则，尤其是简单的规则，反对实行相机抉择的财政、金

---

① 胡家勇：《政府干预理论研究》，东北财经大学出版社1996年版，第46页。

融政策。

（2）理性预期学派的主要贡献

理性预期学派的理论在西方经济学界影响很大，其追随者众多，其对经济学理论的贡献，主要表现为如下方面。

第一，对经济理论做出了概念性的表述，并分析了其特征，论证了其在经济生活中的作用。理性预期学派要求政府在对未来经济作决策时，应将预期考虑在内，不能忽视预期的作用。

第二，理性预期学派在与凯恩斯主义论战中，使对后者的批评系统化。理性预期学派指出了凯恩斯主义的真正缺陷是缺乏微观基础，因此，古典综合派的萨缪尔森将宏观、微观经济学综合分析的观点是肤浅的、无济于事的。在对凯恩斯及其追随者理论的批判中，理性预期学派使对凯恩斯主义的批评不再是凌乱的、零碎的，而是系统化的。

当然，理性预期学派是建立在一系列假说之上的，有些理论假说在现实生活中并不成立，比如现实中的市场出清问题，它的预期理论是否如其坚持的那样有效，也并未得到证明。

3. 供给学派

供给学派是在凯恩斯主义破产的情况下，于 20 世纪 70 年代后期在美国产生和发展的一个新自由主义的流派。其主要代表是（美）阿瑟·拉弗、（美）丘德·万尼斯基、（美）罗伯特·蒙代尔等。供给学派强烈反对凯恩斯的国家干预理论，认为需求能够自动适应供给的变化，其因强调供给而得名。

（1）供给学派的主要政策主张

第一，供给学派批评并反对凯恩斯主义的国家干预理论，鼓吹并试图复活"萨伊定律"。萨伊主张自由放任，反对一切国家干预，认为"是生产开辟产品的需求"，"供给可以自行创造需求"①，生产过剩的经

---

① 〔法〕萨伊：《政治经济学概论：财富的生产、分配和消费》，陈福生、陈振骅译，商务印书馆 1963 年版，第 144 页。

济危机不可能在资本主义社会发生，西方资产阶级将其认识称为"萨伊定律"。供给学派吸收了萨伊定律的思想，主张让市场自动调节。不同于萨伊的是，它主张将国家干预的范围和幅度限制到最小。同时还鼓吹企业家精神，将其列为生产增长的一个关键性因素，将市场调节的资本主义认为是施展企业家技能的最好制度。

第二，强调供给。供给学派认为，除了财政、货币政策对需求产生影响外，应着力强调供给，并利用其积极作用补充需求政策，在政策的交互作用中，以实现其所期望的无通货膨胀的充分就业均衡。

第三，大幅度减税。供给学派反对高税率，尤其是高的边际税率，认为其带来了一系列不利影响，比如妨碍劳动者积极性、造成储蓄和投资不足等，从而造成了经济停滞，阻碍了社会进步，因此，它主张"应把大幅度减税当作刺激劳动和资本供给量，从而促进经济增长的途径"。[①]

第四，削减政府开支。供给学派在强调减税的同时，要求大规模削减政府开支，尤其是削减社会福利开支。它认为社会福利制度带来了许多弊端，比如抑制生产、加剧膨胀、鼓励失业等，是资本主义的罪恶之源。

第五，实行限制性的货币政策。供给学派在继承货币主义学派理论的基础上，认可其货币数量论，主张实行限制性的货币政策，但在如何实行该政策上分成了两派。以罗伯茨为代表的一派主张控制货币供应量的增长，尤其将货币年增长率控制在 4% ~ 6%，使之与经济增长相适应；另一派以孟德尔为代表，主张只有恢复金本位制，才能有效地控制货币供应量。

（2）供给学派的贡献与局限

第一，供给学派的一些政策主张有效地缓解了美国的滞胀现象，成为美国"经济复兴计划"的理论依据，也成为西方宣扬私有化、市场化、自由化的一个重要工具，促使西方许多国家大搞私有化，削减社会

---

① 〔美〕保罗·A. 萨缪尔森、〔美〕威廉·D. 诺德豪斯：《经济学》上，高鸿业等译，中国发展出版社 1992 年版，第 311 页。

福利，走上了经济自由化道路。

第二，供给学派对西方经济思想产生了一定的冲击，其减税主张有利于促进经济社会的发展，但一定程度上成为西方国家"劫贫济富"的工具，加剧了资本主义国家的两极分化；其恢复金本位制、降低货币供应量增加的主张，使经济陷入长期衰退。

供给学派的主张虽然有一定的合理性，但由于缺乏严密的、明确的体系，其学派内部主张不统一，甚至出现自相矛盾的现象，它不过是解决滞胀的一种对策而已。[①]

六 新凯恩斯主义

20 世纪 80 年代末 90 年代初，随着西方国家经济的普遍衰退与新自由主义的失误，国家干预理论东山再起，新凯恩斯主义应运而生，并取得了突破性进展。它的代表人物有（美）格雷戈里·曼丘、（美）戴维·罗默、（美）劳伦斯·萨默斯和（美）约瑟夫·斯蒂格利茨等。新凯恩斯主义的理论集中反映在曼丘和罗默所主持编写的《新凯恩斯主义经济学》论文集中。

（一）新凯恩斯主义理论的主要内容

新凯恩斯主义在批判中继承和发展了凯恩斯主义，吸取了货币主义学派有关货币重要性的理论、理性预期学派和供给学派有关总供给的理论以及以马歇尔为代表的微观经济理论，在修补凯恩斯理论不足的同时，试图构建宏观经济理论的微观基础。

1. 新凯恩斯主义的假设条件

在分析市场经济运行时，新凯恩斯主义主张并坚持非市场出清的基本假设，这一点与传统凯恩斯主义一致，但是其在非市场出清模型中，吸取了别的学派的一些观点，增添了两个被凯恩斯主义忽视的假设。一

---

① 廖运凤：《现代西方经济学主要流派》，知识产权出版社 2009 年版，第 225 页。

是古典经济学的基本假定之一：经济当事人最大化原则。二是理性预期学派的基本假定之一：理性预期。这两个假设的增加，使新凯恩斯主义不但不同于传统凯恩斯主义，而且对其有突破性的进展。[①]

2. 新凯恩斯主义的基本理论

第一，黏性价格理论。传统的凯恩斯主义缺乏微观基础，其价格理论也缺乏微观分析，因此，新凯恩斯主义从理论上利用微观经济学的分析阐述了价格刚性与黏性的成因，对名义价格黏性、实际价格黏性进行了区分，并深入分析了二者的成因。黏性价格理论成为其基本理论之一。

第二，劳动市场理论。新凯恩斯主义高度重视劳动市场的问题，探讨分析了工资黏性与劳动市场的无效性。基于经济当事人最大化、理性预期两大假设，解释了劳动市场的成因，对"滞胀"做出了一定的解释。

第三，信贷配给理论。新凯恩斯主义通过对信贷市场的分析，指出信贷配给不是国家干预的产物，而是信贷市场利率机制作用的结果，在现代信贷市场中，只有在利率约束与信贷配给二者同时作用下，信贷市场才会有效率。信贷配置制主要利用信贷配给有周期性、配给量通常与政府的货币政策相配合两个特点，以信贷数量限制借款人，其通过政府的有效干预，使利率机制与配给机制同时有效发力，保证经济的高效运行。

3. 新凯恩斯主义的政策主张

第一，在价格政策上，新凯恩斯主义利用其对价格黏性的分析，主张在抑制价格黏性的基础上，恢复价格弹性，以更好地修复失灵的市场机制。

第二，在就业政策上，新凯恩斯主义着眼于增加工资弹性，减少失业，给出了两点具体的政策建议。一是长期失业者倾斜的政策。在政策

---

① 廖运凤：《现代西方经济学主要流派》，知识产权出版社 2009 年版，第 102 页。

倾斜上，较多地考虑长期失业者的利益，为其提供就业机会。二是干预工资合同的政策。国家应当干预工资合同，应当利用货币政策增加工资弹性，继而提高就业率。

第三，在货币与信贷政策上，新凯恩斯主义者承认货币政策的有效性，主张实行与需求变化相适应的灵活的货币政策。在信贷市场上，其主张利用各种信贷手段，比如贷款补贴、担保等，来降低市场利率，以支持有社会效益的项目获得政府的信贷支持。

（二）新凯恩斯主义的贡献

新凯恩斯主义作为一个重要的经济学派，在西方经济思想史上占有重要地位。在实践中，它因作为克林顿经济学的理论基础而被熟知。

第一，修补和发展了凯恩斯主义。新凯恩斯主义在继承传统凯恩斯主义理论的基础上，以价值理论和劳动市场理论对其进行了修补和发展，同时阐明了市场机制存在失灵现象，论证了政府干预经济的必要性。

第二，批驳了"宏观政策无效论"，证明了政府宏观经济政策的有效性。新凯恩斯主义本着恢复和修复凯恩斯主义正统地位的立场，驳斥了理性预期学派所谓的政策无效论，主张政府干预经济的同时，偏向于供给结构中的政策调整，在理论分析中不但阐明还证明了宏观经济政策是有效的。

第三，论证了货币政策的运行机制，克服了传统凯恩斯经济学货币政策上的不足。新凯恩斯主义者指出了传统凯恩斯主义的货币政策的不足，通过对信贷配给机制的分析，阐明了如何利用信贷资金来刺激经济增长。

虽然凯恩斯主义的许多理论有一定的价值，但由于其理论众多、纷繁复杂，实际上，它不但没有形成统一的、严密的理论体系，而且大多数的理论和政策主张存在明显的缺陷，不能付之于实际操作。[1]

---

① 廖运凤：《现代西方经济学主要流派》，知识产权出版社 2009 年版，第 125 页。

第三节 中西方理论基础对比辨析

通过对中国特色宏观调控和西方国家干预的理论基础进行梳理，可以清晰地看出二者存在一定的联系，但也有很大的区别。这与中西方的经济制度性质、国情以及发展理念都有很大的关系。作为社会主义市场经济国家，我国的制度基础和国家性质决定了发展经济是为了人民。马克思主义经济发展的核心观点是按比例发展，社会化大生产和公有制的主体地位的确立，决定了按比例发展在我国不仅是必要的而且是可能的，按比例发展作为我国的宏观调控的目标一直为我们党和国家所重视。而西方资本主义市场经济体制是建立在资本主义私有制经济基础上的，其经济宗旨决定了其经济发展是为了资产阶级利益，决定了按比例发展在西方国家虽有必要性，但无可能性，也会造成难以避免的经济危机伴随其发展的始终。

一 西方国家干预理论基础评析

西方资本主义经济的国家干预历史较长，其在与自由主义的论战中，形成了一套相对完整的国家干预体系。回溯经济学理论的发展，整个西方资产阶级经济学的发展既是在如何对待政府与市场的关系中展开的，也是在自由主义学说与国家干预学说的论战中展开的。从重商主义主张用商人的观点来研究经济生活中的一切现象，到亚当·斯密主张采用自由放任的市场经济，强调用"无形之手"优化资源配置，反对国家干预，认为政府只是充当"守夜人"或"夜警"的角色；从凯恩斯主义着力强调并论证国家干预经济的必要性，阐述其国家干预理论，并使其理论成为西方经济学的正统思想，到新自由主义主张"小政府、大市场"；从新凯恩斯主义驳斥新自由主义，修复传统凯恩斯主义的路径探索，到其成为西方主流经济学的一个流派，在争论与交锋中，西方经济学有走向融合之势。而从以上的脉络梳理中，可以清晰地看出国家干预的理论主张及趋势。

（一）万变不离其宗的资产阶级主张

追求剩余价值一直是西方资本主义国家经济活动的最高目标，资产阶级在资本主义国家一直占据统治地位，其政策主张都是围绕资产阶级利益展开的，其政策实施自然也凸显了资产阶级主张。

重商主义代表商业资本的利益，作为国家干预经济的发端，其国家干预经济的思想反映了商业资本家的利益和要求，支配了欧洲 300 年。重商主义者围绕商业资本家的利益和要求，强调积累金银和对外贸易，为了达到原始积累的目的，重商主义者无所不用其极，甚至主张采用大规模的军事和暴力手段去攫取金银和打开贸易市场。这种充满血腥的暴力掠夺方式，将商业资本家的疯狂性与掠夺性展示得一览无余，一定程度上加剧了阶级关系的分化。老自由主义初步分析了资本主义生产关系，主张在经济上实行自由放任、自由竞争等政策，这在一定程度上为资本主义的经济发展扫清了障碍，也为其对内压迫、对外掠夺找到了借口。老自由主义对内通过圈地运动等手段，为新兴资产阶级提供生产要素，同时保护其私有财产不受侵犯；对外利用商品输出与资本输出，推行经济扩张政策，一方面，加速了资本积累，扩充了海外市场，另一方面，也瓦解了落后民族的自然经济基础，迫使其卷入世界市场经济。凯恩斯主义打着国家全面干预经济的旗号，其政策主张无不反映着其为垄断资产阶级利益服务的本色。新自由主义宣扬市场经济万能、反对国家干预经济、坚持政府职能最小化、认为人的本性是自私的等观点，在维护其阶级统治的同时，还为其剥削本性找借口。新凯恩斯主义虽然吸取了新自由主义的一些"营养"，对凯恩斯主义进行了改良，但其政策主张还是脱离不了阶级的局限性，依然服务于资产阶级统治。

可见，无论是国家干预还是自由经营，无论二者如何兴衰交替，其都是维护资本主义制度的，其政策主张无论如何翻新，主要宗旨都一成不变，是为资产阶级利益服务的。

（二）难以摆脱的危机和趋势

自 1825 年在英国爆发以周期性相对过剩为特征的第一次世界性经济危机以来，经济危机就成为西方国家难以摆脱的噩梦。在资本主义由自由竞争向垄断阶段过渡期间，经济危机几乎每隔十年就会爆发一次。从 1900 年至第二次世界大战前，几乎每隔七八年就会爆发一次。"二战"后，西方资本主义国家又爆发多次经济危机。经济危机的严重灾难性，已经成为困扰资本主义市场经济发展的主要原因。虽然西方各学派从不同视角、不同程度上论述了经济危机，但它们的政策主张并没有触及资本主义的基本矛盾，因此，无法摆脱经济危机及遏制其继续爆发的趋势。

古典经济学反对国家干预经济，从萨伊定律的"供给自动创造需求"到大卫·李嘉图的"生产创造需求"，古典经济学都极力推崇自由竞争，认为只要政府不干预经济，遵循"自然秩序"，就不会产生普遍的生产过剩，不会发生普遍的经济危机。西斯蒙第在经济思想史上虽然首次揭示了资本主义经济危机的必然性，但他并没有从根本上找到经济危机爆发的原因，只是将经济危机爆发归于消费不足，并没有意识到根本原因是资本主义基本矛盾。凯恩斯主义认为三大心理规律的综合作用造成了有效需求不足，并认为有效需求不足是经济危机爆发的原因。而实际上，凯恩斯主义者并没有弄清经济危机的本质，只对一些经济萎缩的表象进行了归纳，众所周知，有效需求不足只是经济危机爆发的后果而已。基于主观心理因素来分析经济危机的成因，其理论的逻辑起点就具有浓厚的主观唯心主义色彩，凯恩斯主义关于经济危机根源的因果倒置的认识，决定了其经济政策根本不可能从正确的方向找到根治危机的办法。[①] 新自由主义将 20 世纪 70 年代的经济危机归于凯恩斯主义经济政策的失败，它在反对凯恩斯主义的同时，主张极端的私有化、市场化以

---

① 郝一生：《经济危机新论》，生活·读书·新知三联书店 2013 年版，第 304 页。

及自由化，采用了一系列与其主张相符合的政策，在一定程度上缓解了当时的"滞胀"现象，但长期看来，其许多经济政策却加剧了经济危机。尤其是随着"华盛顿共识"的出笼，在西方国家的大力宣扬下，新自由主义向拉美、苏联等蔓延，其经济政策不但加剧了经济危机，还将"病毒"传染到世界各地，给这些国家带来了严重影响。而2008年全球性金融危机的爆发也宣告新自由主义政策的破产。新凯恩斯主义虽然发展了经济周期理论，在一定程度上弥补了凯恩斯主义的不足，但在经济周期根源问题上，新凯恩斯主义并没有触及资本主义制度，更没有深入其内部联系中去探寻经济危机和周期的真正根源，只是企图用现象掩盖本质，也未能说清现实经济运行过程中存在的问题，更不可能给出解决经济危机的科学方案。① 上述各经济流派的政策主张，都没有完整地阐述经济危机理论，也没有找出经济危机的根源，可见，资产阶级经济学家是不能科学地解释经济危机的。只有马克思从资本主义制度入手，科学地、完整准确地阐述了经济危机的根源、特征及实质，在追根溯源中剖析了资本主义国家爆发经济危机的必然性，其国家性质及基本矛盾决定了资本主义经济的发展与经济危机是相伴而行的。尤其是随着世界经济一体化的发展，国际分工和贸易不断发展，先进技术不断更新，经济危机的传导速度日益提升，涉及范围日益广泛。总之，只要资本主义制度存在，在资本主义国家，经济危机会一直蔓延下去，一旦再次爆发，其杀伤力与波及面会越来越不可控。

（三）值得批判地借鉴和吸收的"有益的东西"

国家干预形成并实践于西方相对成熟的市场经济国家，其在与自由主义思潮的论战中，有存在的合理性，但也有巨大缺陷。我们既不能全盘否定其观点，也不能无原则地采用，要在批判地借鉴和吸收中，汲取

---

① 胡代光主编《现代市场经济的理论与实践》，商务印书馆1996年版，第91页。

对我们"有益的东西",真正做到"马学为魂、中学为体和西学为用"①,在坚持与时俱进、综合创新发展中,真正建立起符合时代发展的中国特色宏观调控体系。

重商主义作为对资本主义生产方式最早进行探讨的理论,有助于我们了解资产阶级经济学的"前史"。其国家干预经济的思想,体现了其对国家在经济生活中的作用的重视。其在发展市场经济时,重视对外贸易的思想,尤其是在外贸中注重采用保护关税的政策促进本国商品出口的思想,值得我们学习,但其全面干预经济的思想是不可取的。老自由主义相较于重商主义,扩展了理论探讨领域,即从流通领域扩展到生产领域,这在一定程度上奠定了劳动价值论的基础,深化了对经济现象的内在联系,其主张有限制、适度地进行国家干预,将国家经济职能最小化,对我国国家经济职能范围的界定有一定的启示。但其鼻祖亚当·斯密把经济学研究的逻辑起点定位为"抽象的人性论",将"个人利己主义"定位为人类的共同特征,以此出发推导出资本主义经济制度的基因根源是自利的人性,并把资产阶级生产关系永恒化,这是与人类社会的发展宗旨相违背的,也是我们极力批判的。凯恩斯主义强调并论证了国家(政府)干预经济的必要性,倡导国家间接干预经济,提出干预经济的主要政策手段是财政、货币政策,将就业理论作为其经济学说的基本内容,这对我国宏观调控的政策手段使用和目标选择有一定的借鉴意义。但凯恩斯主义认为黄金是"野蛮的遗迹",主张抛弃金本位的廉价货币政策,虽然表面上促进了资本主义经济的虚假繁荣,但为大政治家们提供了"借钱、花钱和印钱"的理论借口,客观上加快了政客和金融资本家成为一丘之貉来剥夺人民财产的速度。新自由主义在批判继承古典经济学的基础上,信奉自由市场机制功能,其许多私有化、自由化的政策主张是我们要大力批判的,但其对少量的有限的国家干预的论述、反对

---

① 方克立:《关于文化体用问题》,《社会科学战线》2006年第4期,第16~23页。

通货膨胀、对货币稳定政策的重视是值得我们批判地学习的，但以哈耶克为代表的新自由主义者提出的为了应对通货膨胀废除信用制度是不可取的。

可见，西方国家干预和自由主义两大思潮在纠缠不息的论战中，推动了西方经济理论的发展，我们要在马克思主义的指导下，以辩证的思维分析其观点，取其精华，去其糟粕。

二　中国特色宏观调控理论基础评析

中国的宏观调控从一开始就是依据马克思再生产理论，植根于中国国情，依靠党的领导，在实践探索中形成和发展起来的，是中国独有的概念创新。从毛泽东的《论十大关系》到习近平的新发展理念，既反映了中国特色宏观调控的历史基础，又反映了中国特色宏观调控的制度基础以及制度优势，同时，鲜明地体现了该理论的科学性、革命性、创新性与发展性。

（一）坚持以马克思主义为指导，贯彻以人民为中心的核心理念

以人民为中心是马克思主义政治经济学的核心要义，也是中国特色社会主义政治经济学的根本立场。[1] 正如马克思、恩格斯所言："无产阶级的运动是绝大多数人的，为绝大多数人谋利益的独立的运动。"[2] 从中国宏观调控的理论基础演变与发展中，可以清晰地看到以人民为中心的核心理念贯穿中国宏观调控的始终。《论十大关系》作为中国特色社会主义政治经济学的"序篇"[3]，通篇散发着人民至上的价值理念，重视人的价值，注重调动人民群众的积极性，并将其视为社会主义建设的根本动力，比如在处理国家、集体和个人三者之间的关系时，关注人民群众

---

[1] 逄锦聚：《中国特色社会主义政治经济学论纲》，《政治经济学评论》2016年第5期，第89~110页。
[2] 《马克思恩格斯文集》第2卷，人民出版社2009年版，第42页。
[3] 顾海良：《中国特色社会主义政治经济学的序篇——纪念毛泽东〈论十大关系〉发表60周年》，《毛泽东邓小平理论研究》2016年第3期，第63~70页。

的福祉，将满足人民群众的需求作为经济发展的主要任务，极力反对一切不关心群众痛痒的官僚主义与形式主义。陈云的综合平衡思想论述了如何为了人民更好地发展社会主义经济，做到经济建设和人民的生活保持平衡。"论十二大关系"在继承《论十大关系》的基础上，针对社会成员之间出现的收入悬殊的新问题，在坚持以人民群众的利益为根本出发点的前提下，提出了防止两极分化的一些原则和意见。科学发展观强调以人为本，要求以人民为发展的主体、目的和动力，把实现人的全面发展作为目标。科学发展观中的"五个统筹"就是朝着实现人的全面发展目标推进的。以人民为中心的发展思想作为对"以人为本"思想的升华，首次被官方正式提出是在党的十八届五中全会上，体现了习近平治国理政的根本立场。在党的十九大报告上，"人民"一词被提及 203 次之多。

可见，中国特色的宏观调控理论在实践探索中，将以人民为中心的思想贯穿始终，而以人民为中心的发展思想之所以能够落地生根，是由中国特色社会主义制度优势所决定的。

（二）坚持从中国国情出发，走中国特色社会主义道路

坚持从中国国情出发，是认识和掌握中国经济发展规律的基本前提。中国共产党领导中国人民在探索国家治理的道路上，始终坚持在认清我国国情的基础上，从我国国情出发，走中国特色的社会主义国家治理之路。

毛泽东的《论十大关系》作为初步探索关于适合中国国情的重要社会主义建设的论著，开创了独立自主探索中国特色社会主义道路的先河。毛泽东在初步分析我国国情的基础上，紧扣十大矛盾，提出了一套建设社会主义的原则和方法。陈云的综合平衡思想体现了其"国情论""国力论"。陈云在综合平衡思想中，着眼于中国经济发展的实践，要求从中国国情出发，按农业、轻工业、重工业的次序安排经济发展，以达到综合平衡，实现按比例发展；同时，在经济建设中，要实事求是，他主

张"大国小生产"、建设规模要和国力相适应。邓小平不但对我国的基本国情进行了科学论断，即"我国处于社会主义初级阶段"，还将其列为我们党制定一切方针政策的基本遵循和依据。"论十二大关系"作为对《论十大关系》的跨世纪接力，是对社会主义市场经济条件下，国家管理经济的一种尝试性探索，不仅科学地论述了改革、发展与稳定三者之间的关系，还对市场机制与宏观调控的关系进行了科学定位，这种对社会主义国民经济管理的尝试性探索，一定程度上拓展了中国特色经济建设实践。科学发展观是在深谙我国国情的基础上，针对我国当时经济社会发展面临的突出问题，比如"以经济增长为本"、"唯 GDP"论政绩、"先发展后环保论"等问题，提出来的走中国特色的科学发展之路、和谐发展之路的新理论。其作为探索性的理论成果，着力开辟并展示了中国特色社会主义道路的崭新境界和美好前景。[①] 新发展理念作为新时代中国特色宏观调控的理论基础和行动指南，是在我国经济发展进入新常态、社会主要矛盾转换、结构性矛盾日益突出等情形下，开出的适合新时代经济发展的药方。新发展理念不仅折射出中国特色社会主义道路达到新维度，还夯实了中国特色大国的新基石，展示了中国的国家新形象，是中国走向强国之路的重要思想推动力。

（三）坚持党的领导，凸显中国特色社会主义制度优势

中国特色宏观调控理论在创新性发展中，无不体现出中国共产党人的智慧。中国特色宏观调控之所以能够在社会主义市场经济中有序运行，不仅因为我们始终有一个强有力的领导核心——中国共产党，还因为有中国特色社会主义制度在飞跃式发展中提供的强大的制度保障。在我国宏观调控史中，坚持党的领导是中国特色宏观调控顺畅运行的有力保障。中国共产党在对宏观调控的理论探索中，其理论根基和政策主张不仅体

---

① 张忠良：《科学发展观对中国特色社会主义道路的新开拓》，《湖南大学学报》（社会科学版）2008 年第 4 期，第 137～140 页。

现了其治理经济的能力，还逐步彰显了"中国特色之治"的社会主义制度优势。

中国共产党作为世界上最先进的政党之一，其从事的是世界上最光辉的事业，为人类谋解放，实现人的全面发展。中国共产党在领导中国经济建设中，始终走在经济理论的最前沿，从《论十大关系》到新发展理念，其理论内容和政策主张无不体现着先进的中国共产党人的创新精神。中国共产党最显著的优势就是始终把为人民服务作为工作的出发点和落脚点，这既是区别于其他政党的显著标志，也是人民拥护它的根本原因。在探索"中国之治"的模式创新中，中国特色社会主义制度作为"中国模式"的根本制度保障，其最大优势就是党的领导。在全方位建设社会主义事业中，党在探索"中国模式"、走"中国道路"过程中，领导人民充分发挥"集中力量办大事"、全国一盘棋的优势，使中国逐渐走向了强国之路。中国特色宏观调控的理论就是在中国共产党的领导下，在结合实际、科学谋划、守正创新中，依据自身的制度基础和政治基础，在渐进式改革中，把制度优势转化为治理效能的勇敢尝试。可见，中国特色宏观调控的理论基础演变，在强化党的领导的同时，呈现了"中国之治"的先进模式，凸显了其强大的制度优势。

总而言之，鉴于中国特色宏观调控和西方国家干预的理论基础、制度基础和政治基础均不同，在比较分析中，我们应博采众长、兼收并蓄，既要破除西方经济理论的误导，在批判中汲取其"营养成分"，也要依据中国国情，结合中国经济发展的阶段性变化，在实现中国经济发展目标的同时，彰显中国的制度优势，构建和完善中国特色的宏观调控理论话语体系，把制度优势更好地转化为治理效能。

第二章

中国特色宏观调控的演变历程
及基本经验

党的十一届三中全会的召开，拉开了中国经济体制改革的"序幕"，四十多年的经济体制改革，不但激发了中国经济的活力，还助推了中国经济发展与腾飞。但中国经济的发展并不是风平浪静的，其间也经历了多次周期起伏和宏观经济波动。在中国共产党的领导下，中央政府在管理国民经济的实践中，适时地进行了宏观调控，并取得了丰硕的成果，但也存在一定问题，因此，要对中国特色的宏观调控历程进行梳理，总结其基本经验，为新时代宏观调控的理论研究提供必要的实践依据。

第一节　中国特色宏观调控的历程回顾

在计划经济体制下，我国在管理国民经济过程中，几乎所有的宏微观经济活动都是在国家高度集中的计划控制下运行的，这不是真正意义上的宏观调控。中国真正的宏观调控实践是伴随着市场经济体制改革出现的。中国特有的宏观调控概念始于 20 世纪 80 年代，并随着社会主义市场化进程逐渐形成。党的十二届三中全会（1984 年 12 月）首次提出了"宏观调节"的概念，党的十三届三中全会（1988 年 9 月）正式使用了"宏观调控"的概念。可以说,中国社会主义经济体制改革史也是一部中国特色宏观调控史。依据中国社会主义经济体制改革的演进轨迹和改革进程,综合中国经济发展的阶段性变化,将中国改革开放后的八轮宏观调控划分为四个阶段,即 1978～1992 年、1993～2002 年、2003～2011 年和 2012～2015 年。

一 中国经济体制改革第一阶段的三次宏观调控

从 1978 年 12 月到 1992 年 10 月,从党的十一届三中全会到党的十四大,从"以经济建设为中心"精神的确立到社会主义市场经济体制经济改革目标的认定,此阶段,按照中国社会主义经济体制改革的演进轨迹,可以被称为中国经济体制改革的第一阶段,[①] 其间中国经历了 1979～1981 年、1985～1986 年和 1988～1991 年三次宏观调控。由于这三次宏观调控均发生在社会主义经济体制确立前,处在对传统计划经济体制改革的过程中,所以不可避免地遗留下计划经济的痕迹。

(一)"计划式"宏观调控:1979～1981 年

1. 调控背景

受党的十一届三中全会"以经济建设为中心"精神的鼓舞,全国人民的建设热情被极大地激发出来,在全国各地掀起了"大干快上"的建设热潮,出现了投资的盲目性、冲动性,造成国民经济运行出现过热现象。主要表现如下。第一,经济增长过快。1978 年的国内生产总值(GDP)和经济增长率分别比上年增长了 428.7 亿元和 11.7%,其中第一、第二、第三产业分别增长 4.1%、15.0% 和 13.6%。[②] 第二,基建投资过热,物价上涨严重。基建投资在经济短缺的背景下过快增长,再加上政府进行了工资调整,增发了工资、奖金等,不仅造成了供需失衡、投资

---

① 《中国特色社会主义理论大辞典》,山西经济出版社 1994 年版,第 83 页。
② 刘伟、张辉、黄昊:《改革开放以来中国产业结构转型与经济增长》,中国计划出版社 2017 年版,第 283 页。

品价格上升，同时也导致物价急剧上涨，仅零售物价指数（RPI）就从
1978年的0.7%上升至1980年的6.0%。第三，财政、外贸均出现大量
赤字。基建投资的迅猛增长和工资的增发，造成了财政收支失衡，仅
1979年财政赤字就达135.41亿元。[①] 为了满足国内投资需要，加快现代
化建设步伐，我国大量引进国外先进技术设备，造成1979年的外贸逆差
为31亿元。[②]

2. 调控的主要措施、特点与成效

针对当时我国经济过热的问题，中央政府于1979年提出了八字方
针——调整、巩固、充实、提高，开启了1979～1981年的第一次宏观调
控。中央政府在本轮宏观调控中主要运用计划和行政手段：首先，降低
各项计划指标，减少基建投资，停建了一批大中型项目；其次，压缩财
政支出、国防经费和行政管理费用，加强银行信贷管理，管紧用好贷款。
这次宏观调控基本取得了压缩投资和消费、防止经济过热的预期效果，
为以后的宏观调控积累了经验。但是在当时以计划经济为主的体制背景
下，本轮宏观调控带有浓厚的计划色彩，采用的是单一行政性的、紧缩
力度较大的"计划式"调控办法，一些深层次的问题并未得到解决，潜
伏着再度经济过热的因素。[③]

（二）"双紧式"宏观调控：1985～1986年

1. 调控背景

中国共产党第十二次全国代表大会（1982）明确提出未来20年
"在不断提高经济效益的前提下，力争使全国工农业的年总产值翻两
番"[④]。受此经济建设奋斗目标"翻两番"的激励，经济开始回升，尤其

---

① 福建农林大学课题组等编著《居危思危：国家安全与乡村治理》，东方出版社2016年版，
第98页。
② 周罗庚、田波主编《共和国经济大决策》大事纪，中国经济出版社1999年版，第471页。
③ 汪同三：《改革开放以来历次宏观调控及其经验教训》，《新金融》2005年第7期，第8～
12页。
④ 《十二大以来重要文献选编》上，人民出版社1986年版，第14页。

是党的十二届三中全会（1984）明确提出要"加快以城市为重点的整个经济体制改革的步伐"①，各地掀起了"大干快上"的又一次热潮，经济迅速增长，经济增长率已经由 1982 年的 9.0% 升至 1984 年的 15.2%，②达到了经济增长的历史峰值。再加上 1984～1985 年企业工资制度改革、全国工资制度改革和"拨改贷"的全面推行，增加了居民的消费基金并扩大了地方企业的投资自主权，不仅经济出现极度过热现象，物价也随之飙升，1985 年工业品出厂价格指数和居民消费价格指数就分别同比增长 9.3% 和 8.7%，③导致了投资需求和消费需求的"双膨胀"。基于这样的背景，中央启动了 1985～1986 年的第二次宏观调控。

2. 调控的主要措施、特点和成效

针对当时短缺经济下投资需求与消费需求的"双膨胀"问题，中央政府于 1985 年采用了"双紧式"的宏观调控。一是实施紧缩的货币政策。中央人民银行于 1985 年两次上调了存贷款利率，利用紧缩的货币政策控制贷款支出规模。二是实施紧缩的财政政策。国家通过压缩行政经费支出和控制基建规模等，控制财政支出。这次宏观调控带有明显的转型经济特点，其最突出的表现是以行政手段为主，并尝试性地使用了宏观经济政策。本轮宏观调控虽使经济过热形势有所缓和，但由于缺乏政策运用和操作的实践经验，出现了政策上的犹豫，从政策效果看，本轮宏观调控并不彻底，调控效果不太理想，很快就出现了反弹，通货膨胀率由 1986 年的 6.5% 升至 1988 年的 18.8%，达到了历史的最高水平。④

（三）"硬着陆式"宏观调控：1988～1991 年

1. 调控背景

经过上一轮"双紧式"宏观调控，1986 年经济出现短暂缓和，1987

---

① 《十二大以来重要文献选编》中，人民出版社 1986 年版，第 558 页。

② http://data.stats.gov.cn/search.htm? s = 1982%20 国内生产总值。

③ http://data.stats.gov.cn/easyquery.htm? cn = C01&zb = A090D&sj = 1985。

④ 汪同三：《改革开放以来历次宏观调控及其经验教训》，《新金融》2005 年第 7 期，第 8～12 页。

年的固定资产投资增速相较于上一年，虽有所趋缓，但是在政府引导下，伴随增产节约、增收节支以压缩经济的运动开展，当年的 GDP 增长为 11.2%，[①] 达到了新一轮经济波动的峰值。随后经济出现强劲反弹，出现消费和投资过热的现象，物价水平开始重新上涨。在没有很好地控制消费和投资过热的情况下，1988 年实行的"价格闯关"，导致物价指数迅速上升，通货膨胀严重，出现了新中国成立以来最大的一次抢购风潮，同年的 RPI 与 CPI（消费物价指数）分别为 18.5% 和 18.8%，[②] 在这种严重通货膨胀的背景下，中央政府于 1988 年第四季度开启了第三次宏观调控。

2. 调控的主要政策、特点和成效

基于本次调控背景，针对这次严重的通货膨胀，党的十三届三中全会明确提出未来两年改革建设的重点，一是治理经济环境，二是整顿经济秩序。其主要措施如下。一是采取治理整顿和"双紧"的政策。在此次严重通货膨胀背景下，政府为了快速扭转局面，抑制 1988～1989 年的经济过热，采用了治理整顿、紧缩性的政策。一方面，利用直接的行政控制手段，比如严格限制行政审批、规定压缩投资幅度、停建缓建各种项目等，抑制总需求；另一方面，执行紧缩的财政、货币政策，比如削减财政开支、压缩社会集团购买力、严控信贷规模、提高法定存款准备金率等。二是对财政、货币实施适当"松动"措施。在"双紧"政策的驱动下，1988～1989 年的经济过热得到有效的遏制，但这也造成了经济滑坡和市场疲软，1990 年的经济增长率和 CPI 分别为 3.9% 和 2.1%。[③] 为了保持经济稳定增长，防止经济进一步下滑，政府在 1989～1991 年的政策措施上实行了适当的"松动"，尝试性地采用了"紧财政、松货币"的政策组合，比如调整支出结构、减轻财政支出、降低存贷款利率等。本轮宏观调控在前期的"双紧"政策措施中，出现了较为严重的"一刀

---

① http://data.stats.gov.cn/search.htm? s＝1988%20%20GDP。

② 郑红亮主编《论市场在资源配置中的决定性作用》，广东经济出版社 2015 年版，第 112 页。

③ http://data.stats.gov.cn/search.htm? s＝1989%20 国内生产总值。

切"现象，也使"硬着陆"成为本轮宏观调控的突出特点。本轮宏观调控虽呈现出大起大落的"硬着陆"现象，但宏观调控政策措施快速有效地遏制了通货膨胀，解决了当时经济运行中的突出问题。由于政策用力过猛，"硬着陆"后遗症明显，出现了市场疲软、三角债等问题，埋下了下一轮经济过热的隐患。

二　中国经济体制改革第二阶段的两次宏观调控

从党的十四大提出要在经济发展的基础上，建立"使市场在国家宏观调控下对资源配置起基础性作用"[①]的社会主义市场经济改革目标，到党的十四届三中全会（1993年11月）将十四大经济体制改革目标进一步具体化、系统化，在统筹兼顾中，勾勒描绘出市场经济体制的基本框架。中央要求建立宏观经济调控体系，中国进入经济体制改革的第二阶段，同时这也意味着真正的社会主义市场经济变革正式开始了。伴随着市场经济体制改革的步伐，中国的宏观调控在1993~2002年也进入了其发展历程的第二个阶段。

（一）"软着陆式"宏观调控：1993~1996年

1. 调控背景

伴随着党的十四大、党的十四届三中全会的召开，在"权力下放"方针的指引下，全国各地加快经济建设的积极性被激发，但这也造成了投资的强力扩张。由于权力下放和审批权限的放宽，地方、企业无论经营权还是投资决策权都相应放宽，这在一定程度上刺激了地方政府与企业的投资冲动，再加上中央政府为了解决上一轮"硬着陆式"宏观调控的后遗症，实行了一系列刺激经济增长的宏观调控政策，比如扩大货币供应量、下调存贷款利率、加快商品价格市场化等，导致信贷投放过猛，金融秩序紊乱，市场机制扭曲，在经济生活中出现了"四高"（通货膨

---

① 《江泽民文选》第3卷，人民出版社2006年版，第534页。

胀高、工业增长高、货币发行高、信贷投放高）、"四热"（集资热、股票热、房地产热、开发区热）、"四紧"和"一乱"的问题。[①] 为了应付这种经济生活中的困难局面，中央政府于1993年下半年开启了中国经济体制改革第二阶段的第一次宏观调控。

2. 调控的主要措施、特点和成效

在本轮宏观调控中，中央政府选择和运用了"适度从紧"的财政货币政策。在财政政策方面，主要措施如下。第一，压缩支出规模，减少财政赤字。针对固定资产增长过快，中央于1993年下半年开始采取适当控制财政开支逐步减少赤字的办法，以压缩固定资产投资规模、减少社会集团购买力和促进有效供给。第二，利用税制改革，强化税收征管。1994~1995年实施的分税制改革和深化财税体制改革，通过调整税种结构和税率、控制税收减免、整顿财经秩序、强化财税监管等政策措施，不但进一步规范了分配秩序、强化了税收征管，还提高了中央财政收入的权重。在货币政策方面，主要措施如下。第一，严控信贷总规模，稳定金融秩序。通过严格控制信贷发行，把住基础货币投放的闸门，结合金融体制改革，加强金融秩序整顿，以稳定金融秩序。第二，运用紧缩的货币政策工具，提高央行宏观调控能力。中国人民银行按照"紧缩"的要求，灵活利用利率杠杆、存款准备金率等工具手段，以达到增加储蓄存款、控制货币发行、制止乱集资等间接调控的目的，从而增加央行的宏观调控能力。

相较于以往的宏观调控，本次宏观调控具有鲜明的特点。第一，在间接调控的同时，注重政策手段的灵活搭配。政府开始强化间接调控，在注重运用经济、法律手段调控经济的同时，较好地权衡了经济手段和行政手段，在政策的采用上，合理搭配运用了财政、货币政策。第二，

[①] "四紧"指的是能源紧张、重要原材料紧张、交通运输紧张、资金紧张；"一乱"指的是经济秩序混乱。参见刘国光《刘国光经济论著全集》第13卷，知识产权出版社2017年版，第243页。

将改革与调控相结合，注重部门间的协调配合，以建立健全宏观调控体系。在宏观调控中，政府通过财政、金融体制改革，明确了国家计委、财政部和央行等相关主要部门的任务，使其相互配合，形成宏观调控合力，以加快宏观调控体系的建立。[①] 第三，调控策略灵活，宏观调控力度适当。在这次宏观调控中，政府采用了适度从紧的宏观调控策略，在政策运用上相对灵活，且保持了连续性和稳定性，避免了经济的大起大落，使经济平稳回落。本轮宏观调控政策效果良好，既抑制了通货膨胀，又保持了经济持续平稳增长，成功地实现了"软着陆"的宏观调控目标。

（二）"扩张式"的宏观调控：1998～2002年

1. 调控背景

虽然在上一轮宏观调控中，我国经济实现了平稳着陆，但在"软着陆"之后，由于对宏观调控政策的时滞考虑不周，再加上亚洲金融危机（1997年7月）的外部冲击，在内外双重因素的影响下，我国通货紧缩迹象日益凸显。这是中国自改革开放以来经历的第一次通货紧缩，其影响面很大。一方面，供给大于需求，生产过剩问题明显，我国过剩生产能力指标值在1997年达到了0.622；[②] 另一方面，国内需求萎缩，国外出口受阻。国内供给面生产过剩问题的突出，以及一系列诸如住房、医疗等体制改革政策的出台，不但阻碍了微观主体的投资热情，而且加剧了人们对未来预期的不确定性，造成了消费需求萎缩，1998～1999年的CPI分别为 -0.8% 和 -1.4%。[③] 同时，亚洲金融危机的外部冲击，既造成了出口下降，也加剧了国内总供求失衡。中国自1997年下半年开始出现以经济增长缓慢、物价水平急剧下降为表现的通货紧缩迹象。针对这种经济低迷态势，中央于1998年开启了新一轮的宏观调控。

---

① 韩康主编《中国宏观调控三十年——纪念中国改革开放三十周年文集》，经济科学出版社2008年版，第10页。

② 彭志胜：《我国过剩生产能力状况的实证分析》，《统计与决策》2007年第1期，第99～100页。

③ http://data.stats.gov.cn/search.htm? s=1998%20居民消费价格指数。

2. 调控的主要措施、特点和成效

针对我国经济偏冷的形势，为了应对金融危机的冲击，中央政府于1998年下半年实施了以扩大内需为主的"扩张式"宏观调控。其主要措施如下：一是政府通过增发长期建设国债、减轻税负等积极的财政政策，在扩大需求的同时，鼓励投资，改善供给；二是通过降低存贷款利率、扩大商业银行的信贷规模、调节对个人信贷政策、开征利息税等稳健的货币政策，达到投资需求与消费需求的共同提高。

本次宏观调控是改革开放后第一次治理通货紧缩，在宏观调控史上，也是首次运用"积极（扩张）+稳健"式的财政、货币政策组合，在实施过程中，其突出特点如下。第一，注重运用多种手段进行调控。比如，注重经济杠杆与行政、法律手段搭配使用，增加投资与注重消费相结合等。第二，主动灵活调整财政、货币政策。在注重财政、货币政策的搭配组合使用的同时，依据具体经济形势的变化，进行灵活调整，比如在财政预算上，1998年8月根据内需不足的现实，增发1000亿元的长期建设国债。本次宏观调控凸显了政策合力，在积极稳妥地推进各项改革的同时，遏制了经济下滑的趋势、加强了基础设施建设、有效地应对了外来金融危机的冲击、摆脱了通货紧缩的阴影，基本上达到了预期的宏观调控效果。但长期使用积极的财政政策在客观上会加剧财政自身的收支矛盾，其副作用也会日益凸显。①

三　中国经济体制改革第三阶段的两次宏观调控

2001年12月中国加入世贸组织（WTO），2002年11月中共十六大的召开，明确指出社会主义市场经济体制已经确立，中国进入经济体制改革的第三阶段，在此阶段，无论中国的经济增速还是中国的对外开放程度都进入了全面提速的新阶段。2003～2007年，中国经济以连续年均超过10%

---

① 庞明川：《中国特色宏观调控的实践模式与理论范式》，经济科学出版社2016年版，第247页。

的增长速度在发展,中国经济总量于 2010 年跃居世界第二,中国经济建设在此阶段取得了巨大的成就。在此阶段,虽然国民经济的迅猛增长,极大地增加了国民财富,但也带来了新的矛盾与问题,比如环境污染严重、能源短缺、就业结构不均衡、外部新的风险冲击等。如何在此经济形势下寻求统筹协调发展、内外均衡发展、可持续发展,成为这一阶段政府工作的主要任务,为此,我国政府于 2003～2011 年进行了两次宏观调控。

(一)"未雨绸缪式"宏观调控:2003～2007 年

1. 调控背景

中国经济在走出上一轮"通货紧缩"的阴影之后,在党的十六大提出的全面建设小康社会的目标驱动下,开始进入新一轮的经济增长期。从 2003 年开始,中国出现了新一轮的投资过热,2003～2004 年,全社会的固定资产投资率分别为 47.4% 和 51.3%,① 出现了钢铁、电解铝、水泥等部分行业投资过热、煤电油运供求紧张的现象。投资过热不但导致了原材料价格上升,也带动了消费价格上升,但居民消费不振问题依然存在。同时,中国结构性失业问题开始突出,2003～2004 年城镇登记失业人数分别为 800 万人和 827 万人,② 由于 2003 年是我国自 1999 年高校普通本科扩招后第一次大规模的毕业生就业,就业问题突出,失业结构性矛盾开始凸显,并且出现了青年失业率上升现象。针对这种经济现实问题,中央政府开启了 2003～2007 年的宏观调控行动。

2. 调控的主要措施、特点和成效

中央政府为了预防和消除部分行业局部过热,以及部分行业相对偏冷的问题,防止经济由偏快走向偏热,对经济进行了调控,其主要措施如下。第一,压缩固定资产投资。国务院于 2003 年 11 月和 2004 年 4 月连续下发了关于制止、调整和清理以钢铁、电解铝为代表的部分偏热行

---

① 《汪海波经济文选》,中国时代经济出版社 2010 年版,第 136 页。
② 国家统计局编《中国统计摘要—2013》,中国统计出版社 2013 年版,第 45 页。

业固定资产投资项目的文件，以压缩固定资产投资。第二，土地政策方面。针对盲目乱建开发区、违法转让土地等现象，中央政府在严格土地审批的同时，清理整顿了一批违法乱建项目，以规范土地利用，加强对房地产行业的管理。第三，"双稳健"的财政、货币政策。从2003年下半年开始，国家在逐步调整积极的财政政策，降低其"积极"程度，到2005年，国家的财政政策已经转向"稳健"，利用调整财政支出结构，削减财政开支，既要减少其对固定资产的投资支出，又要加大对"三农"、公共服务、社会保障等薄弱环节的支持，① 以利于财政收支均衡。货币政策在保持稳健的同时略微偏紧，在接连提高存贷款利率、接连加息的同时，适当收紧货币供应、贷款投放和加强信贷管理，仅2007年一年间不仅连续加息6次，还10次上调存款准备金率。② 相较于以往的宏观调控，本次宏观调控有着独特的特点。第一，未雨绸缪，主动积极调控。本轮宏观调控以防控预防为前提，采用了具有预见性的、防范于未然的调控，针对的是局部的行业过热，而不是全部行业。第二，调控力度适当，政策着力点选择得当。本次宏观调控的基调是"有保有压"，在分类调控的同时配合适当的"控速降温"，在政策实施时，将政策制定的重点转向土地、信贷两方面，调控方式更加精细化，有效地抑制了局部过热现象。第三，综合运用多种手段，遵循适度从紧的原则。本次宏观调控按照适度从紧的原则，综合采用多种手段，针对突出的问题，采用必不可少的行政和法律手段，迅速果断处理，比如对"铁本事件"③

① 陈东琪等：《第一节　改革开放以来的宏观调控及主要措施》，中国网，2018年11月5日，http://www.china.com.cn/economic/txt/2008-11/05/content_16716661_2.htm。

② 中国证券监督管理委员会编《中国上市公司年鉴2008》，中国经济出版社2009年版，第973~974页。

③ "铁本事件"是指民营企业江苏铁本钢铁有限公司未经国家有关部门审批，于2003年6月开建800吨钢铁项目的违规案件。2004年4月国务院派出专项调查组，核实查处了该项目，认定这是一起典型的地方政府及地方有关部门失职违规，企业涉嫌违法违规，无视国家宏观调控政策，政企联合，政府越权审批的重大事件。参见陈芳、牛纪伟、姜涛《江苏"铁本事件"始末：违规上马偏离科学发展观》，人民网，2004年5月10日，http://www.people.com.cn/GB/keji/1059/2487247.html。

的严肃查处。

本次宏观调控成效显著，一方面，有效地抑制了经济运行中的不健康、不稳定因素；另一方面，通过积极主动地调控，提高了宏观调控的前瞻性和及时性，既避免了经济上起伏较大，又保持了经济的高速增长，实现了经济运行的平稳转换。[①]

（二）应对国际金融危机的调控：2008～2011 年

1. 调控背景

我国经济经过上轮总体偏紧的"未雨绸缪式"的宏观调控，保持了经济的高速增长，但 2008 年国内发生了难以预料的多次特大自然灾害，比如从 1 月 10 日开始，南方罕见地出现了持续近一个月的严重的雨雪冰冻灾害，汶川地区在 5 月 12 日发生了 8.0 级特大地震，给我国经济造成了重大损失。尤其是同年 9 月，全面爆发的国际金融危机，给我国经济带来了猛烈的外部冲击，国外市场需求疲软，对我国的出口、金融领域、实体经济都产生了严重的影响，中国经济开始下滑，经济增长率自 2003 年以来首次降至 10% 以下。针对这种经济形势，中央政府于 2008 年 11 月至 2011 年开启了新一轮的宏观调控。

2. 调控的主要措施、特点和成效

为了应对此次国际金融危机，中国政府适时果断地调整了宏观调控政策，于 2008 年 11 月 5 日的国务院常务会议上，围绕扩大内需、刺激经济、改善民生，出台了一系列政策措施，在年底经济工作会议上，将扩大内需作为应对此次危机的基本立足点。本次宏观调控的主要措施如下。第一，实施积极的财政政策。国家利用大规模增加政府投资、结构性减税等措施，扩大国内需求。比如：实施了总额约为 4 万亿元的两年（2008～2010 年）投资计划，其中包括中央政府拟新增用于结构性减税的 1.18 亿元。这次政府大规模的投资几乎涵盖了民生的各个重要领域，

---

① 陈东琪、宋立：《我国历次宏观调控的基本经验》，《前线》2007 年第 4 期，第 15～16 页。

堪称全球之最。第二，适度宽松的货币政策。通过降息、扩大信贷投放规模、渐进调减央行票据的发行规模和频率，增强银行体系的流动性，为稳定市场注入了流动性，有效地应对了金融危机，同时保持了经济稳定增长。① 第三，产业振兴计划。中央政府为了刺激经济增长，在"4万亿经济振兴计划"出台仅两个月后，又出台了十大产业振兴规划，前者把重点放在固定资产投资和扩大消费上，后者将侧重点放在产业整合与振兴上。产业振兴计划的出台和实施，对于保持国内经济增长、提升中国产业技术升级改造意义非凡。

由于本轮宏观调控是中国改革开放后首次针对国际金融危机的一次调控，其主要特点如下。第一，投资力度大，涵盖范围广。本轮宏观调控的投资力度之大，是以往宏观调控中所没有的，投资的范围几乎涉及了关系民生的全部基本领域。第二，灵活利用多种政策，争取协同发力。本轮宏观调控实施了"积极＋适度宽松"的财政、货币政策组合，同时还运用产业政策，利用产业振兴计划，结合经济体制改革目标，共同在调控中形成合力，以扩大内需，刺激需求。第三，注重调控政策短期效应与长期效应的协调。在调控政策的实施中，在强调短期总量调控的基础上，相应政策开始向长期的结构性调控倾斜。

本次宏观调控出手快、出拳重、政策措施得力，不仅有力地扩大了内需、调整了结构、刺激了经济，还在世界经济低迷的形势下，保持了经济的稳定增长，成功地应对了此次金融危机，为世界经济复苏做出了贡献。

四 中国经济体制改革第四阶段的一次宏观调控

自党的十八大召开后，中国进入了经济体制改革的第四阶段——全面深化改革阶段，中国进入改革深水区。长期过快（高速）发展的后遗症伴随经济体制改革进程加快开始显现出来，自2011年以来，面临"三

---

① 裴平等：《美国次贷风险引发的国际金融危机研究》，中国金融出版社2016年版，第328页。

期叠加"持续下行的压力，中国经济发展进入新常态，再加上 2011 年欧债危机的不断加剧，对中国经济也带来了一定冲击。中国政府为了应对新常态，于 2012～2015 年进行了一次应对新常态的宏观调控。

（一）宏观调控的背景

中国在上一轮宏观调控，即应对国际金融危机的过程中，恢复了经济的高速增长，于 2010 年经济总量跃居世界第二，但与此同时，中国也面临着经济下行压力加大的问题，出现了经济持续下滑现象，2011～2014 年的经济增长率分别为 9.5%、7.8%、7.7% 和 7.0%。伴随着欧债危机的加剧，中国经济发展进入新常态，全面应对危机的宏观调控措施已经不适应新一轮宏观调控的需要。党的十八大以来，中央政府针对"三期叠加"① 的经济现实，于 2012～2015 年启动了经济新常态背景下的新一轮宏观调控。

（二）宏观调控的主要措施、特点和成效

为了适应经济新常态，在理性看待中国经济增速的同时，中央政府依据"健全宏观调控体系"的新思路，采取的主要调控措施如下。第一，积极的财政政策。中央政府于 2012 年开始全面进行结构性减税来扩大内需，在财政收支方面，保持适当的财政赤字和一定国债规模，以刺激经济增长。第二，稳健的货币政策。中央政府综合运用价格和货币工具，比如公开市场操作、定向调整利率等稳健的货币政策，以保持人民币币值稳定，防范金融风险。第三，宏观调控"组合拳"。政府在运用财政、货币政策的同时，采用了适当的区域、产业政策等与之搭配使用，推出了以预调微调为主的"微刺激""区间调控"等一系列宏观调控"组合拳"。

---

① "三期叠加"是指经济增速的换挡期、结构调整的阵痛期与前期刺激性政策的消化期在同一时间重合出现产生的叠加效应。参见安宇宏《三期叠加》，《宏观经济管理》2015 年第 2 期，第 92 页。

本次宏观调控呈现以下主要特点。第一，战略决策及时、务实。中央政府在这次宏观调控中，勇敢面对经济下滑的现实，在保持战略定力的前提下，在进行战略决策时，不仅时机选择得当，而且决策及时、务实、亲民。第二，综合运用政策组合，丰富政策工具。中央政府不仅采用了"积极＋稳健"的政策组合方式，还依据经济发展特点，结合区域、产业政策进行了宏观调控，在优化政策组合的同时，还注意丰富政策工具，比如定向调控、区间调控等。

本次宏观调控政策效果明显，基本达到了有效应对经济新常态的要求，适度扩大了总需求，保持了经济的平稳运转，稳定了市场预期，保证了民生需求。

第二节 中国特色宏观调控的基本经验

中国自改革开放以来，在渐进式改革中，经过社会主义市场经济体制四个阶段的八轮宏观调控，最终形成了具有中国特色的宏观调控体系。通过对八轮宏观调控的梳理、提炼，可以清晰地看出，中国共产党带领中国人民在深谙中国国情的基础上，在探索中国特色管理国民经济的实践中，既走过了艰辛的道路，也为中国特色宏观调控实践积累了丰富的经验。

一 立足自身国情，不断调整与完善宏观调控目标体系

宏观调控目标作为国家宏观调控的核心，是确定宏观调控政策手段的依据。宏观调控目标体系是由若干宏观调控具体目标构成的一个体系。自党的十五大（1997 年 9 月）宣布中国已初步建立宏观调控体系架构以来，中国特色宏观调控体系就承载着三重目标，第一重目标是改革、发展、稳定三者统一和协调；第二重目标是总体目标，即总供需基本平衡，包括总量、结构平衡；第三重目标是基本目标，即稳增长、增就业、稳

物价和国际收支平衡，这三重目标在很大程度上决定了中国特色宏观调控的特征、走向与成效。

中国特色宏观调控的一个鲜明特征就是依照总供需基本平衡的实践模式运行，西方的国家干预追求的是单纯总量均衡，而中国的宏观调控追求的是"总量＋结构"的平衡。从八轮宏观调控的实践来看，我国进行的每一次宏观调控都是依据中国的国情和经济发展的现实情况做出的战略安排，在遵循调控总体目标的前提下，中国特色的宏观调控目标体系并不是僵化的、一成不变的，而是随着经济体制的改革进程，在不断发展中逐步完善的，具有鲜明的时代特色，体现了经济发展的阶段性特点。在传统计划经济体制下，中国宏观调控的目标为"四大平衡"，即财政收支、信贷、外汇和物资四个方面的综合平衡。[①] 在社会主义市场经济体制下，中国特色的宏观调控目标体系经历了探索、形成和规范三个阶段，在宏观调控第一重目标的基础上，在总体宏观调控目标不变的情况下，党的十六大报告（2002 年 11 月）首次明确地将宏观调控的目标体系确定为四个具体目标，"促进经济增长、增加就业、稳定物价和保持国际收支平衡"[②]。此后，中央围绕这四大具体目标展开经济建设，在不断发展中，根据需要，对其次序和内容进行调整和充实，使其既区别于传统计划经济体制下的宏观管理目标，又区别于西方的国家干预目标，既体现了鲜明的中国特色，又具有全局性、国际性和战略性的特点。通过查阅改革开放以来的《政府工作报告》和五年发展规划发现，2005年以后每年的政府工作报告均给出了同年的预期调控目标值，包括 GDP 增长率、新增城镇就业人数、城镇登记失业率、居民消费价格总水平，而这已经成为政府下一年衡量上一年宏观调控目标绩效的主要经济标准。2015 年之后，宏观调控的目标体系又增添了能耗强度下降和主要污染物

① 吴易风：《陈云的综合平衡理论及其现实意义》，《马克思主义研究》2005 年第 3 期，第 45 ~ 58 页。
② 《改革开放三十年重要文献选编》下，中央文献出版社 2008 年版，第 1681 页。

排放减少。在"十三五"规划纲要中，政府不仅对宏观调控的具体目标进行了次序调整，首次将扩大就业列为宏观调控的首要目标，还首次将"防控风险"纳入宏观调控目标体系。在 2019 年《政府工作报告》中，政府首次将"就业优先"置于宏观调控目标的首位，在丰富与发展宏观调控目标体系的同时，使其能够与宏观经济政策交相配合。[①]

二　加强形势预判，提高宏观调控的适时性与前瞻性

把握宏观调控的适时性与前瞻性，既是进行宏观调控决策的前提，也是确定宏观调控目标实现的关键环节。在中国特色宏观调控的实践历程中，中国经济体制改革第一阶段的三次宏观调控，由于处在宏观调控的探索阶段，出现了动手晚、时机把握力度不够等经验欠缺问题，甚至出现了经济大起大落的情况，宏观调控效果相对欠佳。在总结上一阶段宏观调控经验的基础上，中央政府带领一些主要经济预测部门，在随后的多次宏观调控中，依据年度、季度等形势分析报表，结合实际调研情况，加强了对经济形势的预测、研判。由于在宏观调控时机选择上适时适当，采取措施果断有力，宏观调控的及时性、科学预测性、前瞻性大为提高，基本达到了预期的宏观调控效果，并推动了经济预测的制度化和规范化。[②]

但如果精细分析历次宏观调控成效，可以发现，我国在宏观调控的及时性与前瞻性方面仍存在欠缺之处，采取的预防性调控措施相对不足。在"扩张式"宏观调控中，如果能及早地预计到亚洲金融危机对我国经济带来的负面冲击，早一些制定预防性措施，可能不会造成 1998 年的经济增速下降如此之快。在"应对新常态"的宏观调控中，如果能及早地对出现的结构性矛盾问题予以高度重视，在政策调整中及早采取预防性措施，也未必会出现产能过剩、房地产库存如此严重的现象。

---

① 蔡昉：《十八大以来就业优先战略的丰富发展》，《中国人大》2017 年第 7 期，第 36～38 页。
② 乌家培：《乌家培文库》第 10 册，中国计划出版社 2010 年版，第 65 页。

虽然相较于长期的宏观调控历史，我国的预期管理是落后于宏观调控实践发展的，但中华民族是一个喜欢学习，并乐于学习的民族，在批判地学习西方管理国家经验的基础上，为了加强经济预测，政府结合我国宏观调控的实践，在近几年将预期管理引入宏观调控。2009 年、2010 年和 2011 年的《政府工作报告》，分别首次提出了"稳定预期"、"管理通胀预期"和"正确引导市场预期"，党的十八届三中全会明确地将"稳定市场预期"纳入宏观调控体系框架，在应对经济新常态的宏观调控中，中央政府提出的区间调控和预调微调等都是出于稳定增长、稳定政策的预期考虑。可见，为了提高宏观调控的预见性，国家不但加强对经济形势的预测、研判，还在总结与学习中，注重对市场的预期管理，在提高宏观调控的及时性、前瞻性的同时，更好地发挥其对宏观经济运行的积极作用，从而更好地达到预期的宏观调控目标。

三 注重政策搭配，探索调控工具和手段的合理组合方式

中国的八轮宏观调控均随着市场经济改革的进程而进行，在探索中日益突破常规手段的局限，寻找行之有效的调控政策和工具手段，并越来越重视政策间的搭配使用。为了提高宏观调控的有效性，在宏观调控的过程中，中国综合运用了包括财政、货币、产业、投资、土地政策等在内的经济手段，并辅之以必要的行政、法律等其他手段。[①]

综观八次宏观调控历程，可以清晰地看到宏观调控政策在渐进式演进中日益完善。在中国经济体制改革第一阶段的三次宏观调控中，虽然以经济和法律手段为主的间接宏观调控还没有形成，采用的是以行政、计划为主的直接宏观调控，但在这一阶段，已经尝试性地使用了财政、货币政策组合搭配。财政、货币政策作为宏观调控的两大基本政策手段，在经济领域中发挥着各自不同的作用，因此，二者的协调配合对发挥宏

---

① 邹东涛主编《中国经济发展和体制改革报告 中国改革开放 30 年（1978～2008）》No.1，社会科学文献出版社 2008 年版，第 115 页。

观政策的整体作用十分重要。政府在"双紧式"宏观调控中，首次有意识地运用了"双紧"的财政、货币政策组合；在"硬着陆式"宏观调控中，首次采用了"紧财政、松货币"的政策组合。在中国经济体制改革第二阶段的两次宏观调控中，针对上一阶段宏观调控成效中出现的经济大起大落的"硬着陆"，政府在总结其经验的基础上，无论在调控手段的使用，还是政策组合搭配上，均比上一阶段的宏观调控有进步。比如在"软着陆式"宏观调控中，虽使用了偏紧的财政、货币政策组合，但开始使用经济、法律手段；在"扩张式"宏观调控中，采用了"积极 + 稳健"的财政、货币政策搭配。在中国经济体制改革第三、第四阶段的三次宏观调控中，随着宏观调控目标日益多元，政府不但注重财政、货币政策的搭配组合，还积极运用产业、投资、贸易、土地等政策，同时注意以上政策的结合使用，使经济手段的应有作用得到充分发挥。[1] 在宏观调控工具和手段的运用中，政府还注重将宏观调控与微观管制相结合，在以经济手段为主的调控下，结合行政、法律等必要的辅助手段，在交叉运用中，充分发挥其协同性，不断探索创新宏观调控方式，比如在应对经济新常态的宏观调控中，利用微刺激、定向调控等新的调控方式，达到稳中求进的经济效果。

四 加强宏观调控与深化改革的有机结合，实现二者良性互动

在社会主义市场经济条件下，宏观调控与改革之间存在本质的内在联系，加强宏观调控是深化改革的前奏，[2] 是我国市场经济体制改革的重要推动力，[3] 深化改革为加强和改善宏观调控奠定了良好的体制基

---

① 邹东涛主编《中国经济发展和体制改革报告 中国改革开放 30 年（1978～2008）》No. 1，社会科学文献出版社 2008 年版，第 115 页。

② 邱晓华：《加强宏观调控是深化改革的前奏——当前中国经济形势透视》，《经济学动态》1993 年第 11 期，第 3～6 页。

③ 王亚星：《我国当前的宏观调控与深化改革关系探析》，《中国井冈山干部学院学报》2005 年第 1 期，第 104～110 页。

础。① 通过透视中国八轮宏观调控可以看出，中国宏观调控的一个鲜明特色与基本经验就是将宏观调控与改革开放两手并举，寓改革于调控之中，在调控中深化改革，充分发挥二者的良性互动作用，以实现二者的有机协同、相互促进。为此，一是要持续推进有利于有效发挥宏观调控作用的经济体制改革。我国在建设社会主义的道路探索中，不断深化经济体制改革，包括深化财政税收、金融、投资等体制改革，这些领域的改革为宏观调控顺畅进行提供了一个良好的体制环境。二是要在不断加强和改善宏观调控中，逐渐创造一个适宜深化经济体制改革的良好经济环境。在宏观调控的演进历程中，通过不断地加强和改善宏观调控，在提高对宏观调控必要性认识的基础上，党领导人民在不断的理论与实践创新中，提升了对政府和市场关系的认识，为更好地发挥政府作用、进行有效的政府治理、推动经济体制深化改革提供了理论依据和制度保障。

在探索实现宏观调控与深化改革的良性互动过程中，政府将其与改善民生很好地结合起来，以实现经济发展的根本目的：改善民生。民生作为立国之本，是中国改革最大的问题，保障和改善民生也成为加强和改善宏观调控的一项重要任务，可以为宏观调控的顺利实施奠定一个良好的社会基础。可以说，在不断深化改革中，宏观调控的目标和任务均与改善民生息息相关，比如保持物价稳定和充分就业是为了分别解决人民群众的收入低和就业难问题，在渐进式改革中，国家均是从改善民生的立场出发去深化住房、医疗、卫生、教育等领域的改革的。

五 注重宏观调控组织架构，增强调控的科学性与权威性

我国经过多次宏观调控的实践，在"摸着石头过河"中，已经建立了一个包括决策、执行、监测系统的宏观调控组织架构，② 形成了一个在中央政府领导下的以国家发展和改革委员会（国家发改委）为核心，

---

① 庞明川：《中国宏观调控的体制基础与政策绩效》，《世界经济》2008 年第 7 期，第 88~96 页。
② 廖季立等：《社会主义市场经济的宏观平衡调控》，经济管理出版社 1994 年版，第 42 页。

以中国人民银行（央行）和中华人民共和国财政部（财政部）为两翼的"三驾马车"式的组织框架。

国家发改委作为国务院的下设职能机构，经历了"国家计划委员会"（国家计委）（1952）、"国家发展计划委员会"（1998）、"国家发展和改革委员会"（2003）的演变历程，[①] 在权力的横向配置上，居于宏观调控权力架构的核心位置，职权范围基本覆盖了宏观调控的各种关键领域。国家发改委作为一个综合研究并拟订组织实施经济、社会发展政策，推进经济体制改革的宏观调控部门，是在中国特殊国情下产生和发展起来的，其涵盖范围之广、职能范围之大，在世界上其他任何一个国家都没有与此权力相对应的机构，是中国特色的官方宏观调控部门。

中国人民银行作为国务院的一个组成部门，其中央银行的职能是随着经济体制改革逐渐发展演变的，在计划经济时期，中国人民银行集中央银行与商业银行于一体，承担着双重职能，通过高度集中的国家银行体系，利用行政手段统一货币发行、信贷发放，达到实现货币稳定、信贷收支平衡的目的。随着改革开放的东风吹起，中国人民银行在渐进式改革中，于1984年1月1日起开始履行中央银行的专项职能，尤其是1995年和2003年《中国人民银行法》的颁布和修订，不但正式以立法的形式确立了其中央银行的地位，还依据相关机构改革方案，设立了银监会，实现了中央银行货币政策与金融监管两方面职能的分离。伴随着2003年的国家行政机构改革和《中华人民银行法》的修正，中国人民银行被明确界定为中华人民共和国的中央银行。在职能定位中，它是在国务院的领导下，积极制定和执行货币政策、注重维护金融稳定、主动提供金融服务的重要宏观调控部门。[②]

---

① 马远之：《中国有一套：从"一五"计划到"十三五"规划》，广东人民出版社2017年版，第45~46页。

② 朱慈蕴：《金融中介机构在金融活动中说明义务与社会责任之探讨》，《商事法论集》2010年第Z1期，第230~243页。

　　财政部作为国务院的一个组成部门，是综合管理国家财政收支，制定并利用财税政策，对财政实施情况予以监督的一个宏观调控部门。由于财政部主要负责内部筹集资金和资金分配，在社会主义建设时期，其财政政策作为中国宏观调控的主要政策工具，具有工具性的优势，每当重大关键时刻，在资金的筹集使用上，财政部均充分发挥了其集中力量办大事的优势。随着经济体制的改革，经过八轮宏观调控的洗礼，财政部在制定与实施财税政策时，手段日益多样，比如预算、税收、财政补贴等，并向结构性调控倾斜。

　　在中国共产党的领导下，经过八轮宏观调控的洗礼，中国特色的宏观调控组织架构已经形成，并形成了一套相对完整的规章制度，这不仅为宏观调控的顺畅运行提供了组织保证，还有利于保持宏观调控政策的科学性、权威性、稳定性与连续性。比如在近几次宏观调控中，在政策的制定与实施中，一方面，明显提升了财政政策的连续性，在应对国际金融危机和经济新常态的宏观调控中，国家均采用了积极的财政政策，并注重发挥其结构性调控的作用；另一方面，在保持政策连续性的同时，还注重其稳定性，在"未雨绸缪式"宏观调控和近几年的宏观调控中，国家均实施的是稳健的货币政策。同时，良好的组织架构在保持中央政府宏观调控权威性的同时，通过宏观调控部门间的相互协调配合，有利于在良性互动中，调动地方政府的积极性。

　　可见，随着我国调控经验的积累，国家无论在调控组织架构，还是在政策着力点和时机的选择方面，都日趋成熟；在渐进式改革中，国家无论对宏观经济形势的分析预判能力，还是对社会主义市场经济的掌控驾驭能力都逐渐提高。在宏观调控的演变中，不但宏观调控目标体系逐渐完整，政策搭配手段日益娴熟且灵活多样，而且在改革与调控的良性互动中，建立了中国特色宏观调控体系，并推动了经济稳定发展。但是，随着开放程度的日益深化，经济波动的成因日趋复杂，对调控的要求日益提高，调控的难度也日益增大。

第三节　中国特色宏观调控存在的问题

中国特色宏观调控历经 40 多年的发展，形成了不同于西方的国家干预的独特调控范式，突破了世人的传统认知，总体上达到了较好的调控效果，实现了中国经济的腾飞，中国特色宏观调控的成就是有目共睹的。但是，结合中国八轮宏观调控，不得不承认，中国特色的宏观调控还存在一定问题与不足。

一　宏观调控的力度、时机把握不够精准

有效的宏观调控对社会主义市场经济的顺畅发展是必不可少的，而要搞好宏观调控，既要注意掌握宏观调控的力度，又要注意把握宏观调控的时机，力度掌握不当，可能会引起总供求失衡、社会秩序混乱、经济循环不畅；时机选择不当，可能会造成调控成本高、付出代价大。可见，宏观调控的力度和时机把握是否适度既反映出国家宏观调控的经验是否丰富、技巧是否娴熟，还直接影响到宏观调控的效果是否理想。

在中国八轮宏观调控实践中，存在时机选择滞后、力度把握不够的问题。经济体制改革第一阶段的宏观调控，由于处于宏观调控的探索阶段，带有明显的转型经济烙印，出现政策出台时机滞后、政策力度过大的现象，致使宏观调控效果不甚理想，出现了经济大起大落的现象。在随后的宏观调控中，政府虽然开始总结经验，改进宏观调控方法，但在"扩张式"宏观调控和应对国际金融危机的宏观调控中，对形势的估计不准，对时机的选择依然滞后，对政策的选择用力过猛，给经济的发展带来了一系列后遗症。

可见，科学地把握宏观调控的力度、掌握宏观调控的时机，最根本的要求就是要在认识、把握、遵循社会主义市场经济客观规律的前提下，提高宏观调控的针对性，不断采取微调措施，及时发现和消除经济生活

中存在的各类矛盾和问题，避免调控力度过大、过猛，同时要及时监测、分析经济运行态势，准确把握经济运行走势，以免错失调控最佳时机，影响宏观调控效果。

二　调控目标间和调控手段间各自存在一定冲突

中国特色的宏观调控目标具有三重性，既要注重总量、结构平衡，又要兼顾改革、发展和稳定，还要注重在总体目标下以经济增长为核心的具体目标的实现。而在改革、发展、稳定这三重目标中，虽然发展是关键，但稳定是前提，而我们所讲的稳定，除了经济稳定增长外，还包括政治、社会稳定。这使得中国的宏观调控目标具有多元性和复杂性，目标间存在一定冲突。如果经济运行平稳、经济增长率稳步提高，经济的顺畅发展当然有利于政治、社会稳定。一旦经济发生较大的波动与衰退，[①] 出现严重的经济失衡，宏观调控的总体目标及其引导下的具体目标间的矛盾与冲突就会凸显。

在中国特色宏观调控的发展历程中，改革开放初期的宏观调控，由于宏观调控目标不稳定，宏观调控政策呈现出不统一、不稳定的状态，要么过紧，要么过松。虽然20多年来，中央政府开始日益重视宏观调控政策的连续性和稳定性，但由于我国的调控目标具有多元性与复杂性，在执行过程中存在目标重点的多变性，故而大多数情况下基本没有达到宏观调控的多目标平衡，宏观调控政策明显呈现出动态不一致性。这在总体目标间表现得尤为明显。相较于西方单一的集中在总量层面的国家干预目标，中国特色宏观调控长期以来，采用的是"总量＋结构"双轨并行的模式，除了要兼顾总量平衡，还要兼顾结构平衡、优化。虽然党和政府在政策决策层面日益重视宏观调控总体目标的要求，但在实际操作中，从调控政策的实施效果来看，对两方面目标的兼顾并不够理想，

---

① 方福前：《大改革视野下中国宏观调控体系的重构》，《经济理论与经济管理》2014 年第 5 期，第 5～21 页。

存在总量调控恶化结构问题的现象。[1] 比如，在"扩张式"宏观调控和"应对国际金融危机"的宏观调控中，为了应对外部冲击而采取了"扩张式"的反衰退措施，虽阻止了外部巨大的冲击，拉动了经济止跌回升，但在经济发展过程中，也造成了经济发展质量下降，在自觉与不自觉之间加剧了经济结构失衡，[2] 其后遗症明显。

经过八轮宏观调控，中国的宏观调控手段日益多样，也日益庞杂，不同的政策手段有不同的政策优势和调控重点，但由于对调控力度、时机的把握不够，在进行政策搭配组合时，存在政策叠加或抵消效应。虽然党和政府已经意识到这种问题，但相对重视的程度还不够。在政策执行过程中，由于不同部门考虑问题的关注点不同，在执行不同政策时，其着力点容易限于单一的政策，由于视角单一，对政策效应的分析不可避免地存在局限性，[3] 即使注意到政策的搭配使用，也很难做到预先分析和判断政策搭配使用中存在的政策叠加或抵消效应，更不可能对政策搭配进行灵活调整。政策叠加效应通常发生在政策同向操作时，多重政策的过度使用，容易造成政策"累积"，使得宏观调控用力过猛，出现"超调"现象，反而在一定程度上加剧了经济波动，影响了宏观经济的稳定运行。政策抵消效应通常发生在松紧政策搭配操作时，其虽然可以降低政策性风险，但容易使宏观调控发挥作用不及时、不充分，既弱化了效果，又延误了时机。[4] 比如在"硬着陆式"宏观调控和"扩张式"宏观调控中，由于分别使用了"双紧"和"双松"的财政、货币政策搭配，没有充分考虑宏观调控各类政策的聚合效应，故而用力过猛，出现了负面影响。在前者，出现了经济增速下滑迅猛；在后者，出现了信贷

---

[1] 国家发改委经济研究所课题组：《宏观调控目标和政策手段机制化研究》，《经济研究参考》2014 年第 7 期，第 3 ~ 28 页。

[2] 方福前：《大改革视野下中国宏观调控体系的重构》，《经济理论与经济管理》2014 年第 5 期，第 5 ~ 21 页。

[3] 国家发改委经济研究所课题组：《宏观调控目标和政策手段机制化研究》，《经济研究参考》2014 年第 7 期，第 3 ~ 28 页。

[4] 中国经济年鉴编辑委员会编《2012 中国经济年鉴》，中国经济年鉴社 2012 年版，第 734 页。

过快增长、价格上涨等现象，加剧了银行的系统性风险。

三 短期政策长期化现象突出

中国在向社会主义市场经济转轨时，自身特殊的国情决定了转轨过程的极端复杂性，这既加大了宏观调控的难度，也往往使宏观调控政策决策陷入两难境地。一方面，为了持续保持经济增长，要更多地让市场发挥作用，加快培育适合本国国情的经济增长的内生性和自主性，毫无疑问，这自然要求减少政府的直接干预；另一方面，在经济转轨进程中，不可避免地出现一系列矛盾和问题，为了保持国民经济的持续增长，又必须让政府采取一定措施加以管理和调节。① 这种政策决策的两难抉择，容易造成短期政策长期化，不但使宏观调控的空间缩小，还加大了宏观调控的难度。

中国在宏观调控的实践中，随着经济体制改革的深化，短期政策长期化现象日益突出，已经引起经济理论界的广泛关注，且存在观点分歧。有学者认为1998年以来所实施的积极财政政策不但具有短期政策长期化的特征，还是实施积极财政政策的一个成功案例。② 但绝大多数学者都不主张短期政策长期化。比如王振宇、于骁骁认为扩张性财政政策作为一种短期政策，不但具有短期性特征，还具有间接性、结构性特征，如若将其长期化，必然会产生挤出效应，影响经济社会资源的配置效率。③ 官景辉认为货币政策仅仅是一种短期的宏观经济政策，一旦将其长期化，就难以保证央行的科学性和最优性。④ 中国在应对亚洲金融危机和国际金融危机时，均采用了积极的财政政策，虽然取得了短期的效果，拉动

① 中国社科院《中国经济形势分析与预测》课题组：《中国经济形势分析与预测》，《中国经贸导刊》2001年第21期，第13~15页。
② 刘玉辉、孙宏：《一个短期政策长期化的成功范例——1998年以来中国实施积极财政政策的回顾与展望》，《中共中央党校学报》2002年第2期，第25~30页。
③ 王振宇、于骁骁：《新时期我国财政改革的几个问题》，《财政研究》2012年第3期，第40~44页。
④ 官景辉主编《以科学发展观统领经济社会发展全局》上，新华出版社2006年版，第649页。

了经济增长，但长期来看，负面效应明显。积极的财政政策作为一种短期举措，短期内刺激经济是有效的，但其本身具有不可持续性，如若将其长期化，过度刺激经济增长，违背了市场内在的运行规律，势必会激发隐藏于其本身的危机与弊端，使经济陷入不可持续的状态。在多次宏观调控中，为了刺激经济增长，我国利用政府投资，不断加大基础设施建设，虽然拉动了经济增长，但也造成了产能过剩、结构失衡等问题，影响了经济发展的可持续性。因此，针对短期政策长期化现象，一方面，要在总结经验的基础上对宏观调控理论进行认识和反思；另一方面，在以后的宏观调控实践中，要预防、避免、杜绝这一现象的发生。

四　对外部失衡问题重视不够

我国自改革开放以来，随着对外开放力度的加大，已经逐渐融入全球化的潮流之中，成为一个开放的经济体。中国特色宏观调控目标，除了经济增长、增加就业和物价稳定外，还包括国际收支平衡，如果前三者是为了实现内部平衡，那后者就是为了实现外部平衡，而同时实现内外部均衡也是开放经济条件下我国宏观调控的一个重要目的。

在中国特色的宏观调控实践中，政府虽然一直将国际收支平衡列为宏观调控的基本目标之一，但是在实践上对它的重视程度远远低于其他目标，对内部平衡的重视程度远远高于外部平衡。通过查询改革开放以来历年的年度政府工作报告，可以清晰地看出，鲜有将国际收支平衡与其他基本目标并列的情况，也没有数字上的说明。事实上，我国自加入WTO后，国际收支开始出现失衡，且日益严重。中国已经连续多年出现"经常项目"与"资本项目"的"双顺差"情况，党和政府虽然注意到这种情况，但对外部均衡目标重视不够，这在一定程度上造成一种被动状况，即外部失衡影响内部平衡。[①] 在宏观经济运行中，国际收支失衡

_____

① 国家发改委经济研究所课题组：《宏观调控目标和政策手段机制化研究》，《经济研究参考》2014年第7期，第3~28页。

已经影响到经济增长质量的变化。[1] 连续多年的国际收支双顺差已经说明在我国宏观调控中，对指向外部平衡目标的政策操作力度欠缺，对国际收支持续顺差基本采用了一种默认态度，这导致外部失衡不断持续，并向国内传导，加剧了宏观经济波动，且引起国内失衡加剧，已经影响到我国经济的可持续发展。可见，政府需要在重视内部平衡的基础上，加大对外部平衡的经济建设，在制定和实施宏观调控政策时，结合宏观经济政策，多采用指向外部平衡的目标举措，以达到内外部均衡发展。

五 "央地博弈"反复拉锯

在我国长期的发展历史中，社会发展的核心问题是中央与地方（简称"央地"）的关系。有学者将二者的关系称为"穿越历史的戈尔迪之结"。[2] 新中国成立以来，我国虽采用了中国共产党领导下单一制的国家结构形式，强化了中央政府的权力和权威，但二者关系的协调依然是无法绕开的重大问题。

改革开放以来，中央政府通过不断"分权让利"，向地方政府下放了很多权力，使得地方政府对辖区经济的管控，相较于计划经济时代，已经大大增强。这虽然一方面刺激了地方政府的积极性，但另一方面也加剧了地方政府行为的"经济化"，[3] 出现了"央地博弈"的局面。在对待宏观调控上，有些地方政府虽然表面上认识到宏观调控的必要性，但出于地方利益的考虑，采取了表面上与中央精神保持一致，而在实际操作过程中隐性规避宏观调控的做法，使得中央宏观调控政策没有在地方得到很好地落实；有些地方政府竟然公开与中央抗衡，无视国家宏观调控政策，造成地方权力的滥用，其典型案例就是2004年的"铁本事

---

[1] 李娟伟、任保平：《国际收支失衡、经济波动与中国经济增长质量》，《当代财经》2013年第1期，第23~31页。

[2] 辛向阳：《大国诸侯：中国中央与地方关系之结》，中国社会出版社2008年版，第8页。

[3] 贾宝林：《地方政府行为与社会冲突：政府行为"经济化"下的冲突机制研究》，民族出版社2015年版，第109页。

件"。有些地方政府缺乏全局观念，打着促进当地经济发展的旗号，采用地方保护主义的狭隘做法，大规模地进行严重超过国家制定标准的固定资产投资建设，促使其固定资产投资迅猛增长，自 2004 年以来，在全社会固定资产投资中，地方政府固定资产投资项目规模竟然高达 80%。[①] 过度的地方项目固定资产膨胀，一方面引起了部分行业过热，比如产能过剩；另一方面导致了权力寻租行为的发生，滋生了腐败，比如近些年来发生在房地产领域的腐败案件；同时还容易引起地方债务融资平台大幅扩张，加剧地方债务增长。可见，在加强中央政府统一领导的前提下，要进一步扩大其权威，合理划分地方政府的职能范围，并加大对其规范管理的力度，预防出现新的"央地博弈"现象。

六　宏观调控的有效性、科学性有待提高

虽然我国历次宏观调控总体上基本达到了预期的效果，但从宏观调控的实践过程和效果分析来看，由于宏观调控力度过猛、时机滞后、前瞻性不够、政策协调配合不足等现象，弱化了宏观调控效果，宏观调控的有效性在整体上呈现不足状态。宏观调控的决策机制不健全，造成调控决策在一定程度上缺乏规范性和科学性。

我国经济体制改革第一阶段的三次宏观调控，为了应对经济过热和通货膨胀，采用的都是紧缩性调控措施。由于这一阶段还处在经济转轨初期，其不可避免地存在计划经济体制的特征，计划经济体制色彩较浓，在经济运行上呈现出投资冲动与投资膨胀现象。虽然这一阶段的宏观调控措施抑制了通货膨胀和经济过热，但并没有消除这一现象，宏观调控效果并不是特别明显。在经济体制改革第二阶段的两次宏观调控中，政府已经开始运用间接宏观调控手段与方式进行调控，整体运行效果不错，取得了良好的宏观调控效果，但是在"扩张式"宏观调控中，虽然实施

[①]　李江涛：《产能过剩——问题、理论及治理机制》，中国财政经济出版社 2006 年版，第 85 页。

的是积极的财政政策，但偏重于增发国债与支出，在税收方面，实际执行的是增税政策，这与扩大内需的目标是相背的，对以后经济的发展存在潜在的慢性紧缩影响。① 在经济体制改革第三阶段的两次宏观调控中，"未雨绸缪式"宏观调控抑制了经济运行中凸显的不健康、不稳定因素，保证了经济的健康运行，而在应对国际金融危机中，宏观调控虽然达到了预期的效果，短期内刺激了经济快速增长，为世界经济复苏做出了贡献，但从长期来看，效果并不明显，出现了一系列后遗症，使我国随后面临经济下行的压力。在经济体制改革第四阶段的宏观调控中，由于客观冷静地面对现实，适当地调整了宏观调控目标，创新和改善了宏观调控方式，基本达到预期目标，在一定程度上应对了经济新常态，但经济下行压力依然存在，调控效果整体上还是处于不足状态。可见，进一步增强宏观调控的有效性，提高其科学性，是当前和今后宏观调控的一项重要任务和崭新课题。

通过对中国特色宏观调控演变历程的梳理，我们加深了对中国特色宏观调控的认识，在总结其基本经验、反思其演变历程中存在问题的同时，更加意识到构建与完善中国特色宏观调控体系的必要性。

---

① 曹保刚主编《京津冀协同发展研究》，河北大学出版社 2009 年版，第 278 页。

第三章

新时代中国特色宏观调控面临的新挑战和新机遇

随着世界经济一体化，国家间的联系日益紧密，任何一个国家宏观经济政策的制定、调整与完善都需要结合自己所处的发展阶段，并将其与国内外宏观经济环境联系起来。作为新兴的全球性经济大国，随着党的十九大新时代历史方位的确立，中国与世界的经济联系更加广泛与深入。从国际上看，中国的经济开放范围更广、程度更深，无论经济金融、对外贸易、海外投资，还是积极参加多边组织、参与全球治理等，都使得中国成为全球经济发展和社会治理的关键一环。这意味着中国经济对世界的影响力逐渐增加，对外溢出效应（spillover effect）越来越大，但反过来，国外对中国的溢回效应（spillback effect）也在增大，其发展的不良因素比如金融动荡、私有化观念、新自由主义思潮等也会加速传导到中国。再加上国际风云变幻莫测，从英国脱欧、意大利修宪公投、美国逆全球化潮流抬头到中美贸易摩擦不断，无论从政治层面还是经济层面，都对世界和中国经济的稳定增长添加了一系列不确定性因素。从国内看，党的十八大以来，中国经济处于"三期叠加"的特殊阶段，随着社会主要矛盾转化，宏观调控任务的要求变得更高，不但要稳增长、调结构，还要促改革与防风险。相较于以往，面对这种百年未有之大变局，新时代中国特色宏观调控面临更加严峻的新形势、更加巨大的新挑战。但新挑战与新机遇往往并存，伴随着全球经济的交融共生，开放经济条件下中国的经济发展愈加繁荣，国力日益强盛，中国特色社会主义制度的巨大优越性，不但得到许多国家的赞誉，还吸引了不少发展中国家模仿学习，这给新时代中国特色宏观调控带来了新的机遇。

第一节　新时代中国特色宏观调控面临的新挑战

在全面深化改革的大背景下，在新时代的大框架下，面对国内外急剧变化的新形势与新环境，随着外部环境日益趋紧，全球价值链重构，世界贸易形势低迷，中国经济增长逐渐放缓，供需关系发生了新变化，中国特色宏观调控进入了新阶段，也面临着新挑战。

一　国际环境和对外开放的新变化蕴含着新挑战

虽然经济全球化呈纵深发展的态势，但逆全球化潮流开始抬头，贸易保护主义死灰复燃，两种力量呈现交织碰撞状态；国际风云愈加变幻莫测，从特朗普上台后实施的一系列倒行逆施的单边主义措施出台到美（美国）伊（伊朗）冲突加剧，从国际地缘政治冲突到中美贸易摩擦不断等，这些因素都给新时代中国特色宏观调控带来了新的挑战，增加了新的难度，提出了新的要求。

（一）逆全球化潮流抬头，外部环境趋紧

世界经济格局自 2008 年国际金融危机后，尤其是在新时代的语境下呈现重大变化，一批以中国为代表的新兴经济体日益崛起，另一批以美国为首的老牌帝国主义国家开始走向衰落。新兴经济体的蓬勃发展，对以美国为首的资本主义体系内原有的全球贸易秩序和规则提出新的挑战，而以美国为首的西方发达国家不愿意看到中国等新兴经济体的崛起，为了维护其世界霸主地位，不但采取倒行逆施的单边主义措施，还利用不公平的贸易规则，采用极端的贸易保护主义，致使逆全球化潮流开始抬头。

在全球经济低迷的形势下，逆全球化的倒行逆施，无疑是雪上加霜，不但使各国的外部环境趋紧，同时也给世界经济带来了严重的影响，造成世界贸易陷入罕见的困局。2016年，全球贸易增长率自2001年以来首次低于全球GDP增长率，并且只是后者的80%，为1.8%。[①] 以美国为首的霸权主义国家，不断收缩其主导的全球价值链，开始重构更加符合其霸权主义需要的全球价值链分工体系，全球经济一体化正面临"碎片化"和"封闭化"。在全球贸易规则重构期内，不但多边贸易协定推进难度加大，而且各种区域性的自由贸易协定也会大幅增加，使得国际贸易投资格局更加趋向多元化，[②] 全球经济环境开始趋向紧缩、封闭。这种趋紧的外部经济环境一方面阻碍了全球化的进程，另一方面也给中国的经济发展，尤其是宏观调控政策的制定和实施带来了新的挑战。

首先，逆全球化潮流的出现，不但造成了许多国家投资下降和贸易保护主义抬头，还给以美国为首的西方国家利用不公平的贸易规则提供了遏制别国发展，尤其是将中国列为其贸易保护的重点防范地区的"正当"理由。自美国于2017年8月启动301调查案件以来，中国出口产品仅在2018年1月~11月就遭遇了来自28个国家和地区高达101起贸易救济调查案件，涉案金额达324亿美元。[③] 其次，逆全球化浪潮的抬头，减缓了全球技术创新与技术扩散的速度，这显然不利于知识技术的传播。世界知识产权组织（WIPO）的数据表明，仅2016~2017年，全球专利申请数量分别是310万件和24.35万件，[④] 专利申请数量呈现严重的下降趋势。中国虽然在专利申请数量上一直保持较高的增长速度，但在关键

---

① 王辉耀、苗绿主编《全球化VS逆全球化：政府与企业的挑战与机遇》，东方出版社2017年版，第78页。

② 王丁宏主编《当代中国经济》，东北大学出版社2017年版，第220页。

③ 《商务部：前11月我国产品遭遇101起贸易救济调查 同比增38%》，凤凰网财经，2018年12月13日，http://finance.ifeng.com/c/7ibUNST403U。

④ 国务院发展研究中心企业研究所：《中国企业发展报告2018》，中国发展出版社2018年版，第23页。

核心技术与部件方面，仍缺乏核心竞争力，与西方国家尚有一定差距。可见，这一系列违反自由贸易精神的逆全球化行为对中国未来的投资、贸易等对外经济政策提出了新的挑战。

（二）国际宏观经济政策协调难度加大

随着党的十八大以来全面深化改革向纵深推进，新时代中国特色宏观调控面临的一个重要变化就是经济金融全球化程度伴随着经济全球化的发展，较过去有大幅度的提升。在现代网络信息技术的助推下，伴随着经济体量的增大，中国逐渐加快"走出去"的步伐，不断增强与其他国家经济金融的联动性，中国融入全球金融化的程度达到了历史的新高度。2013～2018 年，除 2016 年外，中国已经 5 年超越美国成为全球第一货物贸易大国，[①] 在全球贸易中的份额逐步加大。中国的期货市场发展迅猛，中国大宗商品交易所在 2015 年的成交量增速跃居全球第一，中国逐渐成为影响全球商品市场价格的重要力量。[②] 伴随着经济金融全球化和国际分工的纵深发展，国家间的经济联系日益紧密，一方面，外部经济政策对中国宏观调控的影响途径增加；另一方面，国家间政策协调的难度也与日俱增。

首先，中国宏观调控受到的外部约束不断增多。伴随着经济金融全球化的加深，中国自身的宏观调控政策与外部经济政策会不可避免地有所交织，各主要经济体政策间的溢出效应凸显，在一定程度上增加了对中国宏观调控的制约。以美国为首的主要经济体在 2008 年金融危机以后通过实施多轮量化宽松政策，普遍加大其货币宽松力度，这些政策举措在刺激发达经济体经济复苏的同时，对包括中国在内的新兴经济体产生了较强的溢出效应，造成全球流动性过剩，导致利率水平不断降低。[③]

---

① 熊启泉：《中国对外开放 40 年：路径、绩效与新挑战》，《华南农业大学学报》（社会科学版）2019 年第 5 期，第 1～16 页。

② 吴大器主编《2016 年上海国际金融中心建设蓝皮书》，上海人民出版社 2016 年版，第 23 页。

③ 马理、余慧娟：《美国量化宽松货币政策对金砖国家的溢出效应研究》，《国际金融研究》2015 年第 3 期，第 13～22 页。

大量国际资本流入新兴市场，既推高新兴经济体的房地产、股票等资产价格，又促使其不断加大海外融资，扩大其债务规模，增加其金融体系的不稳定性、风险性。一方面，发达国家频繁变动货币政策，仅2015年底至2018年底，美联储（FEDA）已经连续进行了八次加息，造成多国汇率贬值。① 另一方面，各主要经济体经济复苏步调不一致，采用了花样百出的宽松货币方式，造成其货币政策分化，引发了国际资本流动加剧，增加了全球金融市场的不稳定性，对人民币、市场利率等均产生不同程度的影响，同时也加大了中国利率、汇率等货币政策与其协调的难度，甚至在一定程度上制约了中国货币政策与宏观调控的效果。

其次，中国特色宏观调控政策也会影响其他经济体。伴随着中国经济规模的扩大，中国作为经济大国，也在不断发展中成为影响全球经济的一个关键变量，中国特色的宏观经济政策的溢出效应相较于过去明显加大。但中国相对缺乏开放大国宏观调控政策的国际经验，这对新时代中国特色宏观调控形成了一个新的不可回避的挑战，也加大了中国与国际宏观经济政策进行对接协调的难度。

（三）中国在国际产业分工中面临新的困境

近年来，伴随着工业化进程的加快，我国的劳动力、土地等生产要素成本不断攀升，过去劳动力成本低、技术操作水平低的劳动密集型产业已经不适应当今技术变革的要求，传统要素低成本比较优势逐步弱化，过去"两头在外"和"大进大出"的经济贸易模式②已经遭遇严重挑战，这使得我国传统出口商品的竞争力不断降低。中国劳动力数量不断减少，再加上人口老龄化的到来，给我国经济发展带来了很大挑战，但是，伴随着中国政府加大教育投资，中国人力资本水平得到大幅度的提升，

① 陈卫东：《美联储持续推进加息进程，新兴经济体多国货币贬值》，《国际金融研究》2019年第1期，第7页。
② 国家计委体制改革和法规司编写《十年计划体制改革概览》，中国计划出版社1989年版，第691页。

2016 年中国劳动年龄（16～60 周岁）人口平均受教育年限升至 10.8 年,[1] 全国普通高校招生人数，仅在 2018 年，就达到 790.99 万人。[2] 中国的外汇储备、双向直接投资均居世界前列。当前中国正处在由传统的比较优势向以拥有大量高素质人才、外汇储备丰富等为标志的新的比较优势转折的时期。而在此转折期，伴随着全球价值链分工的深化，供应链也在发生一些新的变化，中国在全球产业分工中正面临着"前有强敌，后有追兵"的新困境。

一方面，美、德、日等发达经济体在全球高端供给上占有优势，处于制高点的位置，而中国出口的中高端供给产品在国际市场上的竞争力则有待提高。比如，制造业作为高技术产业化的载体，体现一个国家的生产能力，是现代化国家经济发展的发动机。[3] 然而，在世界装备制造业中，几乎 90% 的知名商品所有权都掌握在西方主要发达国家手中，[4] 全球十大装备制造业巨头全部被美德日三国垄断，分别是德国的西门子、宝必达、德马吉（DMG）、ABA 磨床，日本的三菱重工、小巨人机床，美国的卡特彼勒、通用电气、波音和哈斯机床。相较于西方发达国家，中国由于自主创新能力相对薄弱，自主品牌建设相对落后，缺少与其抗衡的知名品牌。西方国家为了维持其技术垄断的优势，对许多关键材料、核心零部件采取了严格的管控措施，利用知识产权保护，对以中国为首的发展中国家实施"大面积封杀"，进行技术垄断。虽然中国一直在加紧自主创新建设，但关键材料、核心零部件仍然严重依赖进口，在核心竞争力方面，与西方国家依然存在不小的差距。虽然目前我国重大装备制造业已有所发展，但依然处在国际产业链的低端。与此同时，近年来随着海淘、跨境电商、海外代购等新业务的兴起，国人海外扫货现象严重，不但

---

① 中国法制出版社编《最新劳动法律政策全书》，中国法制出版社 2017 年版，第 94 页。
② http://data.stats.gov.cn/search.htm? s=2018%20 高校招生人数。
③ 居占杰、郜火星等：《当代世界经济热点问题研究》，吉林人民出版社 2005 年版，第 200 页。
④ 中国电子信息产业发展研究院编《中国工业转型升级发展蓝皮书（2012）》，中央文献出版社 2012 年版，第 58 页。

导致了购买力外流，也从侧面折射出在某些零售和制造领域我国中高端产品供给的不足。近年来，西方国家为了占据高端供给的制高点，提高其潜在购买力，除了加大关键技术的管控力度，还加紧了"再工业化"，加快其技术转型升级，这些都对中国未来的产业竞争力提出了新的挑战。

另一方面，印度、越南、菲律宾等低收入国家在中低端供给上对中国形成赶超之势。改革开放初期，中国为了吸引外资，加快经济建设，对外资企业采取了诸如再投资退税、定期减免税等一系列优惠政策，一些地方政府甚至对其给予了"超国民待遇"，而随着我国加入WTO，在公平竞争的市场原则下，伴随着中国本土企业竞争力的增强，中国逐步取消了对外的"超国民待遇"，使得过去依靠中国廉价劳动力、低成本优势、优惠政策运作的中低端供给的外资企业逐渐撤离中国，迁往本国或那些成本比较低廉的发展中国家，甚至出现了中国有些本土制造业迁往低成本发展中国家的现象。① 而以印度、越南等为代表的低收入国家无论在用工成本还是吸引外资方面，都与中国展开了竞争，东南亚一些国家正在尝试与中国争夺"世界工厂"地位。这对中国经济和制造业形成了双重压力，既要继续"赶超"发达国家，又要防止"被赶超"，继续"赶超"面临阻力，"被赶超"面临压力，这种"两面夹击"，无论对今后中国制造业的发展，还是对就业，都形成新的挑战，甚至极有可能造成不小的冲击。

（四）中国对外经贸政策综合化的考虑因素增多

在当今世界经济格局中，中国作为新兴的经济大国，不但自身实力与日俱增，而且成为拉动全球经济增长的一支重要力量，尤其是党的十八大以来，伴随着各主要经济体力量对比的变化，大国间的博弈加剧，中国对外政策也在调整变化，变得更加"主动、积极进取"。从着力推

---

① 杨立强：《全球制造网络动态演进中的中国制造业：角色转换与价值链跃迁》，对外经济贸易大学出版社2011年版，第108页。

动多哈回合谈判到"一带一路"倡议的提出，从倡导人类命运共同体到积极参与多边事务，中国在国际舞台上已经成为一颗耀眼的新星。中国正在改变过去的"韬光养晦"，积极参与国际事务、全球治理，并发挥着日益重要的作用。中国外交政策的新变化，既代表着中国国际地位的提升，也意味着在今后的国际事务中，中国将要承担更多的国际责任，同时，客观上也要求中国在宏观调控中需要考虑更多因素，这意味着中国对外经贸政策综合化考虑因素增多。

其一，如何搞好稳健发展自身经济与承担国际协调责任之间的平衡。中国积极主动的外交政策使中国参与的国际事务逐渐增多，承担的国际责任也逐渐增加，在政策制定与实施时，考虑的因素自然增多，不仅要考虑如何搞好自身的经济发展，还要兼顾各国经济利益的协调、政治等多方面因素。虽然中国经济总量已居于世界前列，但中国人口多、基数大，人均 GDP 相对许多发达国家还是较少。世界货币基金组织（IMF）于 2019 年 4 月 15 日发布的《世界经济展望数据库》显示，2018 年中国、美国、德国和日本的人均 GDP 分别是 9608 美元、6.26 万美元、4.83 万美元和 3.93 万美元，[①] 中国与其他三国的差距一目了然。随着中国目前进入经济新常态，在"三期叠加"的交织状态下，经济下行压力依然不减，这使得我国自身面临着新的困难与问题，再加上外部不确定性因素增多，在世界经济低迷、全球宏观经济环境日趋收紧的情况下，我国面临着百年未有之大变局，国家间的竞争与博弈看似"悄然无声"，实则"波涛汹涌"。针对这种情况，我国在参与国际事务与全球治理时，既要坚持合作共赢，利人利己，又要搞好自身经济发展，着力发展自己。因为打铁还需自身硬，只有自身不断强大，才能更好地参与全球事务，在全球治理中发出更多的声音，掌握更大的话语权，更好地承担国际责任。

其二，如何彰显新时代中国特色大国外交理念，提高其国际认同度

---

① 寒馨星：《别忘了：中国经济总量全球第二，但人均 GDP 仅居世界中游》，搜狐网，2019 年 10 月 22 日，http://www.sohu.com/a/348455579_531924。

和影响力。长期以来，东西方无论文化底蕴还是思维方式都存在巨大差异。尤其是西方社会受二战后长期冷战所形成的东西方文化对立的影响，对中国的发展持警觉和敌视心理。针对这种情况，党的十八大以来，面对风云变幻的国际形势，中国在总结自身发展实践、增强本土理论自信的基础上，善于提炼标识性概念，构筑自己的理论话语体系，并加强话语体系的对外转换，逐渐形成了新时代中国特色大国外交的新理念。中国积极推进"一带一路"倡议，践行和平发展理念，利用中国智慧，首倡"共筑人类命运共同体"等活动，在释放中国善意的同时，让中国特色的发展理念获得更多的国际认同，并提高其影响力，为中国的和平发展创造和谐的外部环境。

二 中国经济发展进入新阶段，孕育着新挑战

随着国际经济环境趋紧和中国经济下行压力加大，中国经济增速近年来持续下降，在经济运行中涌现出许多新情况、新问题，呈现出与以往迥异的新趋势、新特点，宏观调控环境也发生了折射性变化，中国经济发展进入了新阶段。伴随经济发展阶段的变化，我国的供需关系也发生了深刻变化，如何适应这些变化是新时代中国特色宏观调控面临的新挑战。

（一）新阶段中国供需关系发生新变化

随着全球经济复苏乏力，全球贸易面临结构性困境，中国经济虽保持了平稳增长，但相较于危机前，总体上呈下滑趋势。主要原因如下：一方面，受国际经济环境影响，全球价值链重构，以美国为首的发达经济体实行"再工业化"战略，将其供应链转向国内，阻碍全球贸易的顺畅运行；另一方面，国内结构性矛盾突出，原来高速增长累积的"后遗症"已经开始显现，比如部分行业产能过剩、库存积压严重等。中国近几年不仅出口增速显著低于2008年国际金融危机前水平，而且过去靠高投资促进经济增长的优势也在逐渐减弱，无论制造业投资、房地产投资，还是基础设施投资均呈下降趋势。

在此经济背景下，中国供需关系发生新变化，供需错配问题凸显。一方面，供给体系发生新变化。低端产品供给过剩，而高端产品却供给不足。中国过去中低端产品的主要供给对象是低收入群体，产品和服务质量相对一般，但是随着人民生活水平的提升，中等收入群体扩大，传统的中低端供给市场基本难以为继，而高端供给相对缺乏，供给市场尚未形成。另一方面，国内消费结构进入新阶段。伴随中等收入群体的扩大，以及居民消费能力的提高，在消费升级的带动下，人们的消费结构呈现新变化。传统的吃饱穿暖的消费方式逐渐被个性化、多样化的消费形式代替，人们越来越关注产品和服务的质量，消费在旅游、健身等领域的占比逐渐增大。供给体系的新变化和消费结构的升级对传统的供需结构形成冲击，出现了国内产品过剩和购买力外流的现象，比如，近年来飞速发展的"海淘"、跨境电商均与此有关，2018 年我国海淘用户超过了 1 亿人，海外代购市场规模和跨境电商市场规模分别达到 3000 亿元和 9.1 万亿元，分别比上年增长 18.4% 和 21.2%。[1]

这些供需关系的新变化，意味着传统的数量型经济增长方式已经落伍，亟须转变经济发展方式，这就会对今后的宏观调控提出新要求，使其既要保持经济稳定增长，还要面临调结构和促改革的繁重任务，这在一定程度上加大了宏观调控的难度，也对其带来了新挑战。

（二）新形势需要新的宏观调控模式

伴随新阶段我国供需结构的新变化，尤其是面临经济下行的压力，经济增速放缓，长期积累的结构性矛盾凸显，需求侧效应明显减弱，财政、货币政策的调控空间受到挤压，原有的以需求管理为主的宏观调控模式已经不适应现阶段经济发展的需要。

其一，财政收入增速放缓，相对弱化了财政政策的调控基础。长期以来，财政收入作为国家的"钱袋子"，不仅其规模是政府经济实力的

---

① 刘洋主编《中国跨境电商创新发展报告（2019）》，社会科学文献出版社 2019 年版，第 96 页。

表现，其本身也是政府实施宏观调控的物质保证。近年来，我国财政收入，受减税降费政策推行、经济增速下滑等影响，增速逐渐放缓，而财政支出却连年上升，这在经济调整中容易弱化财政政策的调控基础。[①]由于目前我国正在推行养老并轨改革、增强医疗保障、增加公共设施投入、加大生态环境治理等，这些都需要很大的财政投入，再加上还有巨额的地方政府债务需要偿还，客观上加大了国家财政支出的困难和压力，对未来的宏观调控也提出了新的挑战。

其二，国内外金融形势的新变化，减弱了货币政策的效果。随着中国对外开放程度的加深，国际投资资本流动日益频繁，发达经济体会利用投资、贸易等各种渠道将其货币政策的外溢效应传导到中国，以影响我国货币政策的独立性，加剧我国的经济波动。世界经济形势的复杂多变，使得经济不确定性因素增多，这不仅在量上影响了我国货币政策的调控效果，还在一定程度上削弱了货币政策的有效性。[②]

党的十八大以来，随着我国发展进入新阶段，过去以数量型调控为主的宏观调控体系已经不适应新阶段的要求。金融互联网的飞速发展，一方面加速了"金融脱媒"，增大了中外金融市场联动性，使市场主体的资产负债结构呈现新变化，增加了货币传导机制和路径的复杂性，从而减弱了央行对基础货币的控制，再加上中国的结构性矛盾突出，使得传统以调节总量为主的货币政策工具调控作用有限；另一方面加剧了"脱实向虚"，影响了金融市场的稳定性，随着中国日益融入金融全球化市场，中国金融虽取得了长足进步，但也出现了虚拟经济膨胀，与实体经济渐行渐远，"脱实向虚"现象严重等情况，近几年出现的"融资难"、"融资贵"、房地产资产价格泡沫等均与此相关，这加剧了金融体

---

① 江晓薇：《对我国经济调整中财政政策的分析》，《理论与改革》1998年第6期，第87～89。

② 苏治、刘程程、位雪丽：《经济不确定性是否会弱化中国货币政策有效性》，《世界经济》2019年第10期，第49～72页。

系的不稳定性，在一定程度上也强化了对市场预期的需求。

可见，新形势需要新的宏观调控模式，政府要在更加尊重市场规律的基础上，针对以往需求管理中财政、货币政策执行的情况，在提高政策选择与实施透明度的同时，加强政策间的协调配合，合理引导社会预期，加强与公众的沟通，在减少政策推行阻力的同时，提升偏重供给侧的政策执行效果。

（三）经济与社会不平衡问题凸显

随着经济日新月异的发展，人均受教育程度提高，人均收入水平也在逐步提升。人们的法制意识、公民意识逐渐增强，尤其是伴随社会主要矛盾的转化，人们越来越注重高质量的生活，对消费、安全、自然环境等方面的要求提高，尤其是在经济增速逐渐放缓、供需错配凸显、经济处于稳中求进新阶段的情况下，过去长期高速增长所掩盖的矛盾，在经济新常态的背景下逐渐浮现，尤其是经济与社会发展不平衡（失衡）问题更加凸显。虽然国家近年来加强了对此问题的关注与重视，经济社会发展不平衡现象略微有些改善，但问题依然明显，主要表现在以下两个方面。

1. 经济发展与生态保护不平衡

我国过去的高速增长有很大一部分是以牺牲环境为代价换来的，部分行业是建立在高能耗、高污染、高排放基础之上的，虽然获得了经济快速发展的成就，但也带来严重的污染问题。近些年，虽然国家加紧开展治理环境污染工作，但形势不容乐观。根据清华大学《中国平衡发展指数报告》，2011～2017年，在生态、经济、社会、民生四个主要领域里，生态领域的不平衡指数是最高的，其不平衡程度达到0.30。[①]《中国环境状况公报》显示，2013年全国平均雾霾日数创1961年来最高，达到35.9天，部分地区甚至超过100天。[②] 而据2014年《中国国土资源公

[①] 孙庆玲：《我国经济社会不平衡现象略有改善》，中青在线，2019年4月26日，http://shareapp. cyol. com/cmsfile/News/201904/26/web212515. html。
[②] 徐惠敏等：《次发达地区雾霾治理与经济结构调整研究》，经济日报出版社2015年版，第2页。

报》，在当年的 202 个地级市 4896 个地下水质量监测点中，依据《地下水质量标准》，水质呈较差级和极差级的占比分别为 45.4% 和 16.1%。[①] 2017 年的土壤总超标率和耕地土壤点位超标率分别为 16.1% 和 19.4%。[②] 环境污染不仅破坏环境，还会带来一系列负面冲击。一方面各类资源的过度消耗，容易造成生产方式的不可持续性；另一方面还会出现污染引起的有关疾病，严重影响人体健康。可见，中国的环境保护工作是滞后于经济社会发展的，环境保护和治理问题突出，生态保护工作刻不容缓，绿色发展任重道远。

2. 居民收入分配不平衡明显

从居民收入分配格局看，中国目前居民收入分配差距依然不小，在初次分配中，存在劳动收入份额整体偏低、行业差距过大、同工不同酬、分配秩序混乱、地区差距和城乡差距过大、不同收入群体差距过大的问题。[③] 在再次分配中，国家虽然利用税收、建立保障制度等种种措施进行调整，居民收入分配虽略有改善，但总体不平衡依然明显。2017 年东中西部人均 GDP 的比例和全国城乡收入比例分别为 2.1∶1.2∶1.12 和 2.71∶1，城乡收入绝对值差为 12964 元。[④] 同年人均工资最高行业和最低行业分别是信息计算机软件和农林牧副渔，人均工资收入分别为 133150 元[⑤]和 36504 元[⑥]，相差 96646 元，比值为 3.65∶1。2018 年中国居民人均可支配收入为 28228 元，人均可支配收入最高和最低的省份是上海和新疆，分别是 64183 元和 21500 元，后者仅相当于前者的 33.4%，

---

① 《国土资源部报告称：逾六成地下水质是较差极差级》，《中国环境科学》2015 年第 5 期，第 1578 页。
② 中国发展研究基金会：《中国发展报告 2017：资源的可持续利用》，中国统计出版社 2017 年版，第 107 页。
③ 简德三主编《国民经济运行报告（2014）》，复旦大学出版社 2015 年版，第 39~42 页。
④ 迟福林主编《动力变革：推动高质量发展的历史跨越》，中国工人出版社 2018 年版，第 103 页。
⑤ http://data. stats. gov. cn/search. htm？s = 2017 年%20 信息计算机%20 人均工资。
⑥ http://data. stats. gov. cn/search. htm？s = 2017 年%20 农林牧副渔%20 人均工资。

在全国 31 个省（区、市）中，只有 9 个省（区、市）的人均可支配收入超过当年全国平均水平。[①] 中国居民收入基尼系数于 2000 年突破 0.4 的国际警戒线水平，至今仍然没有低于这个水平，并且 2015～2018 年呈攀升趋势，分别是 0.462、0.465、0.467 和 0.474。[②] 可见，中国居民的收入无论在区域之间、城乡之间还是行业之间，其差距还是相当大的，相较于西方主要发达国家，中国家庭部门的收入占比偏低。如果收入差距长期不能得到改善，不但会加深阶层分化，还会导致社会不信任扩大化，容易激发社会矛盾。

此外，在医疗、养老、住房等民生领域，虽然政府加大了投资，但存在力度不足、缺乏完善的配套机制、效率偏低等问题，"看病难""上学难"等问题凸显。食品药品等安全问题屡禁不止，已经极大地挑战了人们的想象力。如何在促进经济平稳增长的同时，促进经济与社会和谐发展，更好地改善民生，改善社会信用环境，这既是对现有的宏观调控提出的挑战，也是未来宏观调控需要关注的重点。

（四）金融市场新变化，挑战原有监管模式

党的十八大以来，随着经济体制改革和对外开放的不断深入，在"三期叠加"的背景下，多种改革措施日益推进，一方面推动了经济的纵深发展，另一方面也引起了金融市场的新变化，使得金融的风险性因素增多，对原有的监管模式提出了新挑战。

1. 金融市场的不稳定性因素增多

随着中国融入金融全球化的步伐加快，近年来，国际金融市场的不稳定性因素增多，其政策溢出效应也传导到中国，增加了我国金融市场的不稳定性因素。

---

① http://data.stats.gov.cn/search.htm? s = 2018 年%20 人均可支配收入。

② 陈宗胜等：《中国居民收入分配通论：由贫穷迈向共同富裕的中国道路与经验——三论发展与改革中的收入差别变动》，格致出版社、上海三联书店、上海人民出版社 2018 年版，第 71 页。

中国金融市场的快速发展，使得金融市场规模日益增大，2010 年和 2018 年中国金融业机构总资产分别为 196 万亿元和 294 万亿元，① 后者是前者的增长了 1.5 倍。金融体系本身具有不稳定性，而快速扩张的金融市场规模，再加上金融改革步伐的加快，中国金融市场局部的不断波动，都会增加其不稳定性。从 2013 年 6 月的"钱荒"到 2015 年 6 月的"股灾"，从 2016 年 1 月熔断机制的水土不服到同年底的"债灾"，都凸显了金融市场日益频繁的波动。这种频繁的金融市场局部波动会使得经济金融形势愈加复杂和严峻，加剧未来金融体系的不稳定性，同时这也增加了宏观调控的难度。

2. 金融风险可能性增加，传播速度加快

随着近年来互联网创新进程的加快，再加上利率市场化进程也在加快，不但加剧了"金融脱媒"的趋势，出现了"脱实向虚"现象，还增加了金融风险的可能性，同时在信息网络技术快速发展的助推下，加快了金融风险跨市场、跨境、跨行业和跨机构的传播速度，增加了防控金融风险的难度。

一方面，互联网金融创新呈现过度之势，容易引发金融风险。互联网金融作为一种金融新业态，在中国发展迅猛，已经成为我国现代化金融体系的重要构成因素。随着互联网金融的发展，以余额宝、理财宝等为代表的各种创新性金融产品次第推出，推动了金融业的蓬勃发展，但也加大了金融风险的可能性。比如，2015 年 P2P 网贷平台竟然达到了 2595 家，全行业成交量达到 9823.04 亿元，其中问题网络平台为 896 家，同比上一年上升 226%，涉案金额达千亿元，② 网贷平台的快速增加，虽然在一定程度上打通了互联网的融资渠道，但也存在大量的违规经营问

---

① 罗知之：《央行：2018 年末金融业机构总资产 294 万亿》，人民网，2019 年 4 月 12 日，ht-tp：//finance. people. com. cn/n1/2019/0412/c1004－31027659. html。

② 李利辉：《2015 年 P2P 成交量超 9800 亿元》，搜狐网，2016 年 1 月 4 日，http：//news. so-hu. com/20160104/n433344756. shtml。

题，导致金融违规案件层出不穷，卷款"跑路"事件时有发生，其中最引人注目的就是 e 租宝庞氏骗局案件。可见，要加强对互联网金融的监管，预防其创新过度引起违规经营，促使其健康规范发展。

另一方面，金融风险传播速度快，容易诱发系统性风险。金融业的创新性发展，加强了各个金融市场的交叉融合，增强了各类金融市场的关联性，同时也出现了金融监管缺失带来的一系列诱发系统性金融风险的不利因素，比如为金融风险交叉传播、跨市场传播、跨境传播提供通道。再加上现代信息技术使金融风险不仅传播速度加快，而且一旦爆发，其传染领域会更加广泛。资本市场的不断开放、中国境外资产投资的增加和人民币国际化的发展，使得传统的保持单一金融机构稳健的监管方式，已经不适应今后多样化的金融市场，因此，政府需要在反思原有监管模式的基础上，加快构建与完善更加适应供给侧结构性改革的中国特色金融监管模式，以预防和应对系统性金融风险。

第二节　新时代中国特色宏观调控面临的新机遇

中国作为世界第二大经济体，其崛起已是不争的事实，中国日益融入经济全球化，在新时代的大框架下，中国站在新的历史方位，在中国共产党有力领导下，在新发展理念的指导下，精准确定自己的国际地位和国家发展方向，实现了综合国力和国际影响力的历史性跨越。① 中国在稳步发展自身的同时，积极参与全球经济治理、推动国际宏观经济政策协调，为新时代中国特色宏观调控提供了新机遇。

一　中国推动国际宏观经济政策协调的作用日益增强

随着全球经济的交融共生，在开放型的经济条件下，任何一个国家的

---

① 程美东主编《当代中国社会发展理论研究》，知识产权出版社 2018 年版，第 7 页。

宏观经济政策都不可避免地受到外部经济形势的影响和制约。在日益复杂的全球化背景下，中国对外开放程度不断加深，经济实力不断增强，对外贸易范围更加广泛。截至2018年底，有231个国家和地区与中国有贸易往来，[①] 这意味着中国经济贸易几乎影响了全球所有的国家和地区。随着中国参与全球治理能力的增强，中国推动国际宏观经济政策协调的作用也日益增强，助力推动国际宏观经济协调的实践也稳步推进。

（一）"一带一路"建设提升中国国际影响力

自2013年中国提出"一带一路"倡议以来，"一带一路"不仅日渐深入人心，还进入国际话语体系。"一带一路"建设正在由蓝图变为现实，其进度和成果都超出了预期，不但获得了越来越多的国际认可，还在造福沿线各国人民的同时，提升了中国的外部形象。"一带一路"建设正在成为应对逆全球化浪潮的一个"中国方案"。"一带一路"建设在助力中国经济发展的同时，也为中国参与全球经济治理、更好地协调国际宏观经济政策、进一步展示负责任大国形象打下了坚实的基础。

一方面，"一带一路"建设覆盖领域广、合作领域宽，拓展了未来中国经济发展的空间。"一带一路"作为古丝绸之路的传承与提升，横跨欧亚大陆，中国已经与多个"一带一路"沿线的国家和地区建立了贸易往来，进出口规模持续增加，合作领域日益广泛，结构持续优化。仅2018年中国对其进出口额就达到1217亿美元，其中知识密集型服务进出口额为5.24万亿美元，[②] 合作领域已经从经贸领域拓展到教育、科学、安全等领域，截至同年底，已经有30多个沿线国家与地区同中国开展了国际产能合作，CIPS（人民币跨境支付系统）的服务范围已经拓展到41个沿线国家和地区，与中国央行签署双边本币互换协议的沿线国家和地

① 杜燕、伊力：《报告：北京累计设立超4.3万家外企》，中国新闻网，2019年6月3日，http://www.jl.chinanews.com/hyhc/2019-06-03/75036.html。
② 张沛：《我国服务贸易连续5年世界第二 去年与"一带一路"沿线服务贸易额达1217亿美元》，中国金融新闻网，2019年5月23日，http://www.financialnews.com.cn/gc/gz/201905/t20190523_160447.html。

区已经达到了 21 个。①

另一方面，"一带一路"建设日渐深入人心，已经形成了广泛的国际共识。在中国大力推动下，"一带一路"建设已经由点到面展开，不但开创了合作共赢的新模式，还被越来越多的国家接受，其国际影响力显著提升，不但建立了官方的对话机制，还赢得了广泛的国际共识。

（二）人民币国际化进程加快

随着中国经济实力的提升，中国加快了国际金融合作的步伐，参与国际金融事务日益频繁，将人民币纳入 SDR（特别提留款）货币篮子。人民币国际化进程逐渐加速，在国际贸易投融资结算中，人民币的作用日益凸显。

其一，国际支付方面。中国于 2009 年 4 月在上海、深圳、珠海等地开启了跨境贸易人民币结算试点工作，由此拉开了人民币国际化进程的序幕。随着跨境贸易规模日益增大，跨境贸易人民币结算业务日益增多，仅在 2018 年就发生了 5.11 万亿元，同年底，人民币国际化指数为 2.95%，人民币日益坚挺，成为全球第五大支付货币。②

其二，外汇交易方面。随着中国于 2016 年 10 月将人民币正式纳入 SDR 货币篮子，人民币日益融入国际金融全球化，目前已经成为全球第三大贸易融资货币。伴随人民币国际化进程的加快，人民币利率互换交易量增长迅猛，截至 2018 年底，共计 407 家机构备案入市，当年总成交量高达 21.5 万亿元。③随着贸易交易量在全球比重中的逐步提高，再加上跨境人民币业务的开展，人民币已经成为全球第五大储备货币。国际清算银行（BIS）公布的数据显示，人民币全球市场份额在 2019 年上升

---

① 陈雨露：《书写"一带一路"投融资合作新篇章》，《中国金融家》2019 年第 5 期，第 24～25 页。

② 中国人民大学国际货币研究所：《人民币国际化报告2019：高质量发展与高水平金融开放》，中国人民大学出版社 2019 年版，第 10 页。

③ 中国人民大学国际货币研究所：《人民币国际化报告 2019：高质量发展与高水平金融开放》，中国人民大学出版社 2019 年版，第 23 页。

至 4.3%，位列全球第八大交易货币，离岸人民币的交易量为 2840 亿美元。[①] 这一方面证明国际市场对人民币的信心稳步提升，人民币的影响力日益广泛，另一方面也增强了人民币在国际市场上的作用，为中国提升国际宏观经济政策协调能力提供了抓手。

此外，作为新兴经济体的一员，中国还注重联合新兴经济体和发展中经济体，增强在全球经济版图中的分量，为推动国际宏观政策协调搭建新的平台。近年来，新兴经济体和发展中经济体已经成为助推全球经济增长的"新引擎"，仅在 2016 年，新兴 11 国（E11）对世界经济增长的贡献率已经达到了 60%。[②] 金砖国家（BRICS）作为新兴经济体的典型代表，在推动贸易自由化、维护世界和平和安宁等方面日益发挥着重要的作用，目前对世界经济增长的贡献率约为 50%，其中中国的贡献率为 27.5%。[③] 二十国集团（G20）影响力日益广泛，不但为全球经济增长注入了新动能，还成为国际经济治理和协调的新平台。中国在加快自身发展的同时，注重与全球新兴经济力量携手，在助推国际宏观经济政策协调的基础上，共同维护国际经济稳定。

二　宏观调控的基础条件更加坚实

党的十八大以来，党中央在全面深化改革的基础上，在加快政府职能转变中，理顺了政府与市场的关系，而理顺二者的关系也是探索科学宏观调控的关键。虽然近年来，中国人口数量红利呈减弱趋势，人口老龄化比例上升，但质量型人口红利日益凸显。在中国共产党的领导下，在新发展理念的指引下，科技创新蔚然成风，中国的工业制造能力日益

---

① 佚名：《全球外汇市场日均交易量飙升至 6.6 万亿美元 这份报告还有三大看点》，中金在线外汇网，2019 年 9 月 17 日，http://forex.cnfol.com/jingjiyaowen/20190917/27687986.shtml。

② 《中国银行业》上市银行年报研究小组主编《中国上市银行年报研究》，中国金融出版社 2017 年版，第 35 页。

③ 国家统计局国际统计中心：《国际地位显著提高 国际影响力持续增强》，中国经济网，2019 年 8 月 29 日，http://views.ce.cn/view/ent/201908/29/t20190829_33044764.shtml。

提升，国有企业依然实力雄厚，外汇储备规模平稳，经济运行基本稳定，虽存在一些"结构性问题"，但总体在可控范围内。因此，中国总体上具备做好新时代中国特色宏观调控的坚实基础条件。

（一）政府职能转变步伐加快

在社会主义市场经济条件下，转换政府职能作为完善宏观调控的一种手段，日益引起党中央的高度重视。党的十八大以来，党中央不仅把转变政府职能列为行政体制改革的核心，还把处理好政府与市场的关系列为转变政府职能的关键。因此，在新时代的大背景下，党中央加快了政府职能转变的步伐，以实现科学的宏观调控和有效的政府治理。

一方面，大力推进简政放权，不断优化政府服务。党中央近年来在转变政府职能过程中，大力推进简政放权，针对过去行政审批时间长、要件多和环节多等问题，进行了整改。首先，最大限度地减少行政审批。通过对行政审批制度的改革，2013～2017年，国务院部门行政审批事项已经由1692项下降到632项，[①] 取消了多项部门非行政许可审批事项，在国务院部门审批类型中，不再保留非行政审批这一类别。[②] 其次，不断推动商事制度改革，努力营造便捷和公平竞争的市场环境，以提高经商办企业的便利性。《2019年营商环境报告》公开数据显示，在全球190个经济体中，2017～2018年，中国的营商环境由78位上升至46位，中国开办企业指标由93位上升到28位。[③] 新增市场主体增长较快，仅2018年全国新增市场主体和新增企业分别是2149.58万户和670万户。[④]

---

① 《国务院：行政审批事项已减少到632项》，新浪网，2017年9月8日，http://news.sina.com.cn/o/2017-09-08/doc-ifykuftz5495319.shtml。

② 《国务院关于取消非行政许可审批事项的决定》，中华人民共和国中央人民政府网，2015年5月14日，http://www.gov.cn/zhengce/content/2015-05/14/content_9749.htm。

③ 华东师范大学法学院、企业合规研究中心"中国营商环境评价指数研究"课题组：《世行2019营商环境报告：在中国开办企业》，搜狐网，2018年11月9日，https://www.sohu.com/a/274171573_481741。

④ 胡永启：《市场监管总局：2018年全国新增企业670万户》，"中国日报网"百家号，2019年1月10日，https://baijiahao.baidu.com/s?id=1622275045178393777&wfr=spider&for=pc。

而新增市场主体一般是企业创新活力的风向标,可见,中国的营商环境日益改善。最后,在深化简政放权的基础上,进一步优化政府服务。国家不但将建设服务型、阳光型政府作为转变政府职能的口号,还在各地普遍设立政务大厅,将服务型理念落至实处。全国县级以上政府,截至2017年4月,共设立政务大厅2058个,其覆盖率已经达到94.3%。①

另一方面,进一步加强事中和事后监管力度。国家在不断优化政府服务的基础上,从中央层面到地方层面都在不断地探索监管机构、机制改革,积极推进地方行政执法改革,组建市场监督管理局。利用大数据、云计算等先进的信息管理技术,积极推进"互联网+监管"模式,通过信息资源共享技术,加强中央与地方及各部门间的互联互通,强化一体化监管,形成监管合力。在转变政府职能的前提下,夯实监管责任,健全监管规则和标准,在深化放管结合的基础上,多次强调要加强和规范事中事后监管,并强调让"管"跟上"放"。②

(二) 质量型人口红利日益凸显

近年来,随着中国经济进入新常态和中国人口结构变迁,中国数量型人口红利逐渐削减,而质量型人口红利日益凸显,这一变化与中国政府长期以来实行计划生育政策和提倡教育优先、加大教育投资有着密切的关系。一方面,长期的计划生育政策减缓中国人口数量的增长,但优生优育政策的实行提高了人口素质;另一方面,政府日益重视教育,将教育作为立国之本,提高了国民的文化素质,调整了人口的职业构成,使人口结构趋于合理化。③

1. 劳动者受教育程度普遍提高,劳动技能大幅提升

新中国成立以来,政府始终把教育放在优先的位置,中国的教育事

---

① 顾平安:《新时代 新大厅 新使命》,《中国行政管理》2017年第12期,第17~19页。

② 杨柳筠:《加强事中事后监管 让"管"跟上"放"》,搜狐网,2019年9月3日,http://www.sohu.com/a/338324287_100143231。

③ 田家盛主编《教育人口学》,人民教育出版社2000年版,第103页。

业取得了不俗的成绩。尤其是党的十八大以来，我国教育服务于经济社会发展的能力日益凸显，人力资源强国战略明显推进，劳动者受教育程度普遍提高，劳动技能提升很快，中国正在由人口大国向人才大国行进。截至 2017 年底，中国拥有各类专业技术人员资格证书的人数达到 2620 万人，其中拥有高级技师资格的人数为 43 万人，海外留学归国人员为 313.2 万人。[1] 随着职业教育、学历教育以及多种提升劳动者技能的培训的展开，劳动年龄人口平均受教育年限稳步提升，2018 年已经达到 10.5 年。[2] 随着人民生活水平的提高，劳动力的身体素质普遍改善，中国人均寿命预期显著增长，国家卫健委发布的数据显示，中国人均预期寿命已经由 1949 年的不足 35 岁提升到 2018 年的 77 岁。[3] 大量拥有不同技能的人才涌向市场，中国的质量型人口红利开始逐渐释放，正在逐步抵消数量型人口红利削减的劣势，不但改善了社会生产的效率，还加快了技术进步的速度，促进了产品质量的提高。可见，持续释放的质量型人口红利正在成为中国今后经济发展中最大的能动因素。

2. 中国产业结构呈现新变化，第三产业吸纳就业能力增强

中国近年来持续推进经济结构调整，产业结构呈现出新变化。第三产业的产值逐渐增加，截至 2018 年底，已经占据国内生产总值的 52.2%，[4] 第三产业成为带动我国经济增长的主要力量。尤其是互联网技术、信息技术的普遍使用以及国家出台的一系列支持创新就业的优惠政策和措施，不但优化了产业结构、促进了产业创新、刺激了服务业新动能的快速发展，还增加了服务的形式与内容，推动就业形式发生深刻

---

[1] 赵兵、丁怡婷：《截至 2017 年末 我国就业人员超 7.7 亿人》，新华网，2018 年 5 月 22 日，http://www.xinhuanet.com/politics/2018 – 05/22/c_1122866236.htm。

[2] 《李克强：劳动年龄人口平均受教育年限提高到 10.5 年》，手机人民网，2018 年 3 月 5 日，http://m.people.cn/n4/2018/0305/c204734 – 10629247.html。

[3] 卢杨：《70 年中国人均寿命的变迁》，南昌新闻网，2019 年 12 月 4 日，http://www.ncnews.com.cn/xwzx/pl/201912/t20191204_1510173.html。

[4] 《2018 年我国国内生产总值为 900309 亿 比上年增长 6.6%》，新浪财经网，2019 年 2 月 28 日，http://finance.sina.com.cn/china/gncj/2019 – 02 – 28/doc – ihrfqzka 9870772.shtml。

的变化。仅 2018 年，第三产业日均新设企业为 1.84 万户，全年新登记注册企业增长 10.3%，[①] 新增就业人员 21067.7 万人，[②] 其吸纳就业的能力明显增强，这使其成为容纳就业的主渠道。可见，产业结构的调整，第三产业的飞速发展，无论对于创新创业还是新增就业都产生了深刻的影响，第三产业俨然成为拉动经济增长的生力军。

（三）工业体系健全，助力中国制造业的发展

宏观经济政策的制定与实施和产业的发展存在千丝万缕的联系，对于中国这个新兴经济体而言，拥有健全而完整的工业体系是维持经济稳健增长和提升国际经济竞争力的关键。中国目前拥有健全完整的工业体系，是拥有全部工业门类的唯一国家。在全球竞争日益激烈的今天，拥有健全而完整的工业体系不仅相应减少了工业配套生产成本，还有利于提升国内产品在国际贸易中的竞争优势，为提升中国综合实力、保障我国国家安全和建设世界一流强国提供了坚实的基础。随着近年来高新技术的飞速发展，中国愈加重视现代化工业体系的建设，完整的工业体系助力了中国制造业的发展，也有助于工业"做优做强"。在国际产业分工格局面临重塑的时刻，在实现第二个百年奋斗目标的重要节点，中国围绕制造强国的目标，正在稳步推进制造业的发展。

首先，制造业面临深度调整。制造业作为"兴国之器"，引起越来越多的国家重视，各国掀起了"再工业化"的浪潮。在全球技术大变革的今天，信息技术的普及和发展，对传统的制造业发展模式形成了冲击，中国传统的制造业正面临深度调整，亟须转型升级。中国虽然在全球智能制造中排名第六，但在高端装备方面对外依存度依然较高。[③] 可见，

---

① 冯琦：《图表：2018 年我国日均新设企业 1.84 万户》，中华人民共和国中央人民政府网，2018 年 12 月 23 日，http://www.gov.cn/xinwen/2018-12/23/content_5351316.htm。

② 王恩博：《国家统计局：第三产业吸纳就业能力增强》，南方网，2019 年 11 月 21 日，http://economy.southcn.com/e/2019-11/21/content_189574397.htm。

③ 许宸、章斌炜、王宇静：《2017 全球智能制造发展指数报告：中国综合排名全球第六》，荔枝网，2018 年 5 月 19 日，http://news.jstv.com/a/20180519/1526730614638.shtml。

在经济转型期，中国制造业面临深度调整，我们还需要对其提出更高的要求，以加快向制造强国目标推进。

其次，中国拥有成为制造业强国的根基和条件。中国制造业总量经过新中国成立以来的发展，在世界排名中已经连续多年稳居首位，中国制造业的综合竞争力在稳步提升。党的十八大以来推出的"四化同步"，为我国制造业的稳步前进提供了巨大的需求空间，再加上全球经济的联动性日益增强，全球基础设施的互联互通加快，为中国高端装备制造提供了外需空间。

（四）科技创新能力加速提升

科技创新作为建设创新型国家的核心，已经成为各国政府关注的焦点。党的十八大以来，中国加大科技创新步伐，走中国特色自主创新之路，将增强自主创新能力列为经济社会持久动力的源泉，明确了建成世界科技创新强国的时间节点和"三步走"战略目标，[①] 并实施了一系列刺激与加强自主创新的政策，从实施各类税收优惠到拓宽融资渠道，从加强人力资源建设到加快自主创新示范区建设，等等。在我国自主创新政策的推动下，不但形成了科技创新的氛围，还加速提升了科技创新能力，加快了科技创新成果转化，促进了经济的稳健增长。

1. 创新成果"井喷"，实现了历史性跨越

党的十八大以来，中国在自主创新道路上取得了巨大的成就，创新成果层出不穷。在世界创新领域，中国正在实现由"追赶"阶段向"并跑""领跑"阶段的历史性跨越。中国逐渐加大对科技研发经费的投入力度，仅在 2018 年的研究与试验发展（R&D）经费投入总量就高达19677.9 亿元，比上年增长了 11.8%，[②] 研发经费的增速也在客观上预示

---

① 《国家创新驱动发展战略纲要："三步走"到 2050 年建成世界科技创新强国》，新华网，2016 年 5 月 19 日，http://www.xinhuanet.com/politics/2016-05/19/c_128998879.htm。

② 金慧慧：《2018 年全国共投入研究与试验发展经费 19677.9 亿元》，搜狐网，2019 年 9 月 2日，http://www.sohu.com/a/338216937_115423。

着中国创新能力的提升。在国家自主创新政策的激励下，2018 年中国发明专利申请量和授权量分别为 154.2 万件和 43.2 万件，商标注册申请量和商标注册量分别为 737.1 万件和 500.7 万件，[①] 研发人员总量达到 418 万人，国际科技论文总量、被引次数均具全球第二位，高新技术企业和中小型科技企业分别为 11.8 万家和 13 万家，中国科技进步贡献率为 58.5%，在全球综合创新能力中，中国位列第 17 位。[②]

2. 创新人才数量增加快，书写人才强国新篇章

近年来，随着创新驱动战略的实施，中国不但加大本土创新型人才的培养力度，还加大对高端创新人才的引进力度，中国创新人才数量迅猛增加。科技人才队伍不断壮大，中国 R&D 人员总量从 2013 年至 2018 年，已经连续六年稳居全球第一，总体学历呈现上升趋势，科技人才队伍结构日趋年轻化。[③] 截至 2018 年，中国硕士、博士学位授予量已经超过 800 万。[④] 中国经济的蓬勃发展，也吸引了大批留学人员回国发展，形成了一批"归国潮"，2012~2017 年，学成归国发展者为 231.36 万人，占改革开放后回国人数的 73.9%。[⑤] 可见，创新人才数量的飞速增加，必将书写中国人才强国的华丽篇章。

3. 创新成果转化突出，推动经济增质提效升级

随着"十三五"规划的布局实施，中国加快了科技成果转化，让科技与经济深度融合，以实现二者的"双轮驱动"，进而推动经济增质提效升级，达到强国富民的目标。中国政府于 2015 年修订实施的《促进科

---

① 董子畅：《国家知识产权局：2018 年中国发明专利申请量 154.2 万件》，中国新闻网，2019 年 1 月 10 日，http://www.chinanews.com/cj/2019/01 – 10/8725350.shtml。

② 《2019 年全国科技工作会议传来好消息：2018 年科技进步贡献率预计超过 58.5%》，搜狐网，2019 年 1 月 10 日，https://www.sohu.com/a/288034383_414902。

③ 中华人民共和国科学技术部编《中国科技人才发展报告（2018）》，科学技术文献出版社 2019 年版，第 8 页。

④ 《中国学位与研究生教育发展年度报告》课题组编《中国学位与研究生教育发展年度报告（2019）》，高等教育出版社 2019 年版，第 6 页。

⑤ 刘垠：《十八大以来，学成归国者占改革开放回国人数七成》，搜狐网，2018 年 6 月 15 日，http://www.sohu.com/a/235992029_612623。

技成果转化法》，不仅有助于打通科技与经济结合的通道，还激励了科研人员创新创业，推动了科技成果的有效转化。

首先，科技成果转化数量明显增加，质量日益提升。仅 2017 年，就有 2677 家研究开发机构与高等院校签订了 9907 项转化科技成果合同，涉及合同金额为 121 亿元，分别比去年增加了 34% 和 66%。[①]

其次，科技成果转化质量日益提升。伴随科技创新成果转化数量的增加，其转化质量也日益提升。中国高科技产品出口总额在 2018 年达到了 7479 亿美元，在同类产品的进出口总额中，盈余 771 亿美元。[②] 在部分高新技术方面，中国正在领跑世界，比如中国目前全面掌握了特高压输变电技术，并且实现了关键设备国产化，中国的特高压输电作为全球能源互联网的基础，在不断刷新世界纪录的同时，逐渐走出国门，全世界都在采用中国的技术标准。这不仅提升了中国创造的影响力，还带来了经济、社会和环境效益。[③] 此外，中国出台的一系列刺激创新创业的政策，在激励科技人员创新创业的同时，也带动了科技创富效应，推动了经济稳定发展，助力了经济增质提效升级。

（五）中国政府具备宏观调控的雄厚资源和能力基础

在社会主义市场经济条件下，公有经济掌握着大量的资本、资源与资产，国有企业掌握着国民经济命脉，主导着事关国计民生的关键领域，这表明社会主义市场经济既服务于最广大人民根本利益，又拥有"集中力量办大事"的优势。近年来，中国经济稳健运行，使得中央政府作为宏观调控政策的实施主体，财政状况良好。中国国际收支基本平衡，外

---

① 《中国科技成果转化 2018 年度报告（高等院校与科研院所篇）发布》，"新华网"百家号，2019 年 3 月 19 日，https://baijiahao.baidu.com/s？id = 1628395339273958881&wfr = spider&for = pc。

② 《中国科技成果转化 2018 年度报告（高等院校与科研院所篇）发布》，"新华网"百家号，2019 年 3 月 19 日，https://baijiahao.baidu.com/s？id = 1628395339273958881&wfr = spider&for = pc。

③ 李亚琛：《特高压：世界上最先进的输电技术》，中国电力网，2018 年 9 月 28 日，http://fd.chinapower.com.cn/dwtgy/20180928/1250027。

汇储备比较充足，且处于合理区间，中国具备宏观调控的基础性资源和能力基础。

1. 国有企业凸显"压舱石"作用

国有企业（简称"国企"）一直在我国市场经济体制中扮演着特殊的角色，其是社会主义制度的物质保障，对国民经济的长期稳定发展起着"压舱石"的作用。在党的十八大以来新的历史条件下，在全面推进深化改革的背景下，国企改革取得了显著的成绩，不但增强了改革的活力与动力，还释放了巨大的改革红利。全国国有企业资产总额，截至2018年底，达到210.4万亿元，其中中央国有企业资产总额和国有资本权益总额分别为80.8万亿元和16.7万亿元。[①] 同时，国有经济的创新能力随着国有经济布局的不断改善而日趋提高，对经济发展和社会稳定起到了特有的促进作用。

首先，国有企业是推动经济腾飞、引领经济发展的"主力军"。在建设社会主义的进程中，它任务多且重，不但承担着基础设施方面的建设，还承担着建设重大工程项目、发展战略性民族产业、生产公共产品、推动技术创新等职责。近年来，我国无论在基础设施开发方面，还是在战略性产业创新方面，均取得了巨大的成就，而国民经济能够保持稳中求进的态势，在很大程度上源于国有企业的发展。一方面，国有企业走出国门，取得了不俗的成绩。国有企业在参与全球竞争中，逐渐向高精尖技术靠拢，为中国创造了巨大的经济效益，同时也增加了中国的影响力。在世界500强企业中，中国国有企业的数量已经由2012年的54家增加到2018年的83家，增长了53.7%。[②] 中国的高铁、桥梁技术已经实现了跨越式发展，成为中国品牌的闪亮名片。中国的高铁桥梁长度和高

---

① 《国务院关于2018年度国有资产管理情况的综合报告》，中国人大网，2019年10月23日，http://www.npc.gov.cn/npc/c30834/201910/9b41e133a8cb45abaebbb44 893a2eb55.shtml。

② 肖汉平：《国有企业在改革开放中发展壮大》，搜狐网，2018年12月19日，http://www.sohu.com/a/282923340_115239。

速铁路营业里程，截至 2018 年底，分别超过 1.6 万公里和 2.9 万公里。[①]另一方面，国有企业的创收能力与日俱增。国有企业在全面深化改革中不断发展壮大，仅 2017 年，国企营业收入和利润分别达到 52.2 万亿元和 2.9 万亿元。国有企业作为国民经济的催化剂，在助推中国经济腾飞和崛起中起着不可替代的作用。[②]

其次，国有企业是社会稳定的"千斤顶"。它不仅是共产党的执政之基，在长期的革命建设和改革中，还是维护政治稳定的核心力量，作为贯彻落实国家政策的主要保障阵地，担负了大量的社会功能和责任，为数以万计的人，尤其是大学生，提供了就业岗位，维护了国家的政治社会稳定。[③]同时，国有企业作为社会责任的主要履行者，在扶贫开发、对外援助、维护生态平衡等方面，均发挥着重要的作用。

此外，国有企业作为改革开放的排头兵，其贡献是有目共睹的，但近年来，出现了所谓"国企低效论""国进民退"等错误说法，许多学者对此给予了有力的反击，比如卫兴华、张福军指出"国进民退"是个假命题，国家既不存在此种指导思想和决策，从整体上也不存在国企代替民企的事实，"国进民退"这种说法是不成立的，不应过分炒作和渲染。[④]程恩富、鄢杰指出不能用局部低效和阶段性亏损来抹杀国有经济高效的事实，要具体分析其局部低效和阶段性亏损的原因，重视经济绩效要从整体上考虑，而不是仅限于局部效率和经济效率。[⑤]杨承训承认国企存在一定弊端，但经过不断的经济体制改革，近年来，国企的潜在

---

① 刘志伟：《中国高铁桥梁突破 1.6 万公里》，新浪网 2019 年 4 月 15 日，http://news. sina. com. cn/c/2019 - 04 - 15/doc - ihvhiqax2694199. shtml。

② 肖汉平：《国有企业在改革开放中发展壮大》，搜狐网，2018 年 12 月 19 日，http://www. sohu. com/a/282923340_115239。

③ 吕大鹏：《珍视国有企业的特殊地位和作用》，《学习时报》2017 年 1 月 18 日，第 4 版。

④ 卫兴华、张福军：《当前"国进民退"之说不能成立》，《红旗文稿》2010 年第 9 期，第 9 ~ 12 页。

⑤ 程恩富、鄢杰：《评析"国有经济低效论"和"国有企业垄断论"》，《学术研究》2012 年第 10 期，第 70 ~ 77 页。

优势、新增优势明显凸显，尤以质量优势最为突出，建议用历史的观点、动态的观点和质量数量相统一的观点全面系统地分析国企效率。① 可见，国企的特殊地位和作用决定了其不仅是不可替代的，还是社会主义市场经济发展的"定海神针"。

2. 中国政府财政状况稳健，外汇储备充足

近年来，在稳中求进的总基调下，中国经济稳健发展，中国政府财政状况稳健，有效地助推了经济发展，提振了经济景气度和信心。中国的外汇储备充足，且规模处在合理区间，这为宏观调控提供了基础性资源和有利条件。

首先，总体债务规模合理，相关风险指标低。由于一国政府的资产负债表状况不但直接影响着其宏观经济政策的实施力度和效果，还影响着市场主体的预期和行为，甚至在一定程度上决定着其宏观调控目标的最终实现。因此，各国都重视自身的资产负债表状况。党的十八大以来，中国财政状况运行良好，基本不存在债务较高的问题，政府总体债务规模比较合理。虽存在一定地方政府债务问题，但随着新预算法的出台，政府加大了对其的整顿治理，已经明显减小了地方债务风险。2018年中国、美国和日本的政府负债率分别为37%、107.3%和200.5%，而欧盟规定政府债务负债率的警戒线为60%，中国政府负债率比较合理，远低于同期的西方发达国家，同年中国地方政府负债率为76.6%，远低于国际通行100%~120%的警戒标准。② 可见，中国无论中央政府还是地方政府的负债率均低于国际警戒标准，相关风险指标较低，中国政府良好的财务状况以及多样的宏观调控工具，为充分释放财政政策的积极作用提供了巨大的空间。

---

① 杨承训：《"国企低效论"质疑》，《红旗文稿》2005年第20期，第6~9页。
② 赵白执南：《财政部：2018年我国政府债务负债率为37% 低于警戒线》，新浪财经网，2019年1月23日，http://finance.sina.com.cn/money/bond/market/2019 - 01 - 23/doc - ihr-fqzka0258053.shtml。

其次，外汇储备丰裕，国际收支基本平衡。外汇储备作为一国调节经济运行、实现内外平衡的一种重要手段，其储备规模的适度与否也影响着一国宏观经济政策能否顺畅进行。近几年，中国的外汇储备充足，外汇储备规模从 2006 年至 2019 年已经连续 14 年稳居全球首位，经常项目顺差占 GDP 的比重从 2010 年至 2019 年均在国际公认的 4% 合理水平以下，国际收支基本平衡，为搞好中国特色宏观调控提供了有利条件。

三　宏观调控的回旋空间较大，孕育着新机遇

中国经济发展的巨大成就除了共产党的有力领导、良好的改革政策外，还具有别国无法比拟的独特优势，即宏观调控的回旋空间较大，为新时代中国特色宏观调控提供了较大的回旋余地，孕育着新机遇。首先，中国地大物博，人口基数大，中等收入家庭数量增多，使得国内消费市场日益庞大；其次，中国加速推进城镇化，为今后城镇化水平的提升提供了空间；最后，中国区域经济发展不平衡，"三大战略"的实施和区域间多式联动协同发展，为加快区域间平衡发展提供了契机，区域平衡发展潜力巨大。

（一）消费潜力巨大

近年来，中国居民的收入增长，加速了消费结构升级，尤其是中等收入家庭的猛增，提升了中国的消费率，也使得中国的消费潜力巨大，这为今后宏观调控政策空间的施展提供了回旋余地。

首先，居民消费水平提升较快。党的十八大以来，中国人均 GDP 增长较快，2013 年和 2018 年的人均 GDP 分别为 43497 元和 64644 元，人均 GDP 在全世界的排名已经由 86 位升至 74 位。[①] 随着居民收入的增加，全国居民的消费总增速也加快，2013 年和 2018 年，居民人均可支配收

---

① 《2018 年人均国内生产总值 64644 元 同比增 6.1%》，新浪财经网，2019 年 2 月 28 日，ht-tp：//finance. sina. com. cn/china/2019 - 02 - 28/doc - ihsxncvf8495820. shtml。

入为 18310 元和 28228 元，居民人均消费性支出为 13220 元和 19853 元。① 居民消费水平的不断提升，使消费成为拉动内需的重要驱动力和宏观经济平稳运行的"压舱石"。

其次，居民消费结构呈现新变化。随着全国居民消费性支出的增加，居民消费进入新阶段，消费结构呈现新变化，已经由最初的追求"温饱"阶段进入发展型和享受型阶段，发展型和享受型的消费支出日益增加。1978 年和 2018 年，全国居民恩格尔系数分别是 63.9% 和 28.4%，其中农村家庭的恩格尔系数分别为 68% 和 30.1%，城镇家庭的恩格尔系数分别为 59% 和 27.1%，② 恩格尔系数逐渐降低，这也反映了中国消费结构的变化。目前，居民消费结构呈加速升级状态，发展型、享受型的消费支出呈递增状态。比如，汽车、手机已经转化为生活必需品，中国每千人汽车保有量已经由 2012 年的 89 辆③升至 2018 年的 170 辆，④ 截至 2018 年，人均手机拥有量为 1.12 部，⑤ 中国居民的智能手机拥有量居全球首位。中国居民日益重视精神文化生活，2017～2018 年，人均文教娱乐消费支出分别为 2086 元和 2226 元。⑥ 中国的消费日益呈现出多元化的特点，近几年在全球奢侈品消费市场，有超过一半的增幅来自中国。

此外，随着我国中等收入群体规模日渐庞大，截至 2018 年已经超过 4 亿人，我国成为全球中等收入群体人数最多的国家，已经成为引领消

① 《2013－2018 年全国居民人均可支配收入及人均消费性支出情况》，华经情报网，2019 年 3 月 28 日，http://www.huaon.com/story/414209。
② 李可愚：《改革开放 40 年我国居民消费水平节节高升 恩格尔系数比 1978 年下降一半》，每日经济新闻网，2018 年 12 月 5 日，http://www.nbd.com.cn/articles/2018－12－05/1279145.html。
③ http://data.stats.gov.cn/search.htm? s＝2012%20。
④ 孙杰：《千人汽车保有量 170 辆左右 国家发改委：消费升级趋势依然强劲》，"北京日报客户端"百家号，2019 年 1 月 29 日，https://baijiahao.baidu.com/s? id＝1623968075621898571&wfr＝spider&for＝pc。
⑤ 《全国手机用户超过 15.7 亿，人均拥有手机 1.12 部，你是几卡几手机?》，搜狐网，2019 年 1 月 30 日，https://www.sohu.com/a/292410678_120094130。
⑥ 《2018 全国人均教育文化娱乐消费支出 2226 元 占比 11.2%》，新浪财经网，2019 年 1 月 30 日，http://finance.sina.com.cn/china/gncj/2019－01－30/doc－ihqfskcp1672283.shtml。

费升级的主力军。未来中等收入人口比重还会继续上升，蕴含的消费潜力还会继续释放，这为中国今后的宏观调控提供了很大的回旋余地。

（二）城镇化进程加快，乡村振兴迈上新台阶

城镇化是推动我国经济发展的重要引擎，经过改革开放 40 多年的发展，在中国共产党的领导下，经过数度调整和改革创新，中国走出一条具有本土特色的新型城镇化发展道路，不仅推动了我国经济增长，提升了我国综合国力，还改善了人民生活。党的十八大以来，中国加快了新型城镇化进程，2018 年我国的城镇化率为 59.58%。[①] 新型城镇化进程的加快，带动了技术进步，促进了效率提升，释放了新动能，推动了服务业的发展，为今后经济增长提供了持久动能。与此同时，它也为乡村振兴提供了条件，助推乡村振兴迈上新台阶。新型城镇化的加速推进与乡村振兴战略的落地生根，二者的融合发展，不仅有助于彻底打破城乡二元结构，助推城乡一体化进程，还有助于"四化同步发展"，推动乡村振兴战略目标的实现。

首先，农业科技水平明显改善，粮食生产能力大幅提升。随着国家对科技创新的重视，中央财政自 2012 年以来，对 2500 多个农业县每年投入 26 亿元，不断健全农技推广体系，逐步提升农技推广效能，农业科技进步贡献率已经达到 56.65%，主要农作物良种基本实现全覆盖。[②] 农业科技水平的提升，加快了农业现代化进程，改善了农田水利设施条件，提高了农业生产率，使得粮食综合生产能力连年提升，我国粮食生产能力 2021 年已经达到 6.83 亿吨。中国粮食生产能力的提升，既满足了国内的基本需求，避免在国际上受制于人，也为中国的未来发展提供了充足的战略储备，保证了国家的粮食安全。

---

① 陈炜炜：《我国城镇化率升至 58.52% 释放发展新动能》，"中国江苏网"百家号，2018 年 2 月 4 日，https://baijiahao.baidu.com/s?id=1591460456072791580&wfr=spider&for=pc。

② 李丽颖：《现代农业的强力引擎——党的十八大以来农业科技创新发展综述》，中华人民共和国农业农村部网，2017 年 9 月 19 日，http://www.moa.gov.cn/ztzl/xysjd/201709/t20170921_5821862.htm。

其次，农业供给体系质量效益提升，农民增收势头良好。近年来国家加大对农业结构的调整，既注重供应与市场需求相适应的高品质农产品，也强调农产品质量安全。利用多种举措，提升农业供给体系质量效益，加大三次产业的整合力度，促使农村产业结构优化，农民增收势头良好。一方面利用高新技术，拓展农产品加工业的配套产业，增加农产品附加值，推动农业产业价值链升级；另一方面拓展农业多功能，为现代农业发展提供新空间，为农民增收提供多渠道。

（三）中西部地区加快发展，后发优势明显

中国地域辽阔，长期存在区域间发展不平衡问题。经过改革开放的洗礼，东部沿海地区发展迅速，自我发展能力相对较强，中西部地区则相对落后。党的十八大以来，党中央实施了一系列调控政策，助推中西部经济发展。

首先，中西部地区的快速发展，在弥补区域差距的同时，推动了区域协调均衡发展，为搞好宏观调控提供了运作空间。中央政府对中西部地区无论从财政投资、基础设施建设还是人才培养、脱贫攻坚等方面，政策倾斜明显，中西部地区发展迅猛，增长潜力持续释放。东中西部地区人均地区生产总值在 2012～2017 年的年均增速分别为 7.2%、8.0% 和 8.2%，[①] 西部增速高于全国，东中西部差距逐渐缩小，这既促进了区域协调发展，又为中国挖掘了未来的增长空间。

其次，中西部地区资源丰富，后发优势明显。中西部地区不仅资源丰富，是重要能源、原材料工业基地，而且人口数量超过了 7 亿人，劳动力充足，对全国经济的健康发展具有潜在的后发优势。[②] 近年来，伴随着国家政策的倾斜和"一带一路"的外部机遇，中西部地区工业化、城市化步伐明显加快，结合其特有的矿产资源，已经形成了特有的资源

---

① 《区域发展战略成效显著 发展格局呈现新面貌》，中华人民共和国中央人民政府网，2018 年 9 月 14 日，www.gov.cn/xinwen/2018-09/14/content_5321859.htm。

② 魏后凯主编《21 世纪中西部工业发展战略》，河南人民出版社 2000 年版，第 250 页。

禀赋优势。中西部地区逐渐成为支撑今后经济发展的新的经济增长点。

在挑战与机遇并存的形势下，要想搞好新时代中国特色宏观调控，既需要良好的外部环境，也需要自身具有坚实的经济基础和稳定发展的内部条件，同时还需要自身具备潜在的后发优势，为宏观调控政策空间提供回旋余地，以利于经济持续稳健发展。

第四章

新时代中国特色宏观调控
体系的构建

新时代历史方位的确立，意味着我国经济发展进入新阶段。面对宏观经济环境的新变化，为了继续完善社会主义市场经济体制，加快推动第二个百年奋斗目标的实现，在习近平经济思想的指导下，以新发展理念为引领，构建与完善中国特色宏观调控体系，提升国家治理效能就成为新时代经济发展的内在要求。

第一节　新时代中国特色宏观调控体系构建的必要性和紧迫性

随着新时代社会主要矛盾的转化，面对新时代中国特色宏观调控的新挑战与新机遇，针对高质量发展的目标要求，新时代背景下的中国特色宏观调控体系无论从发展理念、社会主要矛盾、政策主线还是施政机制均呈现出一系列新变化，原有宏观调控体系的缺陷日益暴露出来，构建与新时代宏观经济环境相匹配的宏观调控体系已经提上日程。

一　新时代宏观经济特征变化

随着我国经济进入新常态，在新时代全面深化改革背景下，在整体经济保持稳中求进的态势下，中国特色宏观经济呈现出不同于以往的崭新特征。

（一）经济增速变化

改革开放以后党的十八大以前，中国经济经历了跨越式的发展，呈现了翻天覆地的变化，取得了辉煌的成就。1978～2011 年，中国 GDP 以年均 9.98% 的速度增长，从 2683 亿美元升至 69975 亿美元，在国际上的排名由第 15 位升至第 2 位，对外贸易总额由第 32 位升至第 1 位。[①] 党的十八大以后，中国的经济增速连续下滑，2012～2018 年，中国的经济增速已经由 7.9%[②]降至 6.6%[③]，年均增速为 7.16%，远远高于同期世界年均经济增速 3%。虽然在全球经济增长中，中国的经济增速依然名列前茅，但相较于以往的高速发展，中国经济增速明显趋缓，其主要原因是传统的数量型经济增长方式难以为继，而质量型经济增长方式还没有形成接续。[④]

（二）经济结构变化

过去长期的高速发展，虽增加了中国的经济实力，但也遗留下来一定后遗症，近年来经济增速渐缓，使得长期积累的供给结构错配、不平衡不充分发展的问题集聚爆发，经济结构变化凸显，结构性矛盾突出。综观中国经济结构变迁历程，1978 年、2012 年和 2018 年，第一、第二、第三产业在国民经济中的比重分别为 27.7∶47.7∶24.6、9.1∶45.4∶45.5 和 7.0∶39.7∶53.3，[⑤] 经济结构变化明显，第一、第二产业明显下降，而以服务业为主的第三产业发展迅猛，且对经济的贡献率明显提升，

① 史正富：《超常增长：1979—2049 年的中国经济》，上海人民出版社 2016 年版，第 23 页。
② http://data.stats.gov.cn/search.htm? s=2012%20GDP 增速。
③ http://data.stats.gov.cn/search.htm? s=2018GDP 增速。
④ 任保平、宋文月：《中国经济增速放缓与稳增长的路径选择》，《社会科学研究》2014 年第 3 期，第 22～27 页。
⑤ 陈晓东、邓斯月：《改革开放 40 年中国经济增长与产业结构变迁》，《现代经济探讨》2019 年第 2 期，第 11～18 页。

已经由 2012 年的 45.0% 升至 2018 年的 61.5%。从拉动经济增长的"三驾马车"对国民经济的贡献率来看,2012 年和 2018 年,投资、净出口和消费的经济增长贡献率分别为 42.1%、2.5%、55.4% 和 43.2%、−7.2%、64.0%,[①] 净出口呈下降趋势,只有消费上升显著。中国净出口出现负增长,显示了以往以出口为导向的产业的萧条,中国经济结构转换的推动力已经发生了极大的转变。虽然消费成为目前拉动经济增长的重要动力,但是供需错配明显,尤以非必需品消费最为突出,中国居民基础必需品消费逐年下降,而高端非必需品消费却连年上升,且供给不足。[②] 随着城镇化进程加快,中国的城市化率提升显著,2012~2018 年,以城镇人口衡量的城市化率从 52.6% 升至 59.58%。中国城市化率的提升,有助于推动区域经济一体化,这在一定程度上也是破解区域间发展不平衡的一种有效途径。

(三) 经济增长动力转化

通常来讲,一国在某一时期经济增长的动力来源受其经济发展阶段、经济发展方式以及体制安排等多方面因素的影响,并随着影响因素的变化呈动态性变化。伴随着改革开放和社会主义市场经济体制的确立,中国的经济增长动力转换明显。从需求结构看,目前,投资和出口动力减弱,消费拉动经济增长明显;从供给结构看,正从以往的要素规模扩张向质量型带动经济增长转变;从产业结构看,正从工业带动经济增长向服务业带动经济增长转变;从区域结构看,正从东部地区高速发展向中西部地区协同发展转移。[③] 伴随着创新驱动发展战略的实施,中国科技创新能力与日俱增,在经济新常态背景下,科技创新已经成为驱动经济增长的新动力。

---

① 《第三产业、消费对经济增长贡献率分别为 59.7%、76.2%》,新浪财经网,2019 年 7 月 22 日,http://fiance. sina. com. cn/roll/2019/2019 − 07 − 22/doc − ihytcitm3817 969. shtml。

② 何怡瑶等:《破解"供需错配"是高质量发展的关键》,《国家治理》2018 年第 5 期,第 34 ~ 39 页。

③ 盛来运主编《新常态新动力:"十三五"经济增长动力机制研究》,中国统计出版社 2015 年版,第 69 页。

二　新时代背景下宏观调控体系的变化

伴随着外部宏观经济环境的变化，以及新时代宏观经济呈现的新特征，相应地，在新时代的背景下，中国特色宏观调控体系相较于以往的宏观调控体系呈现出以下四方面重大变化。

（一）发展理念变化

发展理念作为发展行动的先导，是转变发展思路、引领发展方向、制定发展战略的重要依托，会随着经济发展实践的变化而变化。[①] 以往的发展理念是在经济高速增长阶段的特殊语境下形成的，不言而喻，经济工作的重心是放在经济总量和增长速度上的，经济工作自然是围绕经济高速增长和规模迅速扩大展开的，主要追求的是数量型经济增长。GDP 作为衡量经济绩效的一个指标，其增速快慢成为当时判断经济工作得失成败的唯一标尺，甚至出现了"以 GDP 论英雄"的现象。

党的十八大以来，伴随着我国经济发展阶段的变化——由高速增长转向高质量发展，新阶段谋求的已经不再是以高成本、低效益为主要特征的单纯的数量型经济增长，而是以低成本、高效益为主要特征，并注重协调性、稳定性的质量型经济增长，以往的发展理念自然不适应高质量发展阶段的需要。针对这种变化，习近平在深谙我国国情的基础上，要求对"经济工作的理念、思路、着力点等都要进行调整"[②]，面对百年未有之大变局，"发展应该是科学发展和高质量发展的战略思想"，"坚决贯彻创新、协调、绿色、开放、共享的发展理念……努力实现更高质量、更有效率、更加公平、更可持续的发展"[③]。在渐进式改革中，新发展理念不但成为新阶段经济工作的基本遵循，也成为引领经济高质量发

[①] 刘伟：《新发展理念书写中国特色社会主义政治经济学新篇章》，《经济日报》2018 年 6 月 17 日，第 13 版。

[②] 《习近平关于社会主义经济建设论述摘编》，中央文献出版社 2017 年版，第 112 页。

[③] 习近平：《在庆祝改革开放 40 周年大会上的讲话》，人民出版社 2018 年版，第 31～32 页。

展的行动指南。这也意味着，在迈向高质量发展的进程中，GDP 的规模和速度不再是衡量经济工作的唯一评价标尺，质量和效益指标将被重点纳入经济绩效考核体系，成为分析经济运行、评价经济体系的核心内容。

（二）社会主要矛盾的变化

伴随着我国进入新时代，面对宏观经济环境的变化和人民生活水平的日益改善，我国社会主要矛盾已经转化为"人民日益增长的美好生活需要和不平衡不充分的发展之间的矛盾"[1]。这种转化，既是对经济发展规律的深度把握，对经济形势的科学分析和精准判断，又是对传统宏观调控提出的挑战。过去的宏观调控是为了解决经济相对落后条件下人民普遍且不断增长的物质文化生活需要，而伴随着经济实力和人民需求的提升，新时代的宏观调控是为了解决不平衡不充分发展条件下人民对美好生活的需求。过去的宏观调控对于应对落后生产条件下以经济总量和速度为核心的数量型经济增长十分有效，但对于应对不平衡不充分发展条件下以质量和效益为核心的质量型经济增长则捉襟见肘，这就要求政府转换宏观调控思路。

社会主要矛盾的转化意味着传统的注重总量性和周期性因素的分析视角需要改变。由于当前经济运行的突出矛盾是结构性失衡，虽有周期性、总量性因素，但结构性失衡是造成经济循环不畅的根源，不言而喻，传统的分析视角局限性自然凸显，要在传统分析视角的基础上进行拓展和深化，在多因素的交叉融合中使新的分析视角既要关注短期经济波动，又要引入长期结构性因素；既要关注供求总量平衡，又要追求供给结构优化。[2]

（三）政策主线的变化

任何宏观经济政策的制定和实施，必定有其政策主线。因为宏观经

---

① 习近平：《决胜全面建成小康社会　夺取新时代中国特色社会主义伟大胜利——在中国共产党第十九次全国代表大会上的报告》，人民出版社 2017 年版，第 11 页。

② 洪银兴等：《"习近平新时代中国特色社会主义经济思想"笔谈》，《中国社会科学》2018年第 9 期，第 4 ~ 73 页。

济政策主线作为宏观调控政策的灵魂，既规定着宏观调控的立足点，还决定着宏观调控的主攻方向、着力对象和所采用的操作方法。[①]

在改革开放以来的八轮宏观调控实践中，我国宏观经济政策的主线随着经济条件和人民需求的变化而变化。过去由于我们经济相对短缺，亟须改变落后的状态，追求的是数量型经济增长，依靠的是需求管理。需求管理作为以往宏观经济政策的主线索，立足于需求侧，聚焦于需求总量，着眼于短期稳定，以"对冲性"逆向操作为主，虽然达到了短期的稳定，实现了经济总量的增加，但也造成了需求结构失衡。随着我国经济发展阶段的变化，我国经济面临"三期叠加"的态势，无论经济增速、实体经济盈利、工业品价格还是财政收入增幅，均呈下降趋势，但经济风险概率却呈上升趋势。针对这种"四降一升"的经济情况，党和政府根据经济形势的变化，经过认真论证分析，认为我国面临的经济问题，既有供给问题，也有需求问题，但矛盾的主要方面在供给侧。针对这种情况，党和政府对传统的需求管理进行变革，于2015年做出了供给侧结构性改革的决定。

供给侧结构性改革在审视传统需求管理、对其进行颠覆性变革的基础上，将其立足点放在供给侧，聚焦点放在解决结构性问题上，主要目标放在提高供给体系的质量、效益和优化经济结构上，其逐渐成为新时代中国特色宏观调控体系的政策主线。政策主线的变化，既是经济发展的需要，也是新时代给予我们的重要课题。

（四）施策机制的变化

由于不同的发展阶段有不同的经济任务，为了达到各自阶段的预期经济目标，党和政府采用了适合各自发展阶段的宏观调控对经济运行进行调节，形成了不同的宏观经济政策格局，而这自然也需要不同的施策

---

① 洪银兴等：《"习近平新时代中国特色社会主义经济思想"笔谈》，《中国社会科学》2018年第9期，第4～73页。

机制相匹配。通过多轮宏观调控实践，可以清晰地看出，以往宏观调控的实施一般不需要牵动体制机制，通常利用各种政策性变量，立足于短期经济安排，侧重于短期逆向"对冲"，就可以达到预期调控目标。但是，党的十八大以来，伴随着经济形势的变化、社会主要矛盾的转化和政策主线的变化，面对"三期叠加"的经济态势，蕴含在深层的体制性、结构性矛盾日益凸显。从三次产业结构失衡到区域经济发展比例失调，从投资、出口疲软到消费结构升级，从产能过剩到房地产库存积压严重等现象的出现，都说明了结构性失衡是经济新常态背景下我国的主要矛盾和突出问题。结构性失衡作为一个长期积累下来的问题，其解决不可能一蹴而就，仅仅依靠原来的政策性操作已经不能解决问题，必须通过深层次的体制机制改革才能使其得到解决。

由于供给侧结构性矛盾是当前经济最突出的矛盾，造成该矛盾的根源是体制机制障碍，而解决的根本途径是深化改革，进行供给侧结构性改革，并以此作为破解体制机制樊篱的突破口。虽然供给侧结构性改革是一种政策调整，但这已经涉及制度改革。因此，要将政策的调整与深化改革紧密结合起来，在双向联动中，凝聚各方合力，激发经济发展新动力，达到新阶段宏观调控的目标需求。

因此，在新时代的背景下，面对宏观经济特征和宏观调控体系的深刻变化，以及理论滞后于实践的现实情况，构建、完善与新时代高质量发展目标相契合的中国特色宏观调控体系的必要性与迫切性已不言而喻。

第二节　新时代中国特色宏观调控体系的基本内容

基于实践的探索与反思，伴随着新时代宏观经济环境的变化和宏观调控体系呈现的新变化，结合新阶段经济工作的需要，一个以新发展理念为指导，围绕社会主要矛盾转化，针对经济发展新常态，以供给侧结构性改革为主线，以建设现代化经济体系和追求高质量发展为目标的新时代中国特色宏观调控体系的基本框架已经形成。一定的体系总是由一定的内容组成，要想将新时代中国特色宏观调控体系的目标、规划等落到实处，就需要对其内容进行阐述、阐释，尤其需要对宏观调控体系的主客体、目标、政策手段进行重新梳理，为宏观调控体系的发展与深化奠定基础、充实内容，以更好地服务今后的经济建设工作。

一　新时代中国特色宏观调控的主体和客体

宏观调控主体作为宏观调控政策的制定者和实施者，通常由一个中央机构统一指挥，而中央政府（国务院）作为我国最高的国家行政机关，管理着全国的事务，具有最高的主体地位，自然就成为我国宏观调控的主体，代表人民行使宏观调控的职能。宏观调控的客体作为宏观调控主体的施策对象，主要包括市场（市场变量或市场参数）、企业及其他市场主体、地方政府，[①] 涵盖了整个国民经济运行的总体活动，[②] 本质上是经济关系。[③] 由于在以往宏观调控的权力配置中，多次出现"央地博弈"的现象，为了加强党对经济工作的领导，在新时代背景下，明确宏观调控主、客体就相当重要。它不仅关系到在权力配置中"谁来调控"和"调控什么"的问题，还关系到调控目标能否实现的问题。

（一）宏观调控的主体

在市场经济条件下，确立宏观调控主体成为健全中国特色宏观调控体系的关键。所谓宏观调控主体，就是宏观调控政策的制定者和执行者，是国家政府宏观调控体系的中心。[④] 我国宏观调控面向的是全国统一市场，具有全局性、整体性和系统性的特征，伴随着八轮宏观调控实践，在渐进式改革中，中央政府被明确为中国特色宏观调控的终极主体。虽

---

① 曹永森：《政府干预经济基础理论与行为模式》，国家行政学院出版社 2012 年版，第 336 页。
② 陶一鸣、张昊主编《经济法》，人民法院出版社 2005 年版，第 382 页。
③ 陈鹏：《马克思主义经济哲学视域中的宏观调控》，人民出版社 2016 年版，第 82 页。
④ 何干强主编《当代中国社会主义经济》，中国经济出版社 2009 年第 2 版，第 396 页。

然在改革开放之初，伴随着中央政府的放权让利，曾经有一段时间出现了把地方政府作为调控主体的情况，结果引发了一系列问题，比如地方保护主义、地方利益至上、寻租等。国家在加强宏观调控的管理中，为了保证宏观调控主体的权威性，不仅以宪法和法律的形式将中央政府列为宏观调控的唯一主体，还要求宏观调控主体在进行决策的制定与实施时，要在全国人民代表大会的监督下，广泛征求各方意见，在保证决策民主化和法治化的前提下，达到决策制定与实施的科学化。

我国中央政府是由若干个职能部门组成的，因此，宏观调控主体的组织构成也是若干与宏观经济管理有关的中央政府的职能机构。伴随着政府机构的改革和八轮宏观调控的实践，在调控组织架构的演化路径中，新时代宏观调控组织架构更加科学、规范、合理，且各职能部门的职责分工愈加规范化、系统化、具体化，不但形成了一个在中央政府统一领导下的以国家发改委为核心，以央行和财政部为两翼的中国特色的"三驾马车"式的调控组织架构，还在职责分工上对其进行了专业化的划分，使其在合理配置中凸显中国的管理特色。比如，明确国家发改委的主要职责之一就是宏观规划的制定与研究，在政府职能转变中，彻底取消了其对微观管理事务和各项具体审批事项的职权，凸显了其主要职责就是专门搞好宏观调控。除了上述三个主要宏观调控部门外，中央政府承担宏观调控的部门还有中央全面深化改革委员会、商务部、工信部（工业和信息化部）、人社部（人力资源和社会保障部）、国家统计局以及中国银行保险监督管理委员会、中国证券监督管理委员会等，此外，国资委（国务院国有资产监督管理委员会）、国家审计署等部门也承担着部分宏观调控职能。[①] 各个部门之间在中国共产党的领导下形成了一个相互协调的机构系统。在调控组织架构的演化路径中，虽然中央政府是宏观调控的唯一主体，但在政策实施中，一定要依据我国的国情，注

---

① 何干强等：《当代中国社会主义经济》，企业管理出版社2014年第3版，第421页。

意调动地方政府的积极性，在垂直领导中，充分发挥后者对国家宏观调控的支持、配合作用。

（二）宏观调控的客体

所谓宏观调控客体，就是宏观调控主体的施策对象。在社会主义市场经济条件下，在渐进式的改革中，作为宏观调控的被调控者，我国的宏观调控客体也发生了显著的变化。由于决定宏观调控客体的主要因素包括经济体制的改革、经济社会发展目标、经济手段的选择和经济秩序的稳定等，[1] 现阶段我国的宏观调控客体主要包括市场、企业及其他市场主体和地方政府。

虽然宏观调控是以社会总供求为调控对象的，但这并不意味着它与市场没有关系，市场作为宏观调控的中介，是宏观调控的客体之一。宏观调控的主体主要通过各种政策手段对市场变量进行调控，以使市场信号的变化趋近宏观调控的要求，继而引导市场主体的微观经济活动，使之主动地按照宏观调控的要求调整其市场行为或经济行为。虽然宏观调控主要针对的是宏观经济领域的活动，但并未把微观经济活动排除在宏观调控视野之外，宏观调控主体的调控信号总是以直接或间接的方式传递到以企业为代表的微观经济主体的微观经济领域中，微观经济主体也会相应地调整其行为方式，并反映在宏观经济总体、总量和结构上。[2] 虽然地方政府具有一定经济管理职能，在一定行政区域内拥有管理权限，但在中国特色社会主义制度内，其作为中央政策的主要贯彻执行者，仍然是宏观调控的客体。

伴随社会经济的发展，我国的宏观调控目标日益多元，宏观调控的客体范围不断扩大。相较于以往的宏观调控侧重于总量调控，新时代的宏观调控还注重对结构的调控，在宏观经济管理方面，不仅对生产进行

---

① 罗季荣、李文溥：《社会主义市场经济宏观调控理论》，中国计划出版社1995年版，第38~39页。
② 曹永森：《政府干预经济基础理论与行为模式》，国家行政学院出版社2012年版，第338页。

调控，还越来越侧重于对消费和需求的调控，通过不断解决经济社会的一系列矛盾，比如人口、资源与环境、供给与需求、虚拟经济与实体经济、投入与产出等，来对经济关系进行调整。宏观调控客体范围的扩大，一方面标志着人民的经济社会生活日益丰富，社会日益进步，但另一方面也增加了宏观调控的难度，提高了宏观调控的要求。

二 新时代中国特色宏观调控的目标

确立宏观调控目标是国家进行宏观调控的前提，经过改革开放 40 年来的多轮宏观调控，每一阶段的宏观调控目标均会随着经济形势的变化而呈现出一定差异性。伴随新时代经济特征的变化，新时代宏观调控目标既包含市场经济运行的一般目标，又包含特殊的宏观经济目标，在继承原有宏观调控目标的基础上呈现出新的变化。

（一） 市场经济宏观运行的一般目标

新时代中国特色宏观调控体系是在社会主义市场经济条件下建立和发展起来的，自然要考虑市场经济运行的一般目标，而社会主义市场经济运行的一般目标是判断我国宏观经济稳定运行的基本指标。它随着经济发展阶段的变化，依据经济任务的变化而进行次序方面的调整。新时代经济背景下，中国特色社会主义市场经济宏观运行的一般目标包括以下四个方面。

1. 稳增长

经济增长通常指的是一国国民产出水平的增加，是衡量一国经济全面发展的主要指标，在客观上也是判断一国经济稳定、比例协调以及效益提高的主要标志。可见，持续稳定的经济增长不但是经济和社会发展的物质基础，也是实现国家长期战略目标和提高人民生活水平的重要条件，因此，促进经济增长成为我国宏观调控的首要目标。

相较于以往的数量型经济增长，在现阶段稳中求进的宏观调控总基调下，新时代中国特色宏观调控更加注重稳增长，它既注重数量增长，

181

也注重经济创新基础上的质量型经济增长，作为新时代宏观调控的首要目标，它是在原有经济增长基础上对我国新时代宏观经济形势变化深刻把握的一种更加科学合理的经济增长。由于不同国家或同一国家在不同发展阶段经济产出水平不同，经济增长目标存在差异性，国际上通常用GDP和经济增长率来衡量一国的总产出和经济增长速度。尽管 GDP 作为一种衡量指标有其局限性，但它目前仍然是国际上衡量不同国家间经济产出水平的主要综合比较指标。

按照国际规律，从长期看全球经济，发展中国家 GDP 增速处在 6% ~ 10% 就为高速增长。综观我国改革开放史，我国经济基本上处于高速甚至超高速增长阶段，创造了中国经济增长奇迹。虽然我国经济自党的十八大以来面临下行压力，但 GDP 依然稳居全球第二，经济增长率处于 6% ~ 10% 之间，仍处于高速增长阶段，我国经济发展的稳增长阶段，呈现出经济发展的强劲势头，体现出强大的制度优势。

2. 保就业

就业作为民生之本、财富之源，是一国宏观经济稳定的基石。促进充分就业一直是我们党和国家高度重视的问题，是我国宏观调控的重要目标。相比基于资本角度的资本主义国家的充分就业，社会主义市场经济条件下的充分就业立足于劳动者的角度，指的是让每一个有劳动能力的劳动者都有参与劳动、获得就业的机会，从真正意义上为我国劳动者实现自由全面发展创造有利的经济社会条件。[①] 但是充分就业并不意味着完全就业、失业率为零，由于我国人口多，基数大，经济发展不平衡，再加上国际形势变幻莫测等各种因素的影响，我国充分就业受到了影响，依然面临着巨大的就业压力，但相较于同期的其他国家，中国的就业形势还是比较好的。

党的十八大以来，虽然我国经济持续下行，但并未出现较大的就业压力，就业人数持续增加，就业弹性系数仍在提高，2012 年末和 2016

① 逄锦聚等：《中国特色社会主义政治经济学通论》，经济科学出版社 2018 年版，第 331 页。

年末，全国就业人员分别为 76704 万人①和 77603 万人，②短短四年增加了 899 万人，年均增加 224.75 万人。这也从侧面说明我国政府已经将保障就业列为目前政府"最要紧的任务"之一。③在 2017 年的《政府工作报告》中，国务院将保就业列为稳增长的一个重要目的，随后就围绕保就业目标，不仅首次提出了"就业优先"，将其写入 2019 年的两会政府工作报告，还将"稳就业"放在"六稳"④政策之首，可见，保就业是今后宏观调控的重要任务。

3. 稳物价

物价稳定作为宏观经济运行的重要基础，通常指的是保持物价总水平的基本稳定，使物价变动保持在合理水平，不发生大幅度波动，可以说物价稳定整体上是经济稳定、财政货币稳定和比例协调的综合反映。物价不稳定往往导致通货膨胀、通货紧缩两种后果，造成市场上价格扭曲，影响各类市场主体对未来经济运行的预期判断和信心，加剧经济比例失调，无论对经济发展还是社会稳定均产生负面影响，因此，我国政府始终把稳定物价列为宏观调控的重要目标。国际上通常用 CPI、WPI（批发物价指数）、GNP（平减指数）作为衡量物价水平的指标，相比较而言，CPI 统计便利、公布迅速，反映消费者购买力的变化相对准确，是国际上观察通货膨胀水平的重要指标，也是各国宏观经济分析与决策及国民经济核算的重要指标。

党的十八大以来，我国愈加重视物价稳定，将稳物价列为重要的宏

---

① 徐博：《2012 年末全国就业人员 76704 万人》，人民网，2013 年 5 月 27 日，http://finance.people.com.cn/n/2013/0527/c1004 - 21633810.html。

② 徐博、季小波：《截至 2016 年末全国就业人员达到 77603 万人》，搜狐网，2017 年 6 月 6 日，https://www.sohu.com/a/146403069_586140。

③ 陈宪：《保障就业为何是"最要紧责任"》，《解放日报》2017 年 4 月 11 日，第 10 版。

④ "六稳"指的是稳就业、稳金融、稳外贸、稳外资、稳投资、稳预期，涵盖了我国经济生活的主要方面。参见缪一知《精准施策，在发展中做好"六稳"》，中华人民共和国中央人民政府网，2019 年 9 月 5 日，http://www.gov.cn/guowuyuan/2019 - 09/05/content_5427501.htm。

观调控目标，并围绕该目标，在不断深化改革中出台了多项举措，为支撑物价稳定运行夯实基础。[①] 因此，在新时代背景下，我国价格形势基本稳定，CPI控制在预期范围内，保持物价总水平稳定已经成为我国政府努力实现宏观经济健康协调发展的年度任务。

4. 国际收支平衡

伴随着经济全球化的发展，各国经济在交融共生中发展，彼此间的联系日益密切。在开放型经济条件下，国际收支的平衡状况不但反映着一个国家的宏观经济运行是否稳定，还影响其国民经济发展，尤其是对外贸易的进出口和政策的制定。世界各国主要用国际收支平衡表来记录自己的国际收支状况，该表通常包括经常项目、资本和金融项目、净差错与遗漏、储备与相关项目，是各国制定对外政策的重要参考依据。[②] 国际收支不平衡表现为国际收支顺差和逆差两种情况，长期的顺差过大或逆差过大，都不利于国民经济的平稳发展。因此，保持国际收支平衡成为当前各国政府进行宏观经济管理的一个重要目标。

党的十八大以来，我国政府逐步重视国际收支平衡问题，随着涉外经济蓬勃发展，国际收支交易实现巨大飞跃，国际收支逐步趋向基本平衡。[③] 可见，国际收支平衡依然是新时代不可忽视的宏观调控目标。在全面深化改革的大框架下，我国作为社会主义市场经济国家，在推动世界经济稳定的同时，要有效利用两个市场、两种资源，进一步保持国际收支平衡。

上述四个具体目标不仅是新时代社会主义市场经济宏观运行的一般目标，也是我国宏观调控总体目标下的具体展现，各个具体目标间不仅是互相联系的也是互相制约的，要想使其同时实现并处于十分理想的状

---

① 马洪兵：《稳物价 保民生 促发展》，搜狐网，2019年7月5日，https://www.sohu.com/a/325095299_181081。

② 陈一云编《国际经济贸易简明辞典》，四川省社会科学院出版社1987年版，第108页。

③ 周琰：《改革开放40年来我国国际收支的发展演变：国际收支趋向基本平衡 应对外部冲击能力不断提升》，新浪财经外汇网，2018年12月7日，https://finance.sina.cn/forex/hsxw/2018-12-07/detail-ihmutuec6917557.d.html。

态是相当不易的。

（二）中国特色宏观调控目标

社会主义市场经济条件下的宏观调控目标自然与中国特色的社会主义制度密不可分，它是由社会主义基本经济制度和生产目的决定的，这就决定了我国宏观调控目标除了市场经济宏观运行的一般目标外，还要有基于长远经济发展视角来看的特殊宏观调控目标，即中国特色宏观调控目标。在新时代的宏观经济环境下，中国特色宏观调控目标主要如下。

1. 保持经济适度增长，追求高质量发展

伴随着我国经济发展增速的趋缓，保持经济适度增长，推动实现高质量发展逐渐成为新时代中国特色宏观调控的重要目标。改革开放后，长期高速增长伴随着经济增速的变化，其长期遗留下来的问题凸显，需要一个缓解期；而世界经济环境也在发生变化，在全球面临技术变革的情况下，传统的数量型经济增长弊端凸显，要想在国际竞争中立于不败之地，追求高质量发展就提上了日程。

短期的经济增长曾经是以往宏观调控体系的调控目标，其典型特征是以追求数量型增长为主，注重数量调控，这与当时我国经济条件相对落后，物质产品供给不足有很大的关系，当时的社会主要矛盾决定了只有通过短期而快速的经济增长才能够改变短缺经济的状况，满足人民的物质文化需求。无可否认，数量型经济增长极大改变了中国的落后状况，使我国于 2010 年成为全球第二大经济体，但注重快速的经济增长也容易忽视经济发展质量，造成一系列后续问题。随着我国经济进入新常态，追求超高速增长已不现实，基于此基础上的原有宏观调控目标亟须调整，保持经济适度增长、追求以质量型发展为导向的高质量发展成为新时代宏观调控体系的重要调控目标。

2. 促进经济结构优化，推进供给侧结构性改革

社会总供需平衡一直是我国宏观调控的基本目标，主要包括总量平衡和结构平衡两个方面，但长期以来，我国偏重于追逐总量平衡，相对忽视结构平衡。伴随着主要矛盾的转化，不平衡不充分的发展已经是主要矛盾的主要方面，如何实现平衡充分的发展成为宏观调控的重要任务，而要想实现平衡充分发展，既要保持经济总量的平衡，更要促进经济结构的优化。面对日益凸显的重大结构性失衡问题，中央将推进供给侧结构性改革列为新的改革战略，其逐渐成为破解重大结构性失衡的主要抓手。

经济结构优化包括产业、区域、企业、分配以及需求等结构之间及其各自内部关系的优化。而优化经济结构就是政府运用多种手段，通过改变现有的结构失衡状况，使之合理化，完善化。经济总量平衡与结构优化二者是相辅相成、相互制约的。没有前者很难实现后者，离开后者也很难实现持续的总量平衡。针对我国进入经济新常态的现实，基于供给侧结构性矛盾凸显的情况，党和政府在综合运用各项措施的同时，用供给侧结构性改革的办法提高供给质量、推动产业转型升级，努力使经济结构不断优化的目标早日实现。

中国的供给侧结构性改革不是西方供给学派的翻版，是中国特色政治经济学的理论创新和发展。[①] 它既强调供给又强调需求，在政府与市场的重新定位中，更加强调用改革的办法对经济结构进行调整，以达到社会主义生产的目的。

3. 防范化解系统性金融风险，保护国家经济安全

国家经济安全作为一个基本的战略问题，是国家安全体系的重要基础，在金融日益全球化的时代，日益引起世界各国的重视。国家经济安全主要是指在经济全球化时代，在和平与发展的时代主题下，一国的国民经济发展及经济实力处于不受根本威胁（安全）的状态，它包括国内、国际两方面的经济安全，已成为各国经济竞争力的体现。[②] 党的十八大以来，

---

① 韩保江：《"供给侧结构性改革"的政治经济学释义——习近平新时代中国特色社会主义经济思想研究》，《经济社会体制比较》2018 年第 1 期，第 10 ~ 18 页。
② 中国现代国际关系研究院经济安全研究中心编《国家经济安全》，时事出版社 2005 年版，第 4 页。

伴随着我国日益融入金融全球化，基于全面深化改革的背景，在金融业对外开放力度、广度等日益强化的条件下，防范化解系统性金融风险，保护国家经济安全不仅成为国家总体安全观的重要内容，还演化为新时代中国特色宏观调控体系的重要目标。金融作为现代经济的核心、联结国民经济的重要纽带，是调节我国宏观经济的重要杠杆，其在社会主义现代化建设中的作用日益凸显，金融安全已经成为我国国家经济安全的核心。

虽然我国整体经济形势向好，但是在金融领域，面对百年未有之大变局，金融风险的可能性增加，在今后相当长的一段时期内，我国均会处在风险易发高发期。尤其是伴随着 2015 年和 2016 年的股灾和房地产泡沫，防范化解金融风险被提上了日程，因此，党的十九大报告不但将"健全金融监管体系，守住不发生系统性金融风险的底线"① 作为维护新时代国家经济安全的核心，还将其列为新时代三大攻坚战之首、决胜全面建成小康社会的重要保障。可见，防控金融风险，保护国家经济安全已经成为我国今后宏观调控体系必不可少的调控目标。

4. 促进国民收入公平分配，推动实现共同富裕

公平的收入分配一直是社会主义社会致力追求的社会目标，反映了共同富裕的本质要求。在市场经济条件下，市场不可能自发实现收入的公正分配，更不可能保证收入的绝对平等。中国特色社会主义市场经济的深入发展，实现了中国经济奇迹般的增长，国民收入普遍增长，但是在分配领域，不可避免地存在收入分配不平衡的现象，国民收入差距日益拉大，中国居民收入基尼系数从 2000 年至今，均超过了 0.4 的警戒线。收入差距拉大不但严重影响了社会公平、阻碍社会效益的进一步提高，还进一步影响了共同富裕终极目标的顺畅实现。而共同富裕既是社会主义的本质要求，也是社会主义的生产目的，可以说，收入分配是否公平是衡量共同富裕目标是否实现的主要标准。

---

① 习近平：《决胜全面建成小康社会　夺取新时代中国特色社会主义伟大胜利——在中国共产党第十九次全国代表大会上的报告》，人民出版社 2017 年版，第 34 页。

面对居民收入差距日渐拉大的事实，党和政府不仅多次在不同场合强调要关注收入分配、社会公平，还采取了一系列措施尽力扭转收入分配差距较大的问题。尤其是党的十八大以来，在遵循中国特色渐进式改革的道路上，中央政府不断加大收入分配制度改革的力度，不断调整国民收入分配格局，出台了一系列日益全面、系统的收入分配改革政策，并协同各方力量，以增加居民收入，在统筹协调中，着力提高其在国民收入分配中的比重；在尽力缩小居民收入差距的同时，维护社会公平正义、和谐稳定；在极力促进国民收入分配公平的同时，实现发展成果由人民共享，推动共同富裕目标早日落实。鉴于收入分配公平的重要性，新时代中国特色宏观调控体系应将促进国民收入公平合理分配，推动共同富裕早日实现列为其调控目标集合。

5. 注重人与自然的和谐发展，实现生态文明

生态文明作为人类文明的一种形态，是在尊重和维护自然的前提下，实现人与自然、社会的和谐共生，它反映了一个社会的文明进步程度。我国传统的发展战略主要以经济增长为目标，往往只注重眼前利益和局部利益，走的是资源推动型的发展模式。虽然这种模式在很大程度上推动了我国经济的飞跃发展，但也带来了大量的生态环境问题，由于对自然资源的过度消耗，环境污染严重，资源短缺问题凸显。在长期的社会主义建设中，国家逐渐意识到生态文明的重要性，尤其是党的十八大以来，针对日益凸显的生态环境问题，党和政府一方面将环境保护、循环经济以及资源保护等概念纳入"生态文明"之中，将生态文明写入党章、写入宪法；另一方面大力推进生态文明建设，将其纳入"五位一体"，并从顶层设计上对其进行单篇谋划，提出了绿色发展的概念，将推动绿色发展作为实现生态文明的一种路径，以实现人与自然的和谐发展。可见，生态文明作为科学发展的时代强音，[①] 其政治地位日益凸显，

---

① 陈孝兵：《生态文明：科学发展的时代强音——解读党的十八大报告的理论自觉》，《当代经济研究》2013 年第 2 期，第 4~10 页。

其政策主张已经上升为国家意识的生动体现，为绿色发展理念落实到行动上提供了保障。

伴随着生态文明建设的如火如荼，"生态兴则文明兴"，生态文明渐入人心，中国近年来不但从全球治理的高度诠释了生态文明的崭新内涵，还为全球生态安全做出了自己的贡献，如推动落实《巴黎协定》、打赢蓝天保卫战、走绿色可持续发展道路等。在习近平生态文明思想的指引下，我国迈入了新时代生态文明建设的新境界，形成了人与自然相融共生、和谐发展的新格局。① 因此，注重人与自然的和谐发展，加快实现生态文明成为新时代宏观调控的重要目标，这既是建设美丽中国、推动绿色循环发展的必然要求，也是实现中华民族永续发展、落实生态文明理念、展示中国负责任大国形象的必要条件。②

围绕第二个百年奋斗目标，在社会主义市场经济的长期运行与实践中，上述调控目标之间是相互促进、容易协调的。在经济新常态的背景下把多目标作为综合判断宏观经济形势的依据，有利于增强战略定力。③但是在短期经济发展中，个别目标间会存在一定冲突，比如充分就业与物价稳定、经济增长与结构优化等，这就需要政府利用多种政策工具协调多项目标之间的关系，努力实现宏观经济稳健协调持续发展。

三 新时代中国特色宏观调控的对策

宏观调控目标和宏观调控基本任务是通过一定宏观调控政策手段来完成的，在不断发展中，宏观调控政策手段作为政府调控经济的主张、原则和工具，在宏观调控体系中的作用至关重要。宏观调控政策手段随

---

① 《求是》编辑部：《在习近平生态文明思想指引下迈入新时代生态文明建设新境界》，《求是》2019 年第 3 期，第 1～2 页。

② 程晓丽：《"美丽中国"视域下倡导低碳生活的必要性》，《中央民族大学学报》（自然科学版）2016 年第 4 期，第 15～18 页。

③ 陈弘仁：《新常态下需要创新宏观调控目标体系——访清华大学国情研究院院长胡鞍钢教授》，《中国经贸导刊》2015 年第 21 期，第 21～22 页。

着国家宏观调控目标和任务的变化而动态调整，经过改革开放尤其是党的十八大以来的发展，国家日益加强宏观调控政策手段机制化建设，已经形成了一套相对成熟的政策手段体系。

（一）宏观经济调控的主要手段

伴随着新时代宏观调控体系调控目标的确立，新时代宏观经济调控手段也在动态调整中逐渐形成和发展起来，结合新时代的宏观调控背景和语境变化，新时代的调控手段在遵循以往宏观调控手段的基础上，围绕新时代的宏观调控目标，主要包括经济、规划（计划）、法律、行政和舆论手段。

1. 经济手段

经济手段作为国家间接宏观调控的主要调控手段，以价值规律为基础，遵循经济规律与物质利益原则，在经济发展中，借助经济杠杆的调节作用，紧盯市场需求，围绕宏观调控目标，间接引导国民经济朝着健康有序的发展方向运行。[1] 经济杠杆是宏观调控的重要经济手段，它调动和调节社会再生产过程，是对社会经济活动进行宏观调控的价值形式和价值工具，具有调节、分配、刺激、抑制和信息传导五大功能，[2] 是经济动态的指示器，主要内容涵盖价格、税收、信贷等。作为间接宏观调控中的主要手段，在新时代背景下，随着经济发展，经济手段中蕴含的政策也相应发生动态变化，内容日益丰富，包括税收、价格、产品购销、汇率、信贷、收入、产业、外贸、扶贫等各种政策。[3]

2. 规划（计划）手段

"计划"和"规划"虽然在一些外文中是一个词组，比如在英文中都是"plan"，但是在中文中它们的含义却不尽相同。在《现代汉语词

---

① 郑红亮主编《论市场在资源配置中的决定性作用》，广东经济出版社 2015 年版，第 106 页。
② 商德文主编《中国社会主义市场经济体系》，山东人民出版社 1993 年版，第 303 页。
③ 周伍阳：《中国"双倍增"下通货膨胀传导机制与宏观调控研究》，武汉大学出版社 2014 年版，第 16 页。

典》中，"计划"通常指的是在工作或行动之前，就已经预先拟定的具体内容和步骤，[①]"规划"指的是比较长远的、融合多要素的、全面的发展计划。[②] 从时间尺度来说，前者侧重于短期，后者侧重于中长期。从内容角度来说，前者侧重于战术层面，注重执行性和操作性；后者偏向战略层面，注重指导性或原则性。计划手段作为传统的计划经济管理的主要手段，对于推动国民经济发展、建立独立完整的国民经济体系立下了汗马功劳，为计划经济向市场经济转变提供了必要保证。[③] 但是，传统的计划手段的弊端日益凸显，伴随市场经济的发展，我国加强了对计划手段的变革，抛弃了以往高度集中的以直接性、指令性为主的计划手段，采用了以间接管理为导向的计划手段，并根据政府职能的转变，将"计划"变为"规划"，规划已经代替计划成为我国宏观调控的重要手段。"规划"代替"计划"，意味着政府已经不再对市场直接干预，而是转向了国家的宏观调节，同时也意味着原有的过多过细的量化指标被淡化，有助于克服政府的"越位"与"缺位"，使制定的政策尤其是五年规划更为规范科学。[④] 一方面，规划是大纲，有弹性，尚需实施方案来贯彻；而计划有纲有目，具有刚性。另一方面，规划给市场调节留有广阔余地，而计划给市场留下的余地不多。因此，规划手段已经成为新时代宏观调控的重要手段，成为制定我国中长期战略发展目标的主要抓手。

3. 法律手段

在我国宏观调控手段的使用总频率中，法律手段作为一种次要的调

---

① 中国社会科学院语言研究所词典编辑室编《现代汉语词典》，商务印书馆 2012 年第 6 版，第 611 页。

② 中国社会科学院语言研究所词典编辑室编《现代汉语词典》，商务印书馆 2012 年第 6 版，第 489 页。

③ 赵中岳：《关于市场经济条件下计划手段的运用》，《社会科学战线》1997 年第 5 期，第 104 ~ 106 页。

④ 陈二厚、刘铮、王立彬：《"计划"变"规划"一字之差透出三大信号》，中华人民共和国中央人民政府网，2005 年 10 月 28 日，http://www.gov.cn/ztzl/2005 - 10/28/content_86142.htm。

控手段，是政府依靠法制力量，围绕宏观调控目标，借助立法、司法和行政机关，采用经济立法、司法及经济法规对经济关系和经济活动①进行调节的行为。改革开放后，作为社会主义市场经济国家，我国是有宏观调控的市场经济，是法制经济，法律作为维护国家稳定最强有力的武器，是实行宏观调控和维护市场秩序的保证。相较于其他调控手段，法律手段具有相对规范性、稳定性、约束性和强制性等优势，为我国实行宏观调控提供了法律保障，保证了经济运行的正常秩序。② 近年来，伴随着宏观调控法治化进程的加快，法律手段日益重要，其规范市场秩序、创造良好的营商环境、保持社会大局稳定等特殊作用日益凸显，法律手段依然是新时代背景下宏观调控的重要手段。

4. 行政手段

在宏观调控中，行政手段作为一种辅助手段，主要依靠国家行政机构，凭借国家行政权力，通常利用命令、指示等强制性或指令性的行政方式对经济活动进行调节与管理，力图实现其宏观调控目标。在长期的宏观调控实践中，它通常具有以下特点：直接性、权威性、强制性、无偿性和速效性等。③ 由于它通过上下级的自上而下的隶属关系来进行，呈现出垂直性，宏观调控效果容易立竿见影，在一定程度上可以弥补计划、经济手段的局限性，比如，计划手段相对不够灵活、经济手段具有不确定性等，所以，新时代宏观调控依然需要必要的行政手段作为补充。行政手段作为短期的非常规手段，在发生战争、大型自然灾害（地震、洪涝水灾、火灾等）、国民经济重大比例关系失调等特殊情况下，能够迅速集结全国的有效力量，凝心聚力，在携手共进中，迅速扭转失控局面。比如在最近的抗击新冠肺炎疫情时，在党的领导下，行政手段的效

---

① 杨东辉：《相机抉择：中国特色的宏观调控》，《学术交流》2010 年第 11 期，第 84～87 页。
② 黄源主编《宏观调控经济学》，东北财经大学出版社 1994 年版，第 221～222 页。
③ 大众法律图书中心编著《新编常用法律词典（案例应用版）》中国法制出版社 2016 年版，第 222 页。

力就得到了充分展现。但是也要注意，在使用行政手段时，要统筹考虑，既要尊重客观经济规律，又要在动态调整中，一切从实际出发，这样才能达到预期的宏观调控效果。

5. 舆论手段

在现实生活中，舆论手段是政府运用最多，但在宏观调控中最容易被人们忽视的一种手段，随着互联网技术的普及和数字经济的深入发展，其在宏观调控中的优越性日益凸显。舆论手段是政府借助各种媒体，比如报纸、电视、广播等，宣传自己的意识形态、执政理念以及经济社会发展目标，反映社会各阶层的各种经济行为，以舆论的方法对其进行监察、督促与制约的一种手段。它具有覆盖面广、传播速度快、影响性广、监督力度大等特点，在经济生活日益信息化的今天，伴随着金融全球化的发展，舆论手段对经济的作用有助于"体制政策"和"过程政策"的实现，[1] 因而其已经成为实现新时代宏观调控的重要调控手段。

（二）宏观经济调控的政策

宏观经济调控政策作为政府管理和调控国家宏观经济的政策主张及其理论思想，既是宏观经济调控的指导方针，又是实行宏观经济调控的手段。[2] 伴随着渐进式改革，我国的经济政策种类繁多，在新时代经济新阶段的背景下，表现如下。

1. 财政政策

财政政策是我国政府运用财政收支总量和结构的变化来调节宏观经济，以实现其宏观调控目标的一种经济政策。财政作为巩固国家政权的物质保证，是国家治理的基础和重要支柱。[3] 伴随着我国财政能力的增强，国家对财政政策愈加重视，财政政策也在渐进式改革中日益完善，其主要内容包括：财政收入政策（主要是税收政策）、财政支出政策

---

① 沈越编著《政治经济学与社会主义经济研究》，经济日报出版社 2007 年版，第 195 页。
② 吴佩钧主编《经济运行机制与宏观调控体系》，武汉大学出版社 1995 年版，第 178 页。
③ 参见《十八大以来重要文献选编》上，中央文献出版社 2014 年版，第 502 页。

（包括政府公共工程支出、消费性支出和转移性支出的政策）和预算政策（赤字或盈余）。在不同的经济时期，政府依据经济发展的不同情况，可以采用不同的财政政策，以利于宏观经济调控目标的实现。党的十八大以来，面临经济下行的压力，以及繁重的国内经济改革稳定的历史性任务，中央采取了积极的财政政策，通过实施普遍性的减税降费以降低企业负担；通过不断扩大财政支出规模以优化财政支出结构，积极的财政政策基本符合现阶段经济发展的需要。因此，财政政策依然是新时代中国特色宏观调控体系的主要调控政策。

2. 货币政策

货币政策作为调节社会总需求的最重要的手段，主要通过中央银行来组织和调节全国的货币供应以影响利率、汇率等金融变量，进而通过各种传导机制影响实体经济，以达到其宏观调控预期目标，对于一个国家的宏观经济运行起着不可替代的作用。由于国情、国力不同，货币政策的最终目标也不尽相同，在长期的经济建设中，我国把"保持币值稳定，并以此促进经济增长"作为货币政策的最终目标。[①] 一定的政策目标需要一定的政策工具来完成，中央银行所采用的常用货币政策工具主要包括公开市场业务、调整再贴现率和变动法定存款准备金率三种。鉴于我国特殊的国情，我国的货币政策除了主要调节总需求之外，也兼有部分结构调整的目标与功能。党的十八大以来，在坚持稳中求进的前提下，我国一直实施的是稳健的货币政策，以保持货币信贷与社会融资规模适度、合理增长，使其更好地服务实体经济。因此，货币政策依然是新时代宏观调控的主要政策之一。

3. 宏观审慎政策

宏观审慎政策作为推进金融监管体制改革的重要抓手，主要是为了通过加大金融监管力度维护金融体系的整体性稳定而采取的政策。伴随

---

① 贾庆军：《改革开放以来中国货币政策理论与实践的演变》，复旦大学博士学位论文，2005年，第27页。

2008 年国际金融危机的爆发和蔓延，越来越多的国家把宏观审慎政策引入宏观经济管理体系，以防范系统性金融风险。伴随我国日益融入金融全球化，针对金融监管中存在的一些问题，为了防范和应对金融危机，维护金融稳定，中国不断探讨适合自己国情的宏观审慎政策，形成了独特的宏观审慎管理框架。在新时代的背景下，宏观审慎政策在不断的构建与发展中，已经拓展为我国宏观调控的政策工具，并成为现阶段金融监管体制改革的着力点，它与货币政策一道形成了"双支柱"调控框架。

4. 产业政策

产业政策作为国民经济发展的总政策，是政府调整产业结构、企业结构，促进经济持续协调发展所依据的一种经济政策。在长期的经济建设中，相较于其他政策，产业政策对于促进我国国民经济结构优化起到了十分重要的作用。伴随着渐进式改革的发展，依据其调控目标，产业政策主要包括以处理不同产业间相互关系为主的产业结构政策和以处理各产业部门内部各企业间相互关系为主的产业组织政策。① 近年来，国家针对产业结构不合理的问题，围绕新的产业布局，出台了一系列新的产业政策，比如推动供给侧结构性改革等，以达到预期的产业政策调整目标。可见，合理的产业政策能够有效地利用一切资源，帮助弥补市场缺陷，调整和优化产业结构，推动技术创新。

5. 收入分配政策

收入分配政策是政府依据宏观调控目标，利用工资、财政预算、税收等手段，调节国民收入分配的政策。收入分配政策在渐进式改革中，已经成为我国缩小收入分配差距、避免通货膨胀或紧缩，实现共享发展的重要手段。依据调节收入分配的不同阶段，收入分配政策分为初次分配和再分配两种政策。初次分配作为国民收入的基础，是个人收入的主

---

① 吴佩钧主编《经济运行机制与宏观调控体系》，武汉大学出版社 1995 年版，第 178 页。

要来源，直接影响着再分配的规模与水平，再分配作为初次分配的拓展和延伸，是对初次收入分配格局的调整和完善。[①] 在兼顾效率与公平的原则下，政府不断完善初次分配制度，健全再分配调节机制，规范收入分配秩序，使收入分配政策日趋完善。中央政府利用收入分配政策，不断提高居民收入比重，努力缩小贫富差距，体现社会公平，促使共同富裕目标早日实现。可见，收入分配政策依然是新时代宏观调控的重要调控政策。

6. 价格政策

价格是商品价值的货币表现，作为市场机制的核心，它是引导资源配置的指示器。价格政策是国家为完善市场价格形成机制、稳定价格总水平、调节总供求所采取的引导和调控市场价格的各种政策和措施。基于社会主义的经济特征，我国的价格政策在渐进式改革中依据调控手段力度的强弱划分为管制性、调节性、指导性和服务性四类政策。管制性政策主要针对以电力、石油为主的关系国计民生的重要商品，以及国防、自来水等存在明显"市场失灵"的公共品和准公共品；调节性政策主要以收费政策影响企业生产规模、生产成本和利润空间，最终达到引导产业结构优化的目的；指导性政策主要通过发布关于引导价格信息和走势的一系列报告，利用宣传、警告等各种方式，引导生产和消费活动、规范市场竞争，最终达到调节供求的目的；服务性政策是价格主管部门利用价格预测与预警在分析价格形势的同时，出台的一系列繁荣市场、提升投资者信心等的措施，为经济活动营造宽松有序的环境。[②] 相较于其他政策，价格政策具有针对性强、灵活高效等优势，已经成为现阶段宏观调控体系不可或缺的政策工具。

7. 区域政策

区域政策作为一种特殊的经济政策，是以政府为主体，通过调整资

---

① 胡莹、郑礼肖《十八大以来我国收入分配制度改革的新经验与新成就》，《马克思主义研究》2018年第2期，第62～71页。

② 陈信、陈勇：《当代经济思潮》，东北财经大学出版社2004年版，第160页。

源在空间的配置，防止区域间差距过大，以促进区域经济发展、实现区域间协调发展为目的的一种政策手段。[1] 它包括中央政府和地方政府两种区域政策。相较于其他的经济政策，区域政策具有区域倾斜性、决策单向性、政策工具性等突出特点，可见，它在考虑空间问题时，往往带有很强的目的性。党的十八大以来，我国利用区域协调发展战略，不断调整完善区域政策，助推高质量发展，努力形成优势互补协调发展的区域经济布局。[2] 因此，区域政策已经成为我国经济发展不可或缺的政策工具。

8. 投资政策

投资作为改革开放以来拉动我国经济增长最活跃的因素，在推动我国经济的快速发展、改善民生、扩大就业等方面起到了重要作用。投资政策作为产业政策的具体化实施政策，[3] 是国家从增量投入的角度为调节企业的投资需求、优化企业的投资结构、提高企业的投资效益而采取的各种措施。随着我国投融资体制改革不断深化，投资政策日益重要，这不仅体现在国民经济中长期规划中，还体现在党的纲领、决议及政府工作报告中，已经成为近年来年度经济工作会议的高频词。可见，不断健全投资政策也是落实新时代调控目标的一个重要方面。

9. 消费政策

消费作为社会再生产的重要环节，伴随着人们经济收入的提高，已经成为拉动我国经济增长的主动力。消费政策是政府为了通过引导、鼓励或限制居民消费需求或潜力推动总供求平衡、助力消费结构转型升级、转变经济增长方式而制定和实施的各种措施。传统的以投资和出口拉动我国经济增长的方式，虽推动了我国经济的迅猛发展，但在一定程度上

---

① 方大春编著《区域经济学——理论与方法》，上海财经大学出版社 2017 年版，第 220 页。
② 习近平：《推动形成优势互补高质量发展的区域经济布局》，《求是》2019 年第 24 期，第 1~2 页。
③ 陈静、寻子员主编《财政与金融》，山东人民出版社 2016 年版，第 220 页。

也造成国内消费需求相对不足。在经济新常态的背景下，我国不断深化消费体制改革，并出台了一系列刺激消费的政策，以挖掘消费潜力，助力经济稳健增长。消费政策已经成为新时代中国特色宏观调控体系必不可少的调控政策。

10. 国际收支政策

在开放经济条件下，国际收支平衡影响着一国的国民经济总体平衡，因此，几乎所有的国家都把国际收支政策列为其国家经济政策。各国依据自己的国情、经济发展阶段和国际收支状况主动采取的调节和改善其国际收支状况的政策和手段，就称为国际收支政策。[①] 中国的国际收支自改革开放尤其是党的十八大以来得到了显著改善，不但国际收支交易实现跨越式飞跃，由小变大，由弱变强，而且其抗风险能力逐步提高，国际收支趋向基本平衡，无论国际贸易规模还是跨境融资规模均跃居世界前列。[②] 因此，国际收支政策依然是我国努力完善的一个宏观经济政策。

可见，我国的宏观经济政策伴随着经济体制改革而日益丰富，种类繁多，各个政策彼此间相互影响、相互制约，政府依据经济任务的不同，对其进行合理搭配组合，以满足新时代宏观调控体系的多目标需求。

四　新时代中国特色宏观调控的基本原则

宏观调控原则作为构建宏观调控体系必须遵循的基本法则，是对宏观调控机制的形成与运作直接起决定性作用的原则性规定。[③] 有学者将社会主义市场经济宏观调控的基本原则归结为八个方面，分别是目的原则、法治原则、计划原则、平衡原则、发展原则、利益原则、监督原则和守约原则，这八大基本原则对于社会主义市场经济的整体运行起着宏

① 郑红亮主编《论市场在资源配置中的决定性作用》，广东经济出版社2015年版，第109页。
② 周琰：《改革开放40年来我国国际收支的发展演变：国际收支趋向基本平衡 应对外部冲击能力不断提升》，新浪财经外汇网，2018年12月7日，https://finance.sina.cn/forex/hsxw/2018-12-07/detail-ihmutuec6917557.d.html。
③ 罗季荣、李文溥：《社会主义市场经济宏观调控理论》，中国计划出版社1995年版，第75页。

观规范作用、总体纠偏调节作用以及全面协调控制作用。① 随着新时代中国特色宏观调控体系的构建与发展，为适应新时代经济发展要求，从新的宏观调控体系调控要求出发，在遵循以往宏观调控基本原则的基础上，新时代中国特色宏观调控主要遵循以下四个基本调控原则。

（一）坚持间接引导为主、直接引导为辅的原则

党的十八大以来，伴随着经济体制的改革变迁，在对政府与市场关系的不断探索中，党的十八届三中全会对二者的关系进行了重新梳理和界定，"使市场在资源配置中起决定性作用，更好发挥政府作用"，② 政府职能发生了很大的转变。在理论发展与实践创新中，政府职能的转变既是新时代中国特色宏观调控的前提，也是处理好"政府与市场"二者关系的关键。③ 而理顺政府与市场关系既是新时代中国特色宏观调控的关键，也是中国特色社会主义理论的创新性发展。

传统的以直接干预为主的宏观调控原则在很大程度上限制了调控对象的自主决策能力，使其缺乏活力，这样容易影响调控对象对政府的信心。过多的指令性调控，极易诱发一系列政策后遗症，比如资源配置扭曲、政府职能错位、施策成本相对较高、滋生寻租行为等，还容易造成宏观调控政策失误甚至政策失灵，直接影响宏观调控的有效性，在复杂的经济活动中，一旦政府调控不当，带来的损失是难以估量的。随着全面深化改革进入新阶段，相较于传统的直接干预为主、间接引导为辅的调控原则，面对政府职能的变化，新时代中国特色宏观调控在理顺政府与市场关系的基础上，更加强调间接引导为主、直接引导为辅的原则，在坚持社会主义性质的前提下，既遵循市场一般规律，又遵循按比例发展规律，通过国家引导市场，在为市场创造良好的竞争环境的同时，尽

---

① 王康华：《试论社会主义市场经济体制下宏观调控的基本原则》，《河南师范大学学报》（哲学社会科学版）1993 年第 4 期，第 30 ~ 32 页。
② 《十八大以来重要文献选编》中，中央文献出版社 2016 年版，第 685 页。
③ 张旭：《"政府和市场的关系"与政府职能转变》，《经济纵横》2014 年第 7 期，第 18 ~ 22 页。

可能减少政府不必要的政策实施成本，防止资源配置扭曲，努力实现国民经济按比例发展，以达到资源的合理优化配置。

新时代中国特色宏观调控之所以强调间接引导为主、直接引导为辅，既与我国的社会制度有关，又与经济体制改革的需要有关。以间接引导为主的宏观调控体系决定了我国要在不断加快建设社会主义制度的基础上，从机制层面和改革层面探寻经济发展的路径。在经济发展新阶段，宏观调控要聚焦社会的突出矛盾与关键环节，一方面通过制度建设加快体制改革，调动各类经济主体的活力；另一方面改革和完善纠错、激励、监督等各种机制，营造公平竞争的市场环境，增强市场活力，降低调控成本，助力高质量发展。

（二）坚持区别对待、分类调控的原则

中国地域辽阔、人口众多，虽经历改革开放的跨越式发展，但经济社会发展不平衡依然存在，并伴随着经济下行压力的加大、不平衡不充分发展矛盾的日益凸显呈现出不同的表现。从时间维度上看，经济社会虽整体上处于中高速发展，但不排除阶段性的发展速度快慢不均，时快时慢；从空间维度上，区域发展不平衡依然突出，相对于东部沿海的迅速发展，中西部地区发展相对缓慢；从结构维度上看，供给与需求、城乡发展等不平衡现象突出。针对这种情况，传统侧重于"一刀切"的调控原则已经不适应新时代经济发展的需求，新时代中国特色宏观调控体系应当采取区别对待、分类调控的原则。

所谓区别对待、分类调控原则指的是在社会主义市场经济条件下，在坚持一切从实际出发的前提下，具体问题具体分析，依据不同行业、产业和地区经济发展的实际状况和特征，针对其存在的差异性，在因地制宜、因症施策的基础上，制定出符合其发展特征的特色宏观调控政策与措施，并依据经济发展的阶段性变化进行相应的动态调整。可见，区别对待、分类调控的优势如下：第一，保持国民经济稳健运行，避免其大起大落，齐上齐下；第二，可以避免不必要的经济损失，还在一定程度上相对减少了调控成本；第三，为地方调控提供了回旋余地，各省市可以依据自己的经济实际情况，利用自己的资源优势，不断创造条件，在消除消极因素的同时加快地方经济发展。

（三）坚持中长期调控为主、短期调控为辅的原则

西方的国家干预以短期调控为主，以此解决经济周期的短期波动，其经济制度的基础决定了其无法解决蕴藏在资本主义体制内部的基本矛盾，周期性的经济危机就是最好的证明。而我国是社会主义国家，其公有制的性质决定了我们的宏观调控是以人民为中心的，是满足人民利益诉求的，我国的宏观调控既关注总量调控，又强调结构调整。而结构调整是现阶段的主要任务之一，这也决定了我国的宏观调控原则坚持以中长期调控为主，以短期调控为辅。

中国经济经过改革开放的快速发展发生了转折性的变化，但伴随着经济进入新常态，我国以往长期积累的经济结构性失衡问题、收入差距问题、区域发展不平衡问题、生态环境恶化问题等逐渐暴露出来，这些问题不仅对中国经济的协调持续发展影响很大，而且不可能在短期内解决。这就需要国家结合新时代宏观调控的总体任务，制定中长期发展战略规划，同时结合短期宏观调控目标，制定符合短期和即期发展的宏观调控政策，坚持在中长期调控为主、短期调控为辅的原则下将国家中长期和短期发展战略有机结合起来，既能从长期、宏观的角度对影响国民经济全局性、整体性的重大问题予以关注、把握和解决，又能利用短期、即期调控将长期积累的问题的解决方案予以具体体现，并将其逐渐落实到各种具体的调控措施上，以达到宏观调控的最终目标。但也要注意在使用过程中避免短期政策长期化。

基于新时代背景下现阶段的经济现实情况，我国宏观调控的中长期调控在"五位一体"总体布局下，结合"四个全面"的战略布局，施策方向主要体现以"十三五"规划、"十四五"规划为主的中长期战略规划上，而短期调控主要针对以某些产业短期突发供需失衡、某些行业的

严重供给不足等为代表的突发性矛盾，政府主管部门在做出针对性的预警分析后，制定并实施短期应对的宏观调控措施，以促使其短期调控目标尽快实现，并以此作为长期调控的有效支撑。可见，新时代的宏观调控目标遵循"总量＋结构"调控模式，这决定了调控原则以中长期调控为主，以短期调控为辅，由此保证中国特色社会主义市场经济稳定、协调、绿色发展。

（四）宏观调控权必须集中在中央的原则

国民经济是一个统一的整体，中国特色宏观调控目标不仅涵盖了事关国民经济发展全局的整体性经济活动，如总量平衡、结构调整以及各地区经济关系的调整等，还兼顾维护经济稳定和充分就业等具体目标。在世界经济形势总体趋紧、中国经济下行压力加大的态势下，要想实现中国特色宏观调控多重目标的要求，宏观调控权必须集中在中央。

改革开放以来，在宏观经济管理上，我国采取的是中央和地方两级调控，即中央集权与地方分权两者相结合的原则。相较于计划经济时代，这在一定程度上调动了地方政府的积极性，激发了他们发展经济的热情，增加了地方政府的影响力。但随着中央政府不断"放权让利"，在宏观调控的实践中，出现了"央地博弈"反复拉锯的现象，甚至出现过对峙局面。比如 2003 年发生在江苏的"铁本事件"，就是地方政府无视国家宏观调控政策，逆向而动的一起标志性事件，带来了恶劣的影响。一方面，这说明中央政府在宏观调控的某些方面集中不够，影响了宏观调控的有效性，也影响了中央政府的权威性；另一方面，这也容易造成地方政府基于地方利益，有时不能从全盘统筹考虑问题，容易出现越权行事、地方保护主义等问题，也容易滋生腐败，继而造成调控权力和调控手段分散化，影响国家的整体宏观调控目标。因此，党的十八大以来，中央政府站在国家治理的高度，在理顺政府与市场关系的基础上，围绕新时代宏观调控目标，首次正式区分了中央政府与地方政府的职能，强化了中央政府的宏观调控职责，不断推进宏观调控目标和政策手段机制化。

通过加强党对经济工作的领导，也形成了党管宏观调控的新格局，增强了宏观调控的有效性与权威性。在中国特色的国家治理模式中，维护国家统一是关键，维护中央权威是边界。经过八轮宏观调控的实践检验，在合理划分央地（中央与地方）经济管理权限的基础上，新时代的宏观调控权一定要集中在中央，只有这样，才能充分调动央地二者的积极性，才能实现科学的宏观调控和有效的政府治理，为最终新时代中国特色宏观调控体系多重调控目标的实现提供保证，同时，这也有利于将新时代宏观调控理念、机制、政策和规划等落到实处。

总之，伴随着新时代中国特色宏观调控体系调控主客体、目标、对策、基本原则的确立，在习近平经济思想的指导下，新时代中国特色宏观调控体系已经构建出来。这不仅有助于人们深刻理解新时代中国宏观经济的变化，全面掌握新时代中国特色宏观调控体系的主要内容，塑造新时代的理论话语体系，还有助于人们保持战略定力，坦然面对经济的复杂变化，主动对标高质量发展的要求，灵活调整宏观调控政策，加快将新时代中国特色的宏观调控理念、政策、目标和施策机制等落到实处，不断提升人们对未来经济的信心。

第五章

新时代中国特色宏观调控体系的创新之处

　　伴随着新时代中国特色宏观调控体系的构建,其创新之处也清晰可见。在全面深化改革的背景下,在习近平经济思想的指导下,党的十八大以来,我国宏观经济领域的各项具体创新,助推了宏观调控理论的创新,[①] 逐渐构成了新时代中国特色宏观调控体系。为了便于与以往的宏观调控体系进行对比,突出新时代宏观调控体系的创新之处,本章对现阶段宏观调控体系的调控新特征、新目标、新方式进行了概述与总结,以加深对新时代中国特色宏观经济管理规律的认识,突出新时代中国特色宏观调控理论体系的话语权,为中国特色政治经济学注入新鲜血液。

第一节　新时代中国特色宏观调控体系的新特征

　　伴随着近年来中国所面临的经济环境的转折性变化,中国经济无论在增速、动力、结构方面都呈现出不同于以往的变化,中国经济进入新

---

① 刘元春:《深入学习贯彻习近平新时代中国特色社会主义思想　创新和完善新时代中国特色宏观调控》,人民网,2018 年 4 月 3 日,http://theory. people. com. cn/n1/2018/0403/c40 531 – 29903813. html。

常态，经济的主调已经转向稳中求进。基于建设现代化经济体系的需要，面对社会主要矛盾的转化，在新发展理念的指导下，推动高质量发展成为今后宏观调控的重要目标，在此基础上构建的新时代中国特色宏观调控体系呈现出不同于以往宏观调控体系的崭新特征。

一　既凸显党对经济工作的集中统一领导，又形成党管宏观调控的新格局

在新时代的背景下，坚持党的领导并强化党对经济工作的集中统一领导，既是由党的先进性、阶级性及服务人民的本质特征决定的，也是党执政能力尤其是驾驭市场经济能力不断提升的必然要求。中国共产党在领导中国的经济建设工作中，不断打破惯性思维，在理论创新与实践探索中，其最重大的创举就是实现了社会主义制度与市场经济的深度融合，在统筹把握社会主义改革方向的前提下，勇于自我革命，大力发展市场经济，且成绩斐然。尤其是党的十八大以来，面对日益复杂的国际形势和国内的经济下行压力，针对社会主要矛盾的转化，中国共产党充分发挥对经济工作统筹协调、集中统一领导的优势，推动了中国经济稳健运行，并在宏观调控实践中，形成了党管宏观调控的新格局，这对于进一步推动高质量发展、建立现代化经济体系发挥了"金钥匙"的作用。

在架构新时代中国特色宏观调控体系的过程中，党基于第二个百年奋斗目标的要求，依据经济发展阶段变化，通过对社会主要矛盾的精准判断，把追求高质量发展作为未来经济发展的着力点。目前，在党管全局的思想指引下，党主动适应经济新常态，直面经济发展的深层次问题，在着力破解这些问题的同时，凸显质量意识，取得了一系列成就。第一，利用创新是引领发展的第一动力这个新理念释放强劲动能，不仅使创新之举蔚然成风，还创造了一系列中国奇迹；第二，注重协调发展，着力破解发展中的短板，无论产业之间，还是区域之间，都朝着均衡发展的

方向迈进；第三，强调绿色发展，注重生态文明，人与自然之间正朝着和谐有序的发展方向前进；第四，开放的力度和强度达到了历史的新高度，在全面深化改革的基础上，力争实现内外互利共赢；第五，消除贫困取得新突破，共享发展日渐深入人心，党把消除贫困作为实现共享发展的基本要求和"主抓手"，从 1978 年到 2018 年，中国的贫困人口已经由 7.7 亿人降至 1660 万人，仅党的十八大以来已累计减少了 6853 万贫困人口，贫困县摘帽 100 多个，贫困群众无论生产生活条件还是收入水平均明显提升，这是中国减贫史、扶贫史上的最好成绩。[①] 2020 年已全部脱贫。中国目前已经站在"高质量发展"平台上，并取得了初步成就，而这些成就取得的关键因素就是我们坚持并强化党对经济工作的集中统一领导。可见，党对经济工作的集中统一领导，成为助推高质量发展的关键因素。

在稳中求进的宏观调控总基调下，在充分发挥党集中力量办大事的制度优势的基础上，中国经济在推动高质量发展的过程中实现了稳健运行，并逐步呈现出稳中向好的态势。在构建与完善中国特色宏观调控体系的过程中，围绕稳中求进的宏观调控总基调，党充分发挥其领导核心作用，从对经济新常态的正确研判到提出以创新为首的五大发展理念，从精准定位新时代到科学把握社会主要矛盾，从以供给侧结构性改革为经济改革的主线索到以新发展理念为指导，从追求实现高质量发展到建设现代化经济体系，从创新宏观调控方式到动态优化调整宏观调控目标等，在彰显党对经济全局的深刻把握与掌控能力的同时，使新时代宏观调控的协调性和实施力度都得到了前所未有的强化，形成了党管宏观调控的新格局，[②] 而这无疑是新时代宏观调控体系的鲜明特征。

① 余璐：《十八大以来贫困人口减少 6853 万 贫困县摘帽 100 余个》，新华网，2018 年 8 月 22 日，http://www.xinhuanet.com/gongyi/2018 – 08/22/c_129937590.htm。

② 刘元春、刘晓光：《持续完善宏观调控 保持经济稳中向好趋势》，中华人民共和国中央人民政府网，2019 年 11 月 13 日，http://www.gov.cn/xinwen/2018 – 11/13/content_5339769.htm。

二　既聚焦于经济发展规模和速度，更注重经济发展质量和效益

经济发展规模作为衡量一国经济实力的重要标准，日益引起各国的重视。伴随着对外开放，中国在 2010 年跃居全球第二大经济体之后，整体上呈跨越式发展，中国的经济规模在 2019 年占全球经济总量的 16%，[①] 整体上居于世界前列。经济规模的扩大，提升了我国的经济实力，也增加了人民的收入。但是，由于我国人口基数大，经济基础相对落后，虽整体国民收入实现了很快增长，但作为人口总量达到 14 亿的大国，平均到每个人身上的收入相对一般，人均国民收入相较于西方发达国家还是差距很大。由于人均国内生产总值（GDP）是一个重要的宏观经济指标，世界银行认为其更能反映一国的经济状况、贫富差异和人民生活水平，人均 GDP、人均收入已经成为衡量经济发展成效、地区发展差距的一个重要指标。要在"以人民为中心"的前提下，把人民的获得感和幸福感逐渐落实到人均 GDP、人均收入上来，因而经济发展规模和速度不仅是我国今后经济工作的聚焦点，也成为新时代宏观调控体系的突出特征。

由于经济规模与经济效益密切相关，通常来说，经济规模与经济实力和经济效益呈正向变动。我国长期以来采用的数量型、粗放型经济增长方式，虽然快速提升了我国的经济发展总量，但是经济效益还是相对低下。党的十八大以来我国面临百年未有之大变局，在产业链、价值链等急剧变革的技术革新时代，在保持经济适度（中高速）增长的同时，追求高质量发展已成为我国走向经济强国的必由之路。综观国内发展的实际情况，我国虽然取得了巨大的经济成就，但出现了某些行业产能过剩严重、环境污染严重等问题，因此，面对日益激烈的国际竞争形势，中国在放缓运行速度的同时，以提升经济发展质量和效益为抓手，助力

---

① 《数说中国：经济规模跨越发展 占全球近 16%》，人民视频网，2019 年 9 月 16 日，http://tv. people. com. cn/n1/2019/0916/c61600 - 31354779. html。

高质量发展，努力推动经济稳中向好。在近几年的政策举措中，从深化供给侧结构性改革到注重创新驱动，从绿色发展到生态文明建设，从加快构建开放型经济新体制到建立现代化经济体系，这一系列举措都是围绕着提高发展质量和效益，激发经济新动能，拓展开放新局面而进行的，这种高质量的政策举措有力地促进了国民经济增长，仅在 2018 年我国人均 GDP 和人均国民收入就分别达到 9769 美元和 9732 美元，均超越了中等发达国家水平。① 可见，新时代中国特色宏观调控体系既注重经济发展规模和速度，更强调高质量发展。

三　既注重经济需求侧的总量收放，更注重供给侧的结构优化

中央在对中国经济形势科学研判的基础上，做出了"三期叠加"重大判断，为应对经济新常态逐渐构建了与新常态背景相适应的宏观调控体系框架，其核心就是"适应、引领和把握新常态"。针对经济新常态背景下突出的供给侧结构性失衡问题，中央创新性地提出了供给侧结构性改革。供给侧结构性改革由于抓住了结构性矛盾的"牛鼻子"，已经成为助推高质量发展的"中国方案"。

传统的需求管理政策与以高速增长为特征的数量型经济增长密不可分，但是，伴随高质量发展的需求和经济增速下滑的事实，在经济技术突飞猛进的今天，其不适宜性日益突出。只有在加强供给侧结构性改革的基础上，不断提升供给体系的质量和效益，培育经济发展新动力，才能增强经济持续增长动力，② 保持国民经济健康协调绿色发展。虽然结构性失衡是目前经济循环不畅的根源，供给侧结构性改革已经被列为今后的宏观调控主线，但宏观经济政策的发力对象并不能排除需求，因此，

---

① 《国家统计局：2018 年我国人均国民总收入达 9732 美元》，新浪财经网，2019 年 7 月 2 日，http://finance.sina.com.cn/roll/2019 - 07 - 02/doc - ihytcitk9038821.shtml。
② 黄新华、马万里：《引领经济高质量发展的供给侧结构性改革：目标、领域与路径》，《亚太经济》2019 年第 4 期，第 105～110 页。

新时代宏观调控体系不仅关注供求总量平衡、关注需求侧的总量收放，而且更加强调供给侧的结构性优化。

四　既着力于满足人民逐渐增长的美好生活需要，更强调破解发展不平衡不充分的格局

在新时代的语境下，伴随社会主要矛盾的转化，我国经济工作的着力点已经从传统的满足人民日益增长的"物质文化需要"[①] 转向不断满足人民日益增长的"美好生活需要"[②]。要想使人民不断增长的美好生活需要落到实处，就要在保持国民经济稳健运行的前提下，更注重缓解或破解发展的不平衡不充分，因为其已成为"满足人民日益增长的美好生活需要的主要制约因素"[③]。

经济发展、服务人民始终是贯穿中国特色政治经济学的主线索，人民立场作为马克思主义政治经济学的根本立场，是成就中国经济奇迹的一个主要秘诀。[④] 新时代中国特色宏观调控体系在坚持以人民为中心基础上，着力破解或消除影响人民对美好生活需要的不利因素，主要是针对供给能力的不平衡不充分。伴随着经济的发展和社会文明的进步，人的需要在动态变化中呈现出一个整体向上发展的趋势，建构了一个"需要的历史序列"，完全符合马克思提出的以谋生、生存和人的自我实现与全面发展为主要内容的关于人的需要的"三级阶梯"式理论。[⑤] 而人民美好生活需要的提出正是对马克思"三级阶梯"式需要理论的具体践

---

① 《改革开放三十年重要文献选编》下，中央文献出版社 2008 年版，第 1592 页。

② 习近平：《决胜全面建成小康社会　夺取新时代中国特色社会主义伟大胜利——在中国共产党第十九次全国代表大会上的报告》，人民出版社 2017 年版，第 45 页。

③ 习近平：《决胜全面建成小康社会　夺取新时代中国特色社会主义伟大胜利——在中国共产党第十九次全国代表大会上的报告》，人民出版社 2017 年版，第 11 页。

④ 于建荣、何芹、汤一用主编《中国特色社会主义政治经济学》，国家行政学院出版社 2016 年版，第 11 页。

⑤ 姚顺良：《论马克思关于人的需要的理论——兼论马克思同弗洛伊德和马斯洛的关系》，《东南学术》2008 年第 2 期，第 105～113 页。

行和发展，其涵盖的内容日益丰富。伴随着我国经济发展水平、国民收入水平和受教育程度的普遍提高，人的需要的内涵日益丰富，人民对美好生活需要涵盖的内容日益丰富，且对各方面的要求更高，一方面，对物质文化生活的需要呈现升级状态，要求更好的教育、医疗卫生服务，更优美的居住环境等；另一方面，对民主、法治、公平、安全等"软需要"的要求更高。[①] 这就需要政府不断解决影响人民美好生活需要的突出问题。由于不平衡不充分的发展就是这个突出问题的主要聚焦点，所以要在不断提升政府服务质量的同时，更加强调破解主要矛盾的主要方面即不平衡不充分发展。因此，新时代中国特色宏观调控体系基于主要矛盾的转化，着力于满足人民对美好生活的需求，更加注重破解供给系统的不平衡不充分。

五 既立足于政策性操作，更注重制度变革

宏观调控的实施总是要通过一系列政策性操作的中间环节才能完成，这就需要政府立足于政策性操作，利用各种政策变量、采用各种政策安排，以达到预期的宏观调控目标。但是伴随着宏观经济形势的变化，在社会主要矛盾转化的基础上，供给侧结构性改革已经成为新时代中国特色宏观调控体系的政策主线，其核心和关键是改革，而改革往往与体制机制相联系，因此，宏观调控的实施要依托于改革性行动，既要立足于政策性操作，还要跳出政策性操作的局限，在全面深化改革基础上，打破惯性思维，将改革延伸至体制机制层面。由于体制机制障碍是产生供给侧结构性矛盾的根本原因，故而需要打破体制机制障碍，进行制度变革。

以往的宏观调控，基本上不牵涉体制机制的变革，而是基于当时的经济形势判断，通常采用政策性操作的办法。而伴随着宏观经济形势的变化，面对不同的经济任务，宏观调控的经济政策也发生了变化。宏观

---

① 辛鸣：《正确认识我国社会主要矛盾的变化》，新华网，2017 年 11 月 3 日，http://www.xinhuanet.com//politics/2017 – 11/03/c_1121898960.htm。

经济政策格局不同，自然与之配套的实施机制也不同。[1] 面对日益凸显的供给侧结构性矛盾，党和政府在直面现实问题的同时，利用供给侧结构性改革，不断突破体制机制障碍，进行制度变革。而供给侧结构性改革不可能在短期内很快完成，作为一个长期的历史任务，实质上它是长期的制度变革。[2] 这就意味着要在厘清供给侧结构性失衡现状的前提下，不断改善总供给结构，进一步提高总供给能力和质量，[3] 将体制机制改革与政策性操作有机结合起来，共同施策发力，以达到满足人民与日俱增的美好生活需要的目标。可见，在经济新常态的背景下，现阶段的宏观调控体系不但着力于政策性操作，更加注重制度变革。

第二节　新时代中国特色宏观调控体系的目标创新

伴随着新时代中国特色宏观调控体系框架的确立，在稳中求进的宏观调控总基调下，围绕实现第二个百年奋斗目标，宏观调控目标在理念创新与动态优化中发生折射性的创新性调整与变化。相较于以往的宏观调控目标，新时代宏观调控目标在继承、丰富、发展以往宏观调控目标的基础上，紧扣新时代经济发展变化，以高质量发展为根本要求，不仅立足于稳增长、调结构，还关注促改革、惠民生、防风险等目标，在丰富、发展中国特色宏观调控目标体系的过程中，实现了对以往宏观调控目标的创新性发展。其主要创新之处表现如下。

一　坚持稳中求进的宏观调控总基调，推动实现高质量发展

稳中求进作为习近平治国理政的重要原则，是新时代宏观调控的总

---

[1]　洪银兴等：《"习近平新时代中国特色社会主义经济思想"笔谈》，《中国社会科学》2018年第9期，第4~73页。

[2]　《供给侧结构性改革是长期的制度变革》，《21世纪经济报道》2017年12月25日，第1版。

[3]　方福前：《寻找供给侧结构性改革的理论源头》，《中国社会科学》2017年第7期，第49~69页。

基调，也是搞好新时代宏观调控的重要方法论。党的十八大以来，在坚持稳中求进的宏观调控总基调下，我国的宏观调控事业取得突破性进展。无论在宏观调控思路调整、政策工具创新还是在宏观调控目标创新诸方面均取得突破性的进展。作为改革创新中的稳中求进，"稳"是条件、是手段、是大局，是主基调，"进"是目的、是方向，是在"稳"的前提下力求进取，二者是辩证统一的关系，[①]反映在经济工作中，就是以稳促进、以进促稳；反映在宏观调控领域中，就是围绕第二个百年奋斗目标和当前"六稳"工作需要，把化解短期矛盾与实现稳增长、调结构、促改革等中长期目标结合起来，加快推动实现高质量发展。

在全面深化改革的大背景下，把推动实现高质量发展作为新时代宏观调控体系中创新性的宏观调控目标，是立足于新时代宏观经济环境变化、紧扣社会主要矛盾转化、围绕短期与中长期目标要求做出的战略性选择。相较于以往注重规模和以速度为主的宏观调控目标，高质量发展是应对经济新常态、主动适应社会主要矛盾变化、体现以人民为中心的新发展理念的发展，[②]它是新时代中国特色宏观调控总体目标的集中体现。从 2012 年至 2019 年连续八年每年年底的中央经济工作会议，均把"稳中求进"列为下一年经济工作的总基调，因此，在新时代经济发展着眼于"稳"、立足于"进"的前提下，奋力推动实现高质量发展就成为新时代宏观调控的创新性目标和根本性要求。

二 遵循高质量发展的根本要求，动态创新性调整宏观调控目标

宏观调控目标是引领宏观调控政策取向的导航仪，伴随着渐进式改革，新时代宏观调控目标也在动态调整中愈加科学化、合理化，在以高质量发展为根本要求的同时，党和政府创新性地扩展了宏观调控目标，不

---

① 胡鞍钢、张新：《人民日报新论：辩证把握"稳"与"进"》，人民网，2017 年 1 月 5 日，http://opinion.people.com.cn/n1/2017/0105/c1003-28999370.html。

② 高培勇：《理解、把握和推动经济高质量发展》，《经济学动态》2019 年第 8 期，第 3~9 页。

仅包括稳增长、调结构、促改革，还包括惠民生、防风险，并在稳中求进的宏观调控总基调下，统筹协调各类长期目标和短期目标，既充分发挥目标间的协同作用，又越发凸显新时代宏观调控目标的针对性、战略性、前瞻性、协调性和科学性。

党的十八大以来，伴随着稳中求进宏观调控总基调的确立，面对"三期叠加"的经济下行压力，稳增长成为新时代宏观调控的首要目标，在此目标下，我国经济发展取得了长足的进步，我国 GDP 从 2012 年至 2019 年由 53.86 万亿元升至 98.65 万亿元，2012 年和 2019 年的经济增长率分别为 7.9% 和 6.0%，经济运行总体上处在合理区间，主要经济指标基本稳定。虽然经济增长幅度逐渐趋缓，由高速增长转为中高速增长，年经济增长率在平稳过渡中适度下降，但我国经济增长绝对量却是逐年稳步递增的。可见，稳增长作为当前的宏观调控目标，其政策效果是显著的。

在稳增长的前提下，面对日益凸显的结构性矛盾，调结构不但提上了日程，还成为新发展理念指引下优化调整宏观调控目标的重要组成部分。它不仅是当前的重要任务，还会影响到中国经济长期的稳健运行和可持续发展。党的十八大以来，我国在调整经济结构方面取得了明显进展。在新发展理念指引下，新旧动能加速转换，形成了创新发展的新态势；产业结构转型升级显成效，制造业正在稳步发展，农业现代化水平逐渐提高，第三产业发展迅猛；需求结构明显优化，伴随着消费结构升级，消费拉动经济作用明显增强。可见，调结构俨然成为新时代宏观调控目标创新的重要方面。

在开放的经济体系下，以开放促改革、以改革促发展已经成为新时代经济发展的必然要求，宏观调控与改革开放同时并举已是新时代宏观调控的一个鲜明特色，[①] 促改革也成为新时代宏观调控的又一重要目标。

---

① 马建堂、慕海平、王小广：《新常态下我国宏观调控思路和方式的重大创新》，《国家行政学院学报》2015 年第 5 期，第 4~8 页。

相较于稳增长是为了保持中国经济活力，侧重于短期经济增长；促改革是针对高质量发展的根本要求，在理顺政府与市场关系的基础上，着力改变以往的经济增长方式，释放改革红利，以激发中国经济增长的潜力。可见，稳增长与促改革是可以相互促进的，是并行不悖的。但是，对当下的中国经济而言，一定要预防有些新自由主义者假借促改革之名行绑架政府稳经济手脚之实的现象发生。

在以人民为中心的新发展理念的指导下，新时代背景下的宏观调控目标不仅鲜明地彰显了以人民为中心的发展思想，还将惠民生落实到具体行动中。党的十八大以来，从促进就业到就业优先，从推进脱贫攻坚到全面打赢脱贫攻坚战，从减税降费到基本民生保障，等等，都是从惠民生的角度考虑的，并且都取得了不俗的成绩。可见，惠民生已经成为党的十八大以来宏观调控的重点目标和宝贵经验。

防风险作为国家经济安全的重要组成部分，是新时代宏观调控的创新性目标，党的十八大以来，面对日益交织甚至有些是不可预测的叠加性风险和矛盾，加强各类风险尤其是重大风险的防范和化解已经提上了日程。在经济转型升级的重要关口，为了预防可能发生的金融风险，既要保持高度警惕，坚持底线思维，又要在稳增长的前提下，做好防风险的预测、监管工作，把握好二者的平衡点，灵活调整宏观政策，谨防政策间产生脱节和抵触效应，提高宏观调控的针对性、协调性和前瞻性。

可见，政府在稳中求进的宏观调控总基调下，在以高质量发展为根本要求的前提下，在动态优化创新性统筹调整新时代宏观调控的短期目标与中长期目标的过程中，不但增加了目标间的协调性、有效性，还在与时俱进中体现了宏观调控目标的前瞻性、针对性、创新性，既为新时代中国特色宏观调控目标体系的构建与完善提供了崭新的思路，也提升了新时代中国特色宏观调控体系的理论话语权。

第三节　新时代中国特色宏观调控体系的新方式

伴随着新时代宏观经济调控体系呈现的新特征，在稳中求进的宏观调控总基调下，调控目标也发生了动态的调整。在统筹各种中长期目标和短期目标的基础上，中央在"三期叠加"战略判断的前提下，不断创新与完善宏观调控方式和手段，以适应和引领经济新常态，助力第二个百年奋斗目标落地生根。

一　区间调控方式

当前宏观调控目标已经由单一的经济增长转向稳定物价、扩大就业、防控风险、保护环境等多重目标，而传统的仅仅以某一具体指标作为宏观调控目标的调控方式的局限性日益明显。党中央立足于我国经济进入新常态的现实、着眼于今后经济社会发展的长远目标，于 2013 年提出了"区间调控"的新方式，以使经济运行在合理区间。

所谓区间调控就是给宏观调控目标设定一个合理的调控区间，而不是使其仅仅钉在一个固定增长率上。我国是基于稳定经济增长的角度提出区间调控的，上限是通胀率目标，下限是增长率目标和失业率目标。[①]由于通胀率、经济增长率和失业率之间均存在关联，假定其他条件不变，经济增速越高，通胀率极有可能提高，经济增速越低，失业率相对越高，而随着失业率降低，通胀率也相对提升很快，可见，经济增长速度过高或过低，都会对经济社会的发展带来一定程度的负面影响，因此，只有经济运行在合理区间，才能稳定地实现经济增长，实现多重调控目标的协调发展。在稳中求进的总基调下，中国政府在渐进式的改革中，在总结以往宏观调控经验的基础上，巧妙地运用了区间调控这一概念，给出

[①]　马建堂、慕海平、王小广：《新常态下我国宏观调控思路和方式的重大创新》，《国家行政学院学报》2015 年第 5 期，第 4～8 页。

了宏观调控的目标定位，合理地制定出上下限，促使经济运行在合理区间，真正起到稳定经济增长的作用。在"十三五"期间，我国将经济增长率界定在 6.5% ~ 7%，其经济增长上下限分别为 7% 和 6.5%。而从 2013 年至 2019 年，我国的经济增长率均在此合理区间内，经济运行状况良好。

二　定向调控方式

由于传统的宏观调控侧重于总量调控，在调控政策上，通常利用货币政策、财政政策来影响和调节总供需的变动，以实现经济的扩张或收缩。但是，面对经济进入新常态的现实，日益突出的结构性矛盾仅依靠总量调控很难达到经济新常态背景下的宏观调控目标。以往的宏观调控实践也证明，传统宏观调控理念下的总量调控由于相对缺乏精准度，并不能解决现阶段突出的经济结构失衡问题。针对这种情况，中央政府在总结以往宏观调控经验的同时，直面现实问题，在区间调控的基础上，针对以服务业、小微企业为代表的国民经济的短板，于 2014 年提出了"定向调控"的新方式。

定向调控指的是中央政府在明确经济增长合理区间的基础上，在保持战略定力的前提下，针对国民经济发展中的关键领域、短板以及薄弱环节，主要依靠改革的办法，结合运用市场的力量，进行精准发力、定向施策的调控方式。这种专注于重点领域和关键环节、以"喷灌"和"滴灌"为主要方式的"点穴式"调控，相较于以平衡总量为主的区间调控，主要聚焦于调整结构，可以说，定向调控主要是结构性调控。在新时代的大框架下，针对"总量＋结构"的调控目标，中央创新性地提出了"区间＋定向"的调控方式，在两者紧密结合的基础上，更多依靠改革的办法、借助市场的力量，不但充分发挥了各自调控的优势，还形成了"稳增长、调结构"合力，进一步丰富了宏观调控的目标内涵和方式手段，为宏观调控理论创新性发展做出了一定贡献。

三　相机调控方式

在西方的国家干预和传统的中国宏观调控理论中，有各种政策及政策组合，但没有"相机调控"的概念。相机调控作为新时代又一创新性的宏观调控方式，是李克强总理在区间调控与定向调控的基础上于2016年的《政府工作报告》中正式提出来的，以应对不断加大的经济下行压力。

相机调控具有典型的中国特色，在《新华成语大词典》中，相就是看、观察的意思，机就是时机、机会的意思，相机就是观察时机、见机行事的意思。① 而在中国特色政治经济学理论体系中，相机调控指的是在经济新常态的背景下，不拘泥于已有的宏观调控理论和手段，基于国内外复杂的经济形势，依据我国的经济特点和市场情况，结合各项调节的措施和特点，灵活机动、见机行事地选择和决定合理的政策或政策组合方式，利用"微刺激"的方式，把握好推动、实施货币、财政等政策工具的最佳时机，尽量降低政策"挤出效应"，以最大限度达到政策的预期效果。② 可见，相机调控具有预调、微调以及适时适度调整的特点，是完善宏观调控的新方式，它侧重于短期调控，通常与区间、定向调控方式一起使用。但也要注意，当面对经济形势迅速变化时，一定要当机立断。

四　供给和需求双向调控方式

供给与需求作为经济活动中对立统一的两个基本面，反映着市场经济的内在关系。与此相对应，供给侧和需求侧是管理和调控宏观经济的两个基本面，自然而然供给侧管理与需求侧管理就成为调节和控制宏观经济的两种基本方式。但是，不同于西方经济管理只关注于某一方面，

---

① 商务印书馆辞书研究中心编《新华成语大词典》大字本，商务印书馆2014年版，第1653页。
② 逄锦聚等：《中国特色社会主义政治经济学通论》，经济科学出版社2018年版，第358页。

新时代中国特色宏观经济管理在供给与需求双向调控的基础上，既关注需求侧，更侧重供给侧。

供给侧管理指在宏观经济管理中，通过对供给直接调控，达到总供需的平衡，其逻辑完全不同于"萨伊定律"中的供给自动创造需求，而是通过政府调控供给，实现供给创造需求。需求侧管理指在宏观经济管理中，主要通过运用财政、货币等经济手段对需求进行调控，达到间接调控供给的目的，以实现总供需平衡，其逻辑是政府调控需求，在互动中，需求引领供给。[①] 两种管理方式各有侧重，也各有利弊，只能将两者有机结合起来，共同助力国民经济稳健协调运行。

在新时代的背景下，在理顺政府与市场关系的前提下，在关注需求侧管理的同时，结合突出的供给侧结构性矛盾，政府更加强调供给侧管理，积极推进供给侧结构性改革。中国的供给侧结构性改革完全不同于西方供给学派的供给管理，它既强调供给，又关注需求；既着眼当前，又立足长远；既突出发展生产力，又注重完善生产关系；既能显著提升政策的有效性，又能较好地实现以人民为中心的生产目的；是新时代宏观调控的崭新手段。可见，供给与需求双向调控方式也是新时代中国特色宏观调控体系的又一新的调控方式。

此外，在不断创新和完善宏观调控方式的过程中，宏观经济管理部门还更加注重政策工具创新。比如，首次将宏观审慎监管列为宏观经济政策之一，以有效防范系统性金融风险，在财政政策方面，创新性地利用地方债券、PPP 以及政府产业引导基金等手段，加强对地方融资平台的管控。在不断地创新宏观调控方式、政策工具过程中，中央政府通过对经济形势的精准判断，更加注重预期引导的新思路，以增强宏观调控的前瞻性、针对性和有效性。

可见，对新时代中国特色宏观调控体系创新之处的剖析，一方面，

[①] 李文：《实施供给侧结构性改革是治国理政的重大战略部署》，《经济日报》2016 年 5 月 6 日，第 1 版。

充分展现了党对经济工作的集中统一领导，体现了党在与时俱进中对宏观经济的驾驭能力日益提升，形成了党管宏观调控的新格局；另一方面，有助于人们从整体上全面理解新时代中国特色宏观调控的理论与实践的变化，加深对新时代中国特色宏观经济管理规律的认识，为进一步创新和完善新时代中国特色宏观调控体系提供理论储备和实践经验。

第六章

完善新时代中国特色宏观调控体系的思路和建议

　　理论是实践的先导，实践是理论的基础和具体运用。虽然我国经济正在走向持续向好的发展局面，经济发展具有很强的韧性，但世界经济政治形势的复杂性、不确定性仍然是对中国经济社会发展的一个巨大考验。面对这种百年未有之大变局，新时代中国特色宏观调控面临的挑战是前所未有的，为此我们既要提升预判经济形势的能力，又要巧妙联接改革开放和新时代宏观调控的主攻方向；既要实现宏观经济的一般目标，又要结合高质量发展需要实现其特殊目标；既要创新与完善宏观调控方式，又要结合政府与市场关系的崭新定位，注重宏观调控效果；既要注重国内宏观调控政策的制定与实施，又要加强与国际宏观经济政策的协调与配合，这都使得新时代宏观调控的难度加大。如何更好地将发展理念、目标、施政机制、政策和规划落到实处？这就需要遵循国家《关于创新与完善宏观调控的指导意见》和党的十九届四中全会提出的加强各政策协同发力的宏观调控制度体系建设的要求，在渐进式改革中，围绕"六稳"工作需要，主动对标高质量发展要求，进一步实施科学而有效的宏观调控对策，提高对策的针对性、可行性和创新性，真正达到"科学的宏观调控，有效的政府治理"，以便更好地促进社会再生产的循环畅通，保证国民经济稳健协调永续发展。

第一节 完善宏观调控目标体系

在改革开放 40 多年的宏观调控历程中，宏观调控目标作为我国政府制定经济政策的着力点，在社会主义市场经济条件下，对经济发展起到了引领作用。新时代中国特色宏观调控体系的构建，使宏观调控目标体系相较于以往更加多元。因此，在坚持与发展中国特色社会主义的基础上，在强化党管宏观调控的新格局下，加快建立现代化经济体系，强化高质量发展的宏观调控目标引领，动态调整与优化宏观调控目标体系，加强与协调目标间的整体平衡，就成为完善新时代中国特色宏观调控体系的首要目标任务。

一 强化高质量发展目标引领

高质量发展作为新时代经济发展的应然要求，已经成为新时代宏观调控体系的重要调控目标，也是未来一段时期内调整和确定发展思路、动态制定和调整经济政策、进行经济决策和实施宏观调控的根本要求。因此，如何进一步强化高质量发展目标引领、落实高质量发展要求，成为一个崭新的课题。

（一）加快建设现代化经济体系

建设现代化经济体系作为今后经济建设的主要着力点和聚焦点，已经成为推动实现高质量发展的务实选择。[①] 而建设现代化经济体系不可能一蹴而就，需要多方协调、共同发力。其主要任务如下。

1. 加快建设创新型国家，着力聚焦深化推进创新发展

纵观人类文明史，创新作为一个国家进步的"永动机"，是加快建

---

① 迟福林：《以高质量发展为核心目标建设现代化经济体系》，《行政管理改革》2017 年第 12 期，第 4 ~ 13 页。

设现代化经济体系的"助推剂"。随全球新技术革命加速，创新在经济发展中的重要性与日俱增，加快建设创新型国家已经成为中国的重要战略目标，也是迈向现代化强国的内在要求。虽然近年来，中国科技发展取得了丰硕的成果，甚至在某些方面已经位居世界前列，但中国的科技创新能力相较于中国的经济实力和人民对美好生活的需求，还有很大的差距，中国还不是科技强国。因此，加快建设创新型国家并于 2035 年跻身于创新型国家前列，是新时代背景下中国政府驱动创新发展的庄严承诺，也是全面建成现代化强国的重要战略支撑。而要想加快实现建设创新型国家的任务，就要在新发展理念的指导下，积极行动起来，主动开辟战场，加快实施科教兴国、人才强国、创新驱动发展"三大战略"，在协同创新中，为实现跻身世界创新型国家前列的目标而努力。[①] 具体任务如下：第一，要进一步增强基础研究能力、应用基础研究能力，同时也要增强战略科技力量，推动科技创新的重大颠覆性变革，以加快国家创新体系建设；第二，推动建立创新技术体系，在通力合作中，努力形成"以企业为主体、市场为导向、产学研深度融合"[②] 的新型协同创新技术体系，以有效整合资源，力促科技成果的高效转化；第三，进一步强化知识产权保护，努力使其与技术创新形成良性互动，以知识产权保护助力科技原始创新，为创新发展"护航"，为人类科技进步输送动力；[③] 第四，加快创新人才队伍建设，统筹协调各方力量，努力实施更加符合技术变革需要的积极、务实、开放和高效的人才政策，为实现创新发展提供人才保证。

2. 实施乡村振兴战略，助力农业农村现代化

实施乡村振兴战略，是党中央根据中国的经济发展现实，着眼于国

---

① 《宁吉喆：建设现代化经济体系》，人民网，2017 年 12 月 5 日，http://theory.people.com.cn/n1/2017/1205/c40531-29685755.html。

② 习近平：《决胜全面建成小康社会 夺取新时代中国特色社会主义伟大胜利——在中国共产党第十九次全国代表大会上的报告》，人民出版社 2017 年版，第 31 页。

③ 彭茜：《中国强化知识产权保护为创新发展"护航"》，《乌鲁木齐晚报》2019 年 11 月 20 日，第 A02 版。

家经济发展全局，顺应新时代农民对美好生活的需求，针对"三农"工作做出的一项重大战略部署，这一战略不仅是现代化经济体系建设的"新引擎"，还是农业农村现代化的基础。

虽然党的十八大以来，我国无论是农业建设、农村经济发展还是农民增收方面均取得了突破性进展，但农业结构性失衡问题仍然存在、农民增收渠道依然有限，农业农村现代化相较于西方发达国家，依然相对落后。针对这种情况，党中央强调要加快城乡融合发展体制机制建设，在深入调查的同时，健全城乡融合发展政策体系，利用渐进式改革，在着力深化农业供给侧结构性改革的基础上，加快推进农业农村现代化，以促使"乡村振兴战略"落地生根。具体来说就是：第一，利用各种先进技术及政策支持，加快农业现代化建设，聚焦粮食安全，促进农业增产增收，走中国特色粮食安全道路，筑牢国家粮食安全的防线；第二，着力构建以产业、生产、经营为代表的农业"三大体系"，通过加强农村产业融合发展和完善农村基本经营制度，进一步拓宽就业、创业渠道，提高农民收入，深化农村集体产权制度改革，为加快向农业强国转变提供有力保障；① 第三，充分发挥基层党组织的作用，按照建设美丽中国的要求，着力发展社会主义新农业，努力壮大、繁荣乡村集体经济。

3. 实施区域协调发展战略，优化现代化经济体系空间布局②

中国在长期的艰辛探索与实践过程中，走出了一条符合国情的多元化、渐进式的中国特色区域协调发展道路，既有效地推动了区域经济协调发展，也助力了国民经济的整体持续健康发展。③ 尤其是党的十八大以来，我国出台了一系列促进区域协调发展的新举措，比如谋划布局京

---

① 李含琳：《加快构建现代农业三大体系》，《经济日报》2017年12月22日，第13版。
② 李雪松：《以城乡区域协调发展优化现代化经济体系的空间布局》，《区域经济评论》2018年第4期，第9~10页。
③ 魏后凯：《走中国特色区域协调发展道路》，《经济日报》2018年10月11日，第14版。

津冀协同发展、推进粤港澳大湾区的建设等。中国的区域协调发展，无论是在顶层设计还是在战略推进方面均取得了实质性的进展，区域协调发展进入了新阶段，也迈上了新台阶，区域经济总量飞速提升，区域空间布局不断优化，东中西部的差距不断缩小。

我国国土辽阔、人口众多、各个地区资源禀赋不同，长期以来就存在区域差异大、发展不平衡的问题，虽然近年来这一状况有所改善，但是促进区域协调发展、优化空间布局依然是现代化进程中面临的重大时代课题。随着区域协调发展战略的推进，区域发展呈现出一些新变化，出现了一些新问题。一是南北之间差距拉大、分化明显。2018 年，南北方 GDP 分别占全国的 61.5% 和 38.5%，在 2013～2018 年，南北方增速差距由 0.4 个百分点增加至 1.0 个百分点，在增速和增量上呈现出南方快北方慢、南部升北部降的新格局。[1] 二是国家重点战略区域间呈现出分化的态势。比如，就经济增速来看，"2012 年，京津冀地区、长江经济带和粤港湾广东 9 市分别增长 9.9%、10.6% 和 9.4%"，而 2018 年三者的增速分别为 5.9%、7.4% 和 6.9%。[2] 通过两组数据对比可以清晰地看出，第二组数据与第一组数据差距明显，这与经济进入新常态有着密切的关系。2018 年京津冀地区的发展速度为 5.6%，已经落后于同期全国的平均水平，且该地区与长江经济带、粤港澳大湾区呈现出分化的态势。这些新的趋势、变化，要求在继承、创新与完善以往推动区域协调发展路径的基础上，建立、完善与新时代经济发展格局相匹配的区域协调发展新机制，以进一步优化现代化经济体系布局，促进区域协调发展向更加科学的方向迈进。[3]

---

① 贾若祥等：《我国实施区域协调发展战略的总体思路》，《中国发展观察》2019 年第 9 期，第 24～27 页。

② 贾若祥等：《我国实施区域协调发展战略的总体思路》，《中国发展观察》2019 年第 9 期，第 24～27 页。

③ 《中共中央 国务院关于建立更加有效的区域协调发展新机制的意见》，中华人民共和国中央人民政府网，2018 年 11 月 29 日，http://www.gov.cn/zhengce/2018–11/29/content_5344 537.htm。

（二）继续推进供给侧结构性改革以及国家重大战略发展规划落地生根

供给侧结构性改革作为新时代中国特色宏观调控体系的政策主线，在改善国民经济结构、优化区域经济整体布局、推动区域经济协调发展、提升国民经济发展质量等稳定经济增长方面取得了很大的成就。但冰冻三尺非一日之寒，面对百年未有之大变局，对于仍处于重要战略机遇期的中国来说，供给侧结构性问题仍然凸显，且是目前中国经济的主要问题。在新形势下，只有继续深化供给侧结构性改革，才能抓住当前中国经济问题的本质，只有充分发挥国家重大发展战略规划的导向作用，才能保持国家战略的统领性、连续性和稳定性，才能使其目标任务得以真正实现和落实。[①] 在 2018 年底的中央经济工作会议上，我国首次将"巩固、增强、提升、畅通"八字方针列为此后供给侧结构性改革的新导向，这也要求我们要努力围绕八字方针下功夫。[②] 第一，继续巩固已有的改革成果。虽然我国近年来"三去一降一补"成效显著，取得了阶段性的成就，但还要继续优化供给侧结构，加快更多行业产能过剩出清，在基础建设领域进行托底增长，提升供给质量和效益。第二，继续增强微观主体活力。利用各种有效的宏观调控政策，比如继续减税降费、进行财政补贴等，不断增强微观主体的活力，营造更好的营商环境，以调动和继续发挥企业和企业家的主观能动性，培养更多的优质企业。第三，提升产业链水平，培育更多更好的新的产业集群，比如推动制造业高质量发展，并在此基础上推动工业互联网、人工智能等新型基础设施建设，形成新的竞争优势。第四，加快畅通国民经济循环，建立统一开放、竞

---

① 《习近平主持召开中央全面深化改革委员会第四次会议》，中华人民共和国中央人民政府网，2018 年 9 月 20 日，http://www.gov.cn/xinwen/2018-09/20/content_5324033.htm。

② 王静文：《八字方针指路供给侧结构性改革：巩固增强提升畅通》，新浪财经网，2018 年 12 月 25 日，http://finance.sina.com.cn/china/gncj/2018-12-25/doc-ihmutuee2348696.shtml。

争有序的新时代中国特色现代市场体系,以助力国民经济的良性运转。①

以规划引领经济社会发展作为中国特色社会主义发展模式的鲜明体现,是中国共产党治国理政的重要手段。而国家重大发展战略作为引领国家战略方向的排头兵,体现着未来国民经济发展的聚焦点与着力点,在具体实践中,是逐步实现现代化强国目标的有力支撑。在聚焦改革发展课题中,党的十八大以来,中国制定了一系列重大发展战略,既积极引导公共资源优化配置,又有力规范了市场主体行为;既解决了困扰多年的难题,又办成了许多令世人瞩目的大事;既推动了宏观调控的创新与发展,又凸显了国家治理能力的提升。但是,不可否认的是,在国家重大战略规划的实施过程中,存在着规划体系不统一、战略规划没有切实落地等问题;在政策推行过程中,存在着战略规划与其他政策工具不协调等问题。如何解决这一系列问题,如何有效发挥国家重大战略规划的"领头羊"作用并使其全面落实,就成为创新与完善新时代中国特色宏观调控体系的新课题。

首先,明确各类规划的功能定位,厘清国家重大发展战略规划与其他规划之间的关系。要立足新时代新任务,在以人民为中心的基础上,结合人民对美好生活的向往,明确各类规划的功能定位和规划间的关系,以合理配置公共资源、优化空间结构,避免交叉重复与矛盾冲突。其次,强化国家重大发展战略规划的统领作用,增强其指导与约束功能,为其落地生根保驾护航。国家重大发展战略规划作为各级规划的制高点,其战略性、宏观性以及政策性为其他各类规划系统落实提供了遵循,因此,要重点谋划其空间战略格局、做好其布局安排,在统筹安排规划体系对国家重大战略规划进行开发的前提下,为其他各级各类规划预留空间,以更好地形成规划合力。最后,要着力健全规划管理制度,加强规划衔接协调。由于在长期的规划(计划)实践中,存在规划数量过多、质量

---

① 吴雨:《中央经济工作会议:中央提出"八字方针"深化供给侧结构性改革》,新华网,2018 年 12 月 21 日,http://www.xinhuanet.com/2018 - 12/21/c_1123888021.htm。

不高、规划目标衔接不畅以及政策工具不协调的问题，所以，要建立科学有效的规划管理制度，制定目录清单管理制度，完善规划衔接协调机制，并突出重点，为国家重大发展战略规划的实施和落实提供优质的协调机制。[①]

（三）动态调整优化宏观调控目标体系

宏观调控目标体系作为宏观调控体系的一个重要子系统，是宏观调控所要达到的目的和方向。由于宏观调控目标是随着宏观经济形势的变化而发生动态调整的，不言而喻，在中国进入新常态的背景下，面对宏观经济环境的变化，宏观调控目标体系自然需要动态优化调整。

近年来，虽然中国经济下行压力不小，但中国经济增长率相较于其他国家，仍保持了相对较高的增长水平，在全球经济低迷的背景下，中国的外部影响力、抗压能力与日俱增，这彰显了中国强劲的宏观调控能力。但是，随着宏观调控目标日益多元，其目标体系也逐渐升级。新时代中国特色宏观调控体系在原有宏观调控目标的基础上，依据高质量发展的要求和人民对美好生活的愿景，把以就业优先为主的"稳就业"作为宏观调控目标之首，把以防风险为主的经济安全，以绿色发展、生态文明为主的生态安全作为国家重要的宏观调控目标，新时代的宏观调控目标体系逐渐健全。但多元的目标体系也给宏观调控带来困难。因此，政府更应该在科学规划、统筹管理的基础上，围绕高质量发展目标要求，加强政策间的协调配合，动态调整优化宏观调控目标体系，以实现国民经济协调健康持续发展。

二 坚持宏观调控的基本取向

改革开放 40 多年的宏观调控实践证明，我国经济总体上是沿着宏观

---

① 《中共中央国务院关于统一规划体系更好发挥国家发展规划战略导向作用的意见》，搜狐网，2018 年 12 月 7 日，http://www.sohu.com/a/280470291_99960504。

调控预期方向发展的。近年来经济运行中的新情况、新问题与新矛盾不断涌现，因此我国坚持以"稳"为主的宏观调控基本取向，其意义深远：一方面有利于保持经济政策的稳定性，有效抑制通货膨胀；另一方面，有利于直面问题，丰富政策工具，优化政策组合，保持经济运行在合理区间。因此，在新时代的背景下，围绕"六稳"工作需要，要进一步坚持以"稳"为主的宏观调控政策取向，以更好地把握宏观调控的力度和节奏。

（一）继续保持宏观调控政策的连续性和稳定性

虽然党的十八大以来，我国经济运行基本稳健，经济建设取得了一定的成绩，但不可忽视的是，中国目前并没有从根本上改变供大于求的总体格局，依然存在消费不足的问题，内需拉动经济增长相对缓慢、经济结构调整尚未完成、经济增长的基础依然不够牢固，再加上全球通货紧缩压力加大、不确定性因素增多、人民币面临升值的压力等，这迫切需要国家继续保持宏观调控政策的稳定性、连续性。

第一，在坚持扩大内需的基础上，继续实施积极的财政政策。通过进一步减税降费，努力助推实体经济腾飞；继续扩大财政支出规模和赤字规模，助力经济结构调整，推动国家重大战略落地生根。第二，在松紧适度的基础上，继续实施稳健的货币政策。着力通过进一步优化货币政策工具组合和期限结构，保持银行体系流动性充裕而合理；尽量发挥价格杠杆的调节作用，引导货币市场利率平稳运行、社会融资成本适当下降；进一步完善宏观审慎政策框架，维护金融市场稳定；进一步提高金融运行效率，助力金融服务实体经济，防止"脱实向虚"。[①] 第三，进一步促进消费提质升级。利用消费政策和其他刺激消费需求的政策，准确预测和把握引领消费升级的主攻方向，以更好地精准施策、定向发力，

---

① 中国人民银行货币政策分析小组：《2015 年以来稳健货币政策主要特点的回顾》，第一财经网，2016 年 5 月 26 日，https://www.yicai.com/news/5019106。

坚持消费引领、市场主导、审慎监管、安全绿色生产等，倡导消费者优先、实现生产者平等、推动新消费成长和培育健康理性的消费文化，以做大做优消费市场，助力消费提质升级。第四，进一步加强宏观调控政策间的协调配合。新时代宏观调控政策日益丰富，除了财政、货币政策外，还有投资、区域、产业、消费、就业等政策。在渐进性改革中，面对多样的经济政策，既要以财政、货币政策为主，也要注重协同其他经济政策共同助力国民经济平稳发展。[①]

（二）继续创新与完善宏观调控方式

在全面深化改革的背景下，推动高质量发展是实施新时代中国特色宏观调控的根本要求，而高质量发展目标的实现，离不开宏观调控方式的不断创新与完善。高质量发展更加注重发展的质量与效益，更加注重经济结构的优化调整，这与传统的只注重短期的逆向调节方式是不相适应的。创新和完善宏观调控方式，既需要统筹兼顾、综合衡量各方面的因素，又需要长短结合、注重部门间的协调以完善对宏观调控的顶层设计，继而形成调控合力，从而加快完善宏观调控的体制机制化建设。

随着深层次结构性矛盾的凸显，面对高质量发展的要求，既要采用改革的办法，又要不断创新宏观调控方式，进行结构性调整，以完成阶段性宏观调控的任务。第一，继续坚持以区间调控为基础，保持战略定力，依据经济形势的变化动态调整经济运行的合理区间，完善价格调控机制。第二，继续加强定向调控。在宏观调控中，要紧扣经济社会发展的关键、核心问题，运用"喷灌"与"滴灌"的"点穴式"调控，通过精准发力与定向施策，进一步提升宏观调控的针对性与有效性。第三，进一步加强相机调控。利用"预调""微调"的"微刺激"方式，

---

① 刘伟、陈彦斌：《十八大以来宏观调控的六大新思路》，人民网，2017年3月1日，http://theory.people.com.cn/n1/2017/0301/c40531-29114608.html。

不断提高政府的宏观调控能力，以达到"稳增长"和"稳预期"的目的。可见，政府应依据市场情况的变化、各项调节措施的特点，以及不同的地区、产业与行业等，灵活机动地出台与实施相应的经济政策方式，提高宏观调控的前瞻性、科学性、精准性和有效性，同时，在供给与需求双向调控的基础上，进一步发挥区间＋定向＋相机的调控合力作用，继续创新与完善宏观调控方式，为经济的平稳顺畅发展提供调控工具支撑。①

此外，要想维持经济大局基本稳定，一定要筑牢底线思维，进一步强化底线管理，通过高度重视和防范以金融风险为主的各种风险，努力做到未雨绸缪、有备无患，以有效应对短期经济波动，助力国民经济稳健发展。

三 科学确定年度宏观调控目标

长期以来，年度计划作为年度的具体实施方案，是我国计划工作的重点，也是实现我国经济社会发展目标的主要形式。党的一系列经济方针及政策通常是通过年度计划得以贯彻实施的，它曾经有力地促进了我国经济的腾飞和社会的发展，但是由于过去的年度计划过多依赖行政手段，过于注重直接管理、指标管理等，它其实不利于国民经济活力的焕发。改革开放尤其是党的十八大以来，我国不断对年度计划进行改革，使其发生了深刻变化，已经转变为年度规划，不仅使其真正为年度宏观调控目标服务，还从法律上规定了只有经全国人民代表大会审议通过的关于国民经济和社会发展的年度规划（计划），才能被确立为年度宏观调控目标。虽然我国年度计划改革迈出了较大的步伐，但相较于市场经济体制的建立与完善仍然有较大的差距，这就需要进一步发展与完善年度规划，进一步科学确定年度宏观调控目标，使其更好地与国家重点发

---

① 陈彦斌、王佳宁：《中国宏观调控的现实功用与总体取向》，《改革》2017 年第 3 期，第 5 ~ 18 页。

展战略及其他中长期战略目标相衔接。

首先，要依据年度宏观经济环境和市场供求的变化，结合经济社会发展确定的中长期战略目标，在多方论证的前提下，科学确定年度经济社会发展的基本任务与年度宏观调控目标，并依据年度调控目标制定更加符合发展需要的短期宏观调控政策及措施，为市场运行营造良好的氛围，对市场运行的近期情况进行规划调整。其次，进一步推动以间接管理为主的年度计划落实。政府既要利用大数据、云计算等先进的现代信息技术，结合实际调查，不断提高其科学预测、决策能力，又要结合中长期战略规划目标，加快推动能充分体现政府宏观调控意图的关于年度重要经济活动的指标体系的建立与完善。[1] 最后，要加快改革年度计划编制管理方法，提高公众参与度，逐步健全公众参与机制，严格规范编制程序，提高年度规划编制的科学性、规范性、针对性和有效性。

四　进一步加强宏观调控目标间的综合平衡

在中国特色宏观调控目标的演化轨迹中，伴随着渐进式改革，新时代中国特色宏观调控目标体系不断发生动态变化，并在不断调整中不断优化，但其调控目标仍然是由若干个宏观调控具体目标构成，且目标日益细化。[2] 虽然新时代宏观调控目标更加紧贴实际，其前瞻性、指导性及预测性更强，但宏观调控目标间的综合平衡有待进一步加强和深化。

首先，进一步科学统筹总量性指标与结构性指标。虽然党的十八大以来，国民经济总体上运行在合理区间，但经济依然面临下行态势。根据"总量＋结构"的调控目标，要在动态调整中进一步科学统筹总量性指标与结构性指标：一方面，要防止在经济运行中出现大的波动，进一步保持经济总量平衡；另一方面，继续引导并深化供给侧结构性改革，并将人力资本、创新驱动、结构优化、经济活力、改革成效等指标纳入

---

① 王梦奎主编《回顾和前瞻：走向市场经济的中国》，中国经济出版社2003年版，第202页。
② 欧阳进：《我国宏观调控目标体系之演变》，《宏观经济管理》2003年第4期，第8~10页。

结构性指标体系,① 使其考评体系更加科学规范、具有可操作性。两者的结合,使经济结构持续优化,经济总量达到预期目标。

其次,进一步统筹全国指标与地方指标。发展规划作为引领新时代宏观调控的重要政策手段,对宏观调控方向产生导向性的作用,因此在制定国家发展规划过程中,一定要统筹好全国指标与地方指标的关系。一方面,在制定全国指标的时候,要结合实际情况,充分考虑地区差异,根据各地经济发展情况,因地制宜留出合理空间;另一方面,地方指标也要围绕国家战略,进一步强化其与国家规划以及宏观经济政策的协调配合,为国家战略顺利实施提供保证。

最后,进一步加强统筹规划的预期性目标与约束性目标。② 从"十一五"(2005~2010 年)规划起,规划指标体系开始被区分为预期性、约束性两类指标。前者作为国家的战略意图,不仅凝聚了人民意愿,承载了人民对美好生活的向往,还是人民根本利益与长远利益的体现,政府往往综合运用一系列宏观经济政策引导社会资源合理配量,从而精准把握宏观调控的方向和力度;后者是中央政府对地方政府及其相关部门提出的工作要求,是建立在预期性基础上的进一步强化国家意志的指标,往往是通过合理配置公共资源、运用国家的有关行政力量来加以保证。因此,一方面政府要充分发挥预期性指标的风向标作用,科学引导资源的合理配置,有效地引导社会预期;另一方面,强化约束性指标的监督作用,在以人民为中心的前提下,加强对公共服务、民生保障以及社会环保等指标的刚性约束,满足人民对美好生活的向往,兑现对人民的承诺。③

---

① 朱启贵:《中央经济工作会议要求推动高质量发展,相应的指标体系该怎么建?》,上观网,2017 年 12 月 22 日,https://www.jfdaily.com/news/detail? id=74634。
② 何建武:《现有五年规划指标体系存在的问题及其启示》,《发展研究》2019 年第 6 期,第 56~59 页。
③ 徐绍史:《创新和完善宏观调控》,中华人民共和国中央人民政府网,2017 年 12 月 19 日,http://www.gov.cn/xinwen/2017-12/19/content_5248371.htm。

第二节　完善宏观调控政策体系

宏观调控政策的精准制定与有效贯彻执行是实现宏观调控目标的基本保障。但是，随着新时代宏观调控体系的构建，政策间仍存在协调配合不够、纵深挖掘不够等问题，因此，不断调整与完善宏观调控政策体系、加强政策间的协调配合已成为提高政府宏观调控水平的重要要求。

一　更好地发挥财政政策的作用

党的十八大以来，我国一直推行的是积极的财政政策，该政策有力地稳住了经济社会发展的大局，有效地推动了供给侧结构性改革，释放了市场活力，通过加大对民生保障、教育、扶贫、生态文明等重点领域的投入，更加凸显了以人民为中心的核心发展理念，同时也激发了民众的创业激情。目前我国正处在实现中华民族伟大复兴的关键时期，再加上宏观经济的不确定性因素增多，因此，作为我国宏观调控体系的支柱政策，财政政策保持稳定与连续异常关键，因此，要不断对其加力提效，以助力中国经济持续向好。[1] 立足新时代高质量发展的要求，基于财政政策配置格局的变化，要想使财政政策继续有效地发挥作用，就要做到以下几点。

第一，继续实施大规模的减税降费。减税降费作为应对我国现阶段经济下行压力的关键之举，有效地减轻了企业的负担，进一步激发了市场的活力，因此，要继续认真实施。首先，聚焦降成本，将其和支出的同步削减联系起来，以预防"大水漫灌"；[2] 其次，做好减税降费相关政策的宣传解读，使企业和民众真正了解、用好该政策措施，以更好地激发企业的活力、增强公众的获得感；最后，加强部门协同联动，建立追

---

① 刘尚希：《论中国特色的积极财政政策（治国理政新思想新实践）》，人民网，2017 年 4 月 6 日，http://www.opinion.people.com.cn/n1/2017/0406/c1003-29191080.html。

② 高培勇：《转入高质量发展阶段的积极财政政策》，《财经界》2018 年第 31 期，第 32~34 页。

踪和监测机制，警惕各种巧立名目的乱收费，密切关注政策实施效果，确保所有行业税负只减不增。[①]

第二，继续优化财政支出结构。当前财政支出结构存在不尽合理的地方，比如财政收入增幅放缓，但支出增长过快，收支之间存在一定的不平衡；管理机制不健全，存在财政支出运行效率相对低下等问题。因此，要继续优化财政支出结构。首先，要扩大财政支出的覆盖范围，尽量减少一般性财政支出，增加民生保障支出，增加社会公共性开支，减少行政经费支出，完善财政投入机制。其次，加大财政对农业、农村的倾斜，推进公共服务均等化，尽力缩小城乡公共服务的差距；最后，增加科研经费支出，提高科研人员的研发热情，利用科技进步的力量带动经济的发展。

第三，进一步强化税收管理。虽然近年来税收管理制度改革对推动供给侧结构性改革形成了有力支撑，但目前税收管理中还存在一些问题。比如在中央与地方事权划分方面，相对缺乏稳定性与规范性；缺乏完善的地方税体系，存在地方政府乱收费现象；税费结构不尽合理；等等。因此，要进一步深化财税体制改革，进一步加强财政税收管理。首先，扩大预算绩效管理的覆盖范围，惠及更多的民生相关行业；其次，进一步科学合理划分"央地"财政的事权和支出责任，尽快建立有效的税收监督制度，进一步规范税收标准，消除地方乱收费现象；最后，加快推动财税、金融等相关领域的协调配合，提供优质的公共服务，改善营商环境，进一步吸引外资，激发市场活力。

二 健全货币政策和宏观审慎政策双支柱调控框架[②]

党的十九大报告指出，要健全货币政策和宏观审慎政策（简称"双

---

① 曾金华：《加力提效 发挥积极财政政策作用》，《经济日报》2019 年 7 月 19 日，第 9 版。
② 习近平：《决胜全面建成小康社会 夺取新时代中国特色社会主义伟大胜利——在中国共产党第十九次全国代表大会上的报告》，人民出版社 2017 年版，第 34 页。

支柱"政策）双支柱调控框架，其战略意义不言而喻。无论是对于保证我国货币政策的有效性、稳定性与连续性，还是对于有力防御系统性金融风险、坚守底线管理、维护国家金融安全、保证宏观经济稳定，均具有重要的意义。因此，健全"双支柱调控框架"成为一个崭新的时代课题。

（一）进一步健全货币政策，调整货币政策目标和政策工具

在新时代，传统数量型货币政策调控框架的局限性日益凸显，为适应高质量发展的要求，就需要对货币政策的目标及政策工具进行调整。

首先，优化货币政策最终目标，推动价格型工具改革与利率市场化。既要重点维持物价总水平基本稳定，又要不断丰富货币政策工具箱，完善其价格工具组合，以适应供应方式的变化，同时也要提升货币政策的规则性、透明度，以及进一步引导市场预期的能力。

其次，加快人民币汇率机制改革，着力保持人民币的坚挺地位，推动人民币国际化。一方面，要努力完善人民币汇率形成机制，进一步发挥市场在汇率机制中的"底盘"作用，在保持人民币汇率稳定的同时，促进国际收支基本平衡；另一方面，进一步加大汇率改革的力度和加强资本管制。尽量减少常态化管理，提升汇率预期管理效果，尽可能减少外汇损耗，助力增强人民币汇率弹性，努力使货币政策保持独立。[①]

（二）健全宏观审慎政策

宏观审慎政策作为中国政府为预防系统性金融风险、提高货币政策的有效性而提出的应对性政策，应在新时代渐进式改革中逐步健全。

第一，要加强金融监管。首先，要进一步科学评估影响金融体系稳健性的相关系统重要性金融机构，通过对其合理认定，确定监管对象。其次，要拓展对系统重要性金融机构的监管途径，加大监管的力度，在不断提升其持续经营能力的同时，降低其产生重大风险的可能性，要建

---

① 余永定、肖立晟：《加速人民币汇率形成机制改革》，《新金融》2017年第1期，第7~9页。

立特别处置机制，确保其应急机制可靠有效，这是为了在重大风险发生时，能够确保其关键业务与服务的连续性。[①]

第二，强化逆周期调节。首先，在宏观审慎管理中，充分发挥中央政府的主导作用，利用其职能，不断降低宏观政策的顺周期性；其次，进一步完善逆周期的宏观调控机制，利用信息效应，建立综合指标体系，通过对其进行科学分析，确立逆周期中周期的时点选取；最后，在强化逆周期引导的基础上，扩大逆周期监管的范围，要采取差异化的监管指标，提高监管的效率。[②]

（三）加强双支柱政策的协调配合

既然政府将货币政策、宏观审慎政策视为双支柱政策，那么，如何基于二者各自的优势和弊端加强双支柱政策的协调配合相当重要。

第一，健全"双支柱"的目标协调机制。稳定物价是货币政策的核心目标，防止金融市场失衡是宏观审慎政策的关键目标，因此，在宏观调控中，既要关注货币政策的内生性，又要注重宏观审慎政策的补充性，[③] 建立与完善两类政策目标协调机制，以加强二者间的协调配合，预防目标间的冲突，继而采用与之相适应的政策工具。

第二，健全"双支柱"的工具协调机制。首先，进一步创新货币政策工具，不断强化货币政策的调控作用。除了新增的（常备借贷便利SLF）、（短期流动性调节工具 SLO）、（抵押补充贷款 PSL）、（中期借贷便利 MLF）等工具外，还要继续创设流动性管理工具，以强化、支持影响高质量发展的薄弱环节；其次，健全宏观审慎政策管理工具。依据我国目前的经济发展情况，既要加强对影响金融业务的潜在风险的监测、

---

① 陈姝含、孙兆：《系统重要性金融机构加强监管须把握好"度"》，《中国经济时报》2018年11月29日，第A3版。

② 刘红：《构建逆周期宏观审慎管理制度框架 优化调控效能》，《金融时报》2012年3月31日，第2版。

③ 丁建臣、赵丹丹：《"双支柱"调控框架下防范和化解系统性金融风险的政策建议》，《经济纵横》2018年第5期，第107～113页。

评估，以及对防范工具的研究，又要加强对地方政府债务水平、各类融资平台等评估预警工具的开发，同时还要对那些跨市场传播快、交叉性强的金融产品进行风险管控。①

第三，健全"双支柱"的传导渠道协调机制。首先，进一步调整影响资产价格的货币政策工具，畅通银行信贷渠道。货币政策的主要传导渠道是银行信贷渠道，通过对货币政策工具的调整，比如利率、汇率等，既影响了资产价格，又进一步影响了投资、消费及总产出，从而有利于银行信贷渠道的通畅；其次，依据宏观审慎政策工具的直接影响目标，将其分为资本类、流动性和资产类三类宏观审慎工具，并建立分类传导机制，为货币政策传导渠道的畅通提供补充。②

三　推动实施就业优先政策

改革开放以来，我国的就业政策在发展中逐步健全，可以说，我国是世界上就业问题解决得最好的国家，这与中国特色的就业政策息息相关。2019年的政府工作报告首次将就业优先政策置于宏观政策层面，并将"稳就业"列为"六稳"之首，可见，解决就业问题是今后宏观调控政策的主要着力点，就业问题也是当前社会最大的问题。因此，为了更好地"稳就业"，助力"稳增长"，需要采取以下措施。

第一，依据宏观经济运行情况，精准把握就业形势。对经济运行情况进行分析，结合我国以往的就业情况，全方位地关注就业形势的新变化，增强就业优先政策制定的针对性，提升该政策实施的精准度。首先，从顶层设计上，扩大就业政策制定的参与范围，提升公众的参与度，近距离地了解他们的就业诉求。其次，建立常态化的就业调研机构，提高就业形势分析的科学性。要根据宏观经济的变化，在动态调整中，组建就业形势的专业化分析团队，规范常态化样本，构建科学缜密的就业数

---

① 韩鑫豪：《我国央行双支柱调控框架探析》，《上海金融报》2019年12月6日，第11版。
② 廖岷、孙涛、丛阳：《宏观审慎监管研究与实践》，中国经济出版社2014年版，第220页。

据库，从而准确地把握就业形势的变化。

第二，依据劳动力供求变化形势，积极拓展就业空间。首先，加强中国劳动力供求动态研究，以更好地完善中国劳动力市场。由于劳动力市场正在或已经发生结构性变化，要从总量和结构两个方面深入剖析中国劳动力供求失衡的原因及其影响因素，为精准把握未来劳动力供求变化提供依据，以构建更好的劳动力市场。[①] 其次，结合就业缺口，打破就业和培训之墙，大规模开展与高质量发展要求相匹配的职业技能培训，并依据新业态的需要，在加快经济转型升级中，提供更多的就业岗位。最后，坚持民生导向，织牢社会保障网，不断提高社会政策托底水平，在做好重点群体就业服务的前提下，进一步为就业困难人群提供就业援助，这充分体现了中国特色就业政策的全面性与优越性。

四 有效增强产业政策对技术创新和产业结构升级的作用

产业政策在我国宏观调控实践中有力地推动了国民经济发展，促进了宏观调控目标的实现。随着全球价值链分工体系的日益精细化，我国产业政策也在演变中不断调整。在 2016 年，出现了"要不要产业政策"的争论。依据我国的现实情况，产业政策不仅是必要的，而且是要在不断深化中转型升级，以适应高质量发展，助力现代化经济体系的建设。因此，在经济不断转型升级的背景下，在以往产业政策的基础上，要有效增强产业政策对技术创新、结构升级的作用。

（一）加快"卡脖子"技术的研发与应用

在守住粮食安全底线、不断加快农业体系建设的基础上，加快"卡脖子"技术（关键核心技术）的研发与应用。虽然党的十八大以来，我国科技发展水平、创新能力均显著提升，但是"卡脖子"技术仍是"如鲠在喉"，受制于人的状况虽有好转，但并未根本改变。因此，加快对

---

① 方莉：《中国劳动力供求变化研究》，华中科技大学博士学位论文，2008 年，第 1 ~ 3 页。

"卡脖子"技术的研发与应用既是建设现代化科技强国的核心，也是加快建设创新型国家的应然要求。

首先，加强基础科学研究，鼓励原始创新，勇闯"无人区"。要围绕国家重大科学前沿问题，聚焦国家重大科研战略目标，将关系到未来产业发展的"卡脖子"技术，纳入基础研究的范围，还要加强"卡脖子"技术人才队伍培养，建设高质量、高水平的基础研究基地，以提高原始创新能力。[①]

其次，加快提升企业自主研发能力。企业要依据自身发展的实际情况，制定符合发展实际的技术创新战略，加快建立以市场为导向、以企业为主体的产学研创新体系，凝成创新合力，提高自主研发能力和综合竞争力。国家也要通过政策支持、财政扶持等，加大对企业研发创新的支持力度，引导科技型企业的发展方向，以壮大符合市场需求的企业创新型队伍。

最后，加快建立现代化科研人才体系，为突破"卡脖子"技术提供人才支撑。突破核心技术的关键在于充分释放人的创新激情、有效发挥人的积极性，因此，要加快现代化科研人才支撑体系建设。在新时代技术变革的背景下，一方面要着力深化落实科研人才体制机制改革，激发人才的创新创业的活力，注重高质量的科技的研发与应用，加快形成完整的科研人才梯队；另一方面要完善科研人才激励、评价机制，加快科研成果的转化。同时，要在注重知识产权保护的同时，加强国际创新合作，打造科技协同新引擎，以助力现代化科研人才体系建设。

（二）推动战略性新兴产业发展

战略性新兴产业作为科技发展和产业发展的"导航仪"，对未来经济社会发展起着全局带动性的作用，已经成为国与国之间推动产业结构

[①] 《国务院关于全面加强基础科学研究的若干意见》，中华人民共和国中央人民政府网，2018年1月31日，http://www.gov.cn/zhengce/content/2018-01/31/content_5262539.htm。

升级、争相抢占经济发展制高点的关键。目前，我国战略性新兴产业已经取得初步发展，正在成为保持我国稳定增长（中高速增长）、推动产业迈向中高端水平的"双中高"中流砥柱，但也面临着严峻挑战，存在科技创意人才短缺、金融体系对新兴产业支撑力度不够、商业模式不成熟等瓶颈，[①] 因此，要打破制约其发展的瓶颈，推动战略性新兴产业发展。

首先，科学谋划布局，制定预期可行的战略规划，推动战略性新兴产业的振兴。紧盯国际战略性新兴产业的前沿，掌握其发展的最新趋势，结合我国的实际需求，制定科学的新兴产业规划，加大政府政策扶持的力度，并集中科研力量对其进行攻关，助力战略性新兴产业的繁荣与发展。

其次，不断创新金融供给方式，着力完善高效融资体系，努力为战略性新兴产业繁荣发展提供有力的金融服务和灵活多样的金融支持。作为开创性的事业和创新性突出的"新兴事物"，战略性新兴产业往往具有高风险性、前瞻性等特征，在其发展的过程中，出现了融资难、资金短缺等问题，这些问题制约其健康稳定发展。因此，要构建和完善高效融资体系，打破金融对其支持不足的瓶颈。一方面要推动金融机构改革，不断创新金融供给方式，创新金融产品，提高其服务实体经济尤其是新兴产业的能力。另一方面，政府、金融机构和企业要紧密结合起来，在政府主导下创新金融支持模式，拓宽金融融资渠道，助力新兴产业规模化。同时，还要营造良好的国际环境，积极推动企业跨国经营，努力构建符合市场需求的达到国际先进水平的现代战略性新兴产业体系。[②]

（三）加快技术改造工程，加速淘汰落后、过剩产能

技术改造是调整优化产业结构、进一步推动产业转型升级和促使国

---

① 乔瑞庆：《着力打破制约战略性新兴产业发展的三个瓶颈》，中国经济网，2019 年 9 月 28 日，http://views.ce.cn/view/ent/201909/28/t20190928_33244472.shtml。

② 郭旭红、李玄煜：《人民日报专题深思：大力发展战略性新兴产业》，人民网，2015 年 12 月 31 日，http://opinion.people.com.cn/n1/2015/1231/c1003-27997295.html。

家战略规划落地的抓手。党的十八大以来，我国技术改造工程，在推动产品的升级换代中，淘汰了大量落后、过剩产能。如今，西方发达国家掀起了"再工业化"浪潮，而我国正处于向工业化强国迈进的重要节点，因此如何加快技术改造，进一步淘汰落后、过剩产能，助力提质增效是今后工作的重点和难点。

首先，大力发挥企业在技术改造中的主体作用，赋予技术改造新内涵。目前，我国工业化处于由大到强的发展阶段，要专门结合新时代中国特色工业化的要求，紧紧依靠技术改造，赋予其新的内涵。一方面，要加大推进技术改造工程与工业化、信息化的融合力度，依靠高新技术、信息技术等对传统产业改造升级，加强技术改造工程研发与应用环节的配合。另一方面，全面推进技术改造投资主体多元化，按照投资、决策、受益、风险一体化的原则，构建与完善技术改造项目备案制，真正发挥企业在技术改造中的主体作用，并推动金融机构加大对重大技术改造工程的信贷支撑力度，提高技术改造在全社会各行业固定资产投资中的占比。

其次，鼓励企业主动积极开展技术改造创新，提高供给质量和效率，推动绿色安全生产。一方面，要在加大对龙头企业政策扶持的同时，对战略性新兴产业以及中小企业也要采取针对性强、倾向性明确的技术改造扶持政策，以形成完整的产业链条。另一方面，在进一步淘汰落后、过剩产能的基础上，加大技术改造力度，推动企业建立规范化的节能减排措施，推动绿色安全生产，推动企业发展循环经济，引领技术改造新方向。

最后，创新高技能人才培养模式，为技术改造工程深入推进提供人才支撑。一方面，要弘扬工匠精神，建立高技能人才培训基地，构建并完善终身职业技能培训制度。另一方面，以市场需求为导向，着力发挥企业培训主阵地作用，健全多层次技能培训模式，开展新型学徒制培训。与此同时，还要做好高技能人才引进工作，推动高技能人才的合理流动。

（四）推动产业政策向普惠性和功能性转型，推动其与竞争性政策协同

随着国际竞争日益激烈，新一轮科技变革与产业变革蓄势待发，以往的以"选择性"为主的产业政策弊端凸显，需要向"普惠性""功能性"转型，推动其与竞争性政策协同，以加快产业政策转型升级，助力高质量发展。

首先，依据政府与市场的最新定位，进一步简政放权，调整产业政策取向，使其既以市场需求为导向，与市场机制接轨，又以人民群众更多的获得感作为其政策调整的根本标准，继而转变产业政策目标，加快构建普惠性和功能性产业政策模式。[①]

其次，进一步强化竞争性政策基础地位，推动其与产业政策协同。第一，明确产业、竞争性政策的定位，找准其各自的着力点，为推动二者的协调配合提供前提。比如，产业政策着眼于弥补市场缺陷，引导着未来产业的发展方向；竞争政策着眼于创造公平竞争的市场环境，以保证市场机制的高效运行。第二，推动公平审查制度的实施，确保竞争性政策顺利实施。在此基础上，建立其与产业政策的协同机制，以推进经济持续健康发展、合理有效配置资源，推动产业结构加快转型升级。

五　强化内外安全政策

强化内外安全政策是保障国家经济安全的重要条件。党的十八大以来，我国比以往任何时候都更加注重经济安全，国家经济安全建设也取得新成就，但基于国内外各种不确定性、不稳定性因素增多，亟须在总体国家安全观的指导下，统筹协调内外因素，强化内外安全政策，迎接

---

① 江飞涛、李晓萍：《应加快选择性产业政策向功能性产业政策转型》，《中国经济报告》2016 年第 12 期，第 75 ~ 77 页。

新的挑战。[①]

(一) 构建与完善外部风险分类分级预警制度

近年来，经济运行稳中有变，外部环境的复杂性、不确定性增加，这对我国的经济安全带来一定的外部冲击，甚至可能引发系统性金融风险，因此，健全外部风险分类分级预警制度就相当重要，既有助于防范化解外部冲击风险，还可以为我国经济持续稳定发展保驾护航。

首先，科学识别、确认及评估各类各级影响国家经济安全的外部风险因素。外部经济风险通常分为直接、间接两大类风险，前者主要是人为因素引起的风险，比如创新、竞争、垄断、制裁等，后者主要是各国政治变动、军事冲突、文化碰撞等引起的外部风险。一般来说，两大类风险会伴随着冲击波的扩大，容易形成"蝴蝶效应"。因此，为防止其"蝴蝶效应"的产生或蔓延，一方面，应在两大类风险的基础上对外部风险进行详细的分类分级识别，比如可以按照地理因素、触发因素和风险因素进行划分，以便精准防范；另一方面，要依据细分的风险类别，对其进行科学评估，可以通过建立风险损失危害模型，设计不同的风险指数，以便于分级管理和分类治理，从而提高决策的精准性，以有效应对外部风险。[②]

其次，构建与完善国家外部风险预警系统。依据外部环境的变化和外部风险情况，既要建立分级分类预警制度，为抗击外部风险提供制度保障，又要建立专门的风险监测机构和组织，在中国国家安全委员会的指导下，实行动态监测。同时，还要建立国家经济安全预警机构，通过定期向社会阐明风险情况，促进风险防范理念深入人心，并不断提高国民的防范意识。

最后，统筹国内国际两个大局，强化内外安全政策。一方面，要在

---

① 《高祖贵：统筹协调中国国家安全面临的新问题、新形势》，人民网，2017 年 12 月 2 日，http://world.people.com.cn/n1/2017/1202/c1002-29682004.html。

② 张炳清：《国家经济安全的外部风险与防范》，《求是学刊》2000 年第 3 期，第 57~62 页。

国家总体安全观的指导下，不断提高政府监管能力，营造氛围良好的市场竞争环境。另一方面，在不断强化内外安全政策的同时，走中国特色的大国外交道路，构筑双向开放的新格局，以完善对外开放战略布局，实现互利共赢。

（二）推动重点领域预警

要想更好地提高应对风险的针对性和有效性，就要针对重点领域进行重点预警。农业作为一国经济稳定的"压舱石"，是一国国民经济的基础，被称为"母亲产业"。而战略物资作为一种生产资料，事关国防安全。可见，农业和战略物资行业作为关系我国国计民生的重点产业和行业，是今后我国进行重点预警的关键领域。

首先，加快农业风险防范预警体系构建。第一，利用现代信息技术，建立农业生产预警机制，稳定现代农业生产，扩大和提升农业的现代化规模和风险预警能力。第二，加快构建农业市场风险预警机制。依据农业信息资源，通过各种利农措施，完善农产品价格形成机制，提升农业信息的预测预警能力，提高农业市场风险识别及预警能力。[①]

其次，着眼于战略物资储备，加快建立战略物资风险预警体系。一方面，应加快制定专门的战略物资储备法，加快战略物资储备法治化进程。通过查阅《中华人民共和国宪法》《国防法》《国防动员法》《中央储备粮管理条例》等有关国家储备法律层面、行政法规层面、物资储备部门规章层面的相关规定，发现我国存在战略物资储备立法制度缺失、立法层次较低和立法内容陈旧、不统一等问题，[②] 因此，要加快制定战略物资储备法，以健全战略储备制度，促进战略物资储备管理的规范化、法治化。另一方面，加快构建战略物资储备预警机制。在对战略物资分级分类的基础上，利用航空遥感（ARS）、全球定位系统（GPS）以及地

---

① 章卓：《建立有效的农业市场风险预警机制》，《中华合作时报》2016 年 3 月 29 日，第 A5 版。
② 肖京：《国家安全视角下的战略物资储备立法完善》，《中州学刊》2016 年第 11 期，第 51 ~ 55 页。

理信息系统（GIS）等数字化远程视频预警系统，建立新时代战略物资储备监测预警体系，以提高监测的科学性、精准性，增强预警的有效性。

最后，基于国家战略物资的储备现状，加强对战略物资的动态储备研究。由于战略物资会随着不同阶段科技和经济的发展发生动态变化，比如，钢铁、石油曾是新中国成立初期的重要战略物资，而目前，稀土、芯片等已经成为重要的战略资源，因此，国家相关职能部门应利用科研院所的力量，在精准分析战略物资供需情况的基础上，加强对战略物资储备的动态研究，提升其风险预警的全面性和可靠性。

（三）打好金融风险攻坚战

防控金融风险是防范化解重大风险的重点，[①] 而防范化解重大风险居于新时代"三大攻坚战"的首位，因此防控金融风险的重要性不言而喻。在党的领导下，构建全国一盘棋的金融风险防控格局，走出一条具有中国特色的防范化解金融风险之路，是建设现代化经济强国的应然要求。

首先，要以结构性去杠杆为基本思路，处理好"稳增长"和"防风险"的关系。第一，依据目前宏观杠杆率相对偏高的实际情况，坚持结构性去杠杆，并要求在去杠杆时有保有压地往下降，以保持宏观杠杆率整体稳定。[②] 第二，从金融和实体经济两方面着手，在推动二者供给侧结构性改革基础上，使二者协同发力，助力金融稳定，防范金融风险，继而达到稳增长的目标。

其次，加快构建金融风险预警机制。一方面，找准金融风险的源头，并对其进行分类，针对其存在的问题，进行精准施策，以提高对其防范化解的精准性、有效性；另一方面，构建金融风险预警制度，为有效防

---

① 李延霞：《防范化解重大风险攻坚战重点是防控金融风险》，新华网，2017 年 12 月 20 日，http://www.xinhuanet.com/2017-12/20/c_1122142981.htm。

② 《坚持结构性去杠杆 平衡稳增长与防风险的关系》，新华网，2019 年 3 月 6 日，https://baijiahao.baidu.com/s? id = 1627214655793707787&wfr = spider&for = pc。

范和化解金融风险提供有力的制度支撑。[1] 同时，还要利用大数据等先进技术，构建金融风险预警机制，以便更好地把好风险防控关，使其能够起到系统性的预警作用，以防止金融风险的发生。

除此之外，还应牢固树立党管金融的思想，发挥党组织的监管作用，坚持金融领域党建一盘棋，并紧紧依靠群众，走出一条中国特色的全国一盘棋的防范化解金融风险之路。

六　加强宏观调控政策间的协调配合

随着宏观调控目标的调整，宏观调控政策的着力点也在动态中调整。虽然近年来我国政府相对重视宏观调控政策间的协调配合，但各领域宏观调控政策间的协调配合依然不足，因此，要进一步强化宏观调控政策间的协调配合，以满足新时代宏观调控多目标的调控需要。

（一）推动政策资源集中和倾斜，形成调控政策合力

随着新时代宏观调控政策体系的构建，在着力推进产业转型升级、建设现代化经济体系的过程中，需要不断整合现有各种政策资源，尤其是要推动其集中和倾斜，以进一步形成宏观调控政策合力，助力高质量发展。

首先，要科学编制目录清单，明确国家战略、发展规划的各类重点和要点，比如重点领域、区域、改革和项目等，通过对其进行功能定位，为对其进行资源整合提供前提，避免交叉重复和矛盾冲突；其次，要在强化国家统一规划的前提下，聚焦国家战略、发展规划的各类重点，加强政策资源倾斜和集中，以形成调控政策合力。

（二）增强政策间的协调配合能力

为了进一步完善新时代中国特色宏观调控政策体系，除了加强政策资

---

[1]　许传华：《构建我国金融风险预警机制的宏观思考》，《中州学刊》2010 年第 5 期，第 39 ~ 41 页。

源倾斜和集中外,还要整合其他各类政策,尤其是财政、货币政策,打好政策组合拳,增强宏观调控政策间的协调配合能力,以更好地推动经济顺畅运行。

首先,结合财政、货币政策各自的优势,提高二者的协调配合能力。在继续实施积极财政政策的同时,充分发挥其结构调整的优势和作用,着力于化解结构性失衡;明确货币政策取向的同时,不断营造稳健舒适的环境,进一步疏通其传导机制,有效提高其服务实体经济的能力。

其次,不断创新财政、货币政策工具,进一步为产业、就业、区域、投资、民生、消费、安全等政策提供相应的支出保障。同时,为了使财政、货币政策更加积极有效,要结合其调控目标,动态调整、创新其政策工具,为其他政策提供与相应的支出保障,打出一套完美的政策组合拳,更好地推动经济持续稳健协调发展。

第三节　完善宏观调控决策协调体系

在创新与完善新时代中国特色宏观调控体系的过程中,为了实现宏观调控目标和使政策等真正落到实处,除了要不断健全宏观调控目标体系、政策体系之外,依照新发展理念,结合高质量发展的需求,还要在权衡审慎、提升经济预测预警能力、构建宏观调控预研储备机制、进一步搭建决策协调平台、完善评估机制的基础上,加强不同宏观调控部门间的团结合作,提升决策协调配合能力,加快健全其协调配合机制。宏观调控决策是国家(政府)治理的核心环节,[①] 而宏观调控决策协调配合事关宏观调控政策能否有效顺畅执行,要想使宏观调控决策更加科学有效、规范运行,避免政策决策协调配合不够、决策"一言堂"现象、决策间产生政策抵消或叠加效应,以及决策执行中出现多方插手、推诿

---

① 江永清:《超越渐进与激进的政策决策模式——兼论中国特色的宏观调控决策》,《湖北社会科学》2012年第8期,第20~23页。

扯皮等现象，真正全面提升决策协调的科学性、精准性、可行性、民主性、协同性和高效性，就要加快完善宏观调控决策协调体系，助推中国经济平稳运行。

一 提升经济预测预警能力

在瞬息万变的经济形势下，提升经济预测预警能力愈发重要，它既是提高经济政策制定精准性的重要前提，也是提升决策效率的重要保障。因此，在信息技术突飞猛进的情况下，要充分利用大数据，改善预测方法，提升数据质量，强化监测预测预警能力，提升宏观调控决策的科学性和有效性。

（一）提升数据质量，推进数据公开

数据质量是统计工作的"桥头堡"，直接关系到宏观经济决策科学与否。而推进数据公开不仅是转变政府职能的重要突破口，有助于推动数据标准化、规范化和提升数据质量，同时，也有助于提高数据利用的便捷性与有效性。

首先，深化统计管理体制改革，确保统计数据客观、真实。第一，在遵循统计工作规律的基础上，基于国内实际需求，完善统计立法，健全统计政绩考核机制和数据质量责任制。第二，在国家统计局的统筹协调下，利用分级管理的垂直模式，加强对地方统计的管理，形成全国一盘棋的统计布局。第三，要建立健全国民经济统一核算制度，利用各种技术手段，推进统计方法的改进与创新，确保统计数据客观、真实。

其次，加强基层统计工作，把好统计源头数据质量关的同时，着力提升数据质量。在狠抓统计工作的实践中，统计源头数据作为统计信息分析和挖掘的源泉，其质量在一定程度上决定着国家整体统计质量，而源头数据质量通常与基层统计工作的质量息息相关，因此，一定要做好基层统计工作，把好源头数据质量关。第一，加强基层统计制度建设。利用制度建设，结合现代信息技术，以提升统计数据质量为核心，加强

基层统计基础工作。第二，壮大基层高素质统计人才队伍，进一步为提升源头数据质量提供人才保证，并加强组织领导，增强其责任意识。

最后，健全统计数据公开机制。推进数据公开有利于打破"信息孤岛"，有助于推进数据共享机制构建。因此，要不断健全统计数据公开机制。一方面，政府要进一步创造数据公开的良好法治环境，提升数据利用效率。通过加快构建和完善数据公开法规体系，明确数据公开的界限，规范使用权限，推进数据公开的可持续发展。另一方面，找准政府数据公开着力点，加快推进数据开放平台建设。面对庞大的"数海"，政府要以民生需求为导向，主动提高数据服务意识，聚焦公众关注的热点和经济社会发展的要点，找准政府数据公开的着力点，构建一个科学的、规范的、统一的数据公开与利用指标体系，并加快数据开放平台建设，推动数据资源再利用，以满足公众需求。

（二）利用大数据，改进预测方法

随着大数据时代的到来，为了提高数据的利用效率，政府利用先进大数据技术方法、新颖的处理方式等在预测领域的优势，不断扩大其在宏观预测分析中的应用。可以说，利用大数据、改进预测方法不仅是政府提高预测能力的重要方式，也有利于推进国家治理现代化。

首先，各宏观预测部门要针对国家战略的需要和公众的需求，利用大数据预测功能，在相互配合中，提高预测数据质量，并不断整合资源，发挥数据的聚合效应，为决策部门进行有效决策提供数据支撑。

其次，转变预测思维，创新预测方法。第一，转变单一的线性思维模式。在对宏观经济形势进行预测分析时，要改变原先小数据固化的思维定势，要意识到全部数据比抽样数据重要，接受数据的纷繁复杂。预测不一定精准，预测的只是一种趋势。要关注事物的相关关系，因为"交互作用是事物的真正的终极原因"，这样才能真正把握预测趋势性变化。第二，创新预测方法。在传统数据分析法的基础上，借用现代化的统计工具，不断创新预测方法，比如社会网络分析法、信息可视化和空间分析法等，提升数据预测的全面性，努力在数据分析效率和精准度之间找到一个平衡点。

此外，政府还要联合宏观调控预测、决策的相关部门，依靠国内尖端智库、高校和科研院所专家的力量，加快构建大数据预测预警体系，让大数据预测成为一门科学。

二 构建宏观调控预研储备机制

在目前经济形势依然严峻的情况下，要想更好地发挥宏观调控政策对经济运行的指导作用，切实把中央宏观调控决策落到实处，除了提升预测预警能力外，还要加快构建宏观调控政策预研储备机制，以强化政策储备，备好、用好政策工具箱，更好地加强政策决策综合协调，促进分工落实，与经济下行压力"抢"时间。[①]

首先，利用情形分析，加强重大问题研究和政策储备。一方面，要不断加强宏观经济形势的理论学习，运用马克思的宏观经济分析方法，加强对重大问题的研究，结合宏观调控政策变迁的情形分析，做好宏观调控政策工具组合，把握好经济变化的维度，为政策储备提供前提；另一方面，重视调研以掌握实情。为了全面掌握经济运行的真实情况和宏观调控政策的贯彻落实情况，一定要加强调研，使宏观调控经济决策与客观实际相符，以免决策失误。国家发改委、工业和信息化部、国家统计局等重要国家宏观经济部门可以采用多部委联合调研的方法，以及科学的综合分析方法，从经济运行现状中掌握宏观调控决策的落实情况，在实地调研的基础上聆听各方面的声音，为下一步更好地备好宏观调控工具箱、强化政策预研储备提供服务。

其次，利用压力测试，做好应对风险预案。压力测试作为一种外部风险管理工具，在经济领域，已经成为一种重要的金融风险测量与管理

---

① 王辛夷：《多部委密集调研强化政策储备 与经济压力抢时间》，新浪财经网，2015 年 4 月 8 日，https://fiance. sina. com. cn/china/20150408/010921902772. shtml。

工具。做好压力测试，既是做好应对风险预案的必要条件，又是加快建构政府预研储备机制的必要程序。主要程序如下。第一，要确定压力测试的对象，对象通常是金融体系的相关机构。通过识别其主要风险因素，探寻其风险源头，找出其薄弱点，为今后施策提供素材。第二，设定情景，制定压力测试方案。在通盘考虑、整体分析未来一段时间内我国经济领域尤其是金融体系可能遭受的风险冲击及其类型基础上，按照时间跨度对其进行预设，在确定冲击源的同时，设定冲击幅度，并按照预设的应对风险目标，制定可行性强的压力测试方案。[①] 第三，科学分析测试结果，制定应对风险预案。按照压力测试的结果，结合被测试对象风险暴露的数量和特征，联合宏观调控决策部门、专家学者等多方力量，采用压力测试的多种评估方法，对测试结果进行综合分析，做好长中短期相结合的风险预案，为构建宏观调控政策预研储备机制提供预设方案，为不同宏观调控部门的政策决策协调配合提供抓手。

三　健全宏观调控政策评估机制

当前，我国宏观调控政策评估机制的建立健全处于起步阶段。在我国经济体制全面深化改革阶段，为了进一步规范宏观调控决策程序，健全宏观调控决策咨询体系，进一步提升宏观调控决策的科学性、有效性和规范性，加快构建宏观调控决策部门间的协调配合机制，完善宏观调控政策评估机制已经提上日程。

（一）明确宏观调控政策评估的任务

宏观调控政策评估作为检验宏观调控政策是否有效的关键环节，是完善宏观调控体系的重要一环。其首要任务就是评估宏观调控政策是否科学和可行，继而决定下一步宏观调控政策是否出台、延续和终止。

---

① 高同裕、陈元富：《宏观压力测试及其在我国应用面临的问题》，《南方金融》2006 年第 7
期，第 8 ~ 10 页。

首先，确定宏观调控政策评估的立论基础和目标。通常来说，评估宏观调控政策是否坚实可靠，关键是看其立论基础，而宏观调控政策评估的核心是其目标是否合理。第一，依据我国国情，结合新时代高质量发展的要求，评估宏观调控政策是否符合中国特色社会主义的总体建设布局、是否符合社会主义本质特征、是否符合新时代宏观调控目标需求；第二，按照稳中求进的工作要求，看目前宏观调控政策目标是否与之契合，评估其目标间是否存在冲突、是否留有余地。

其次，评估宏观调控政策的可行性。一方面，在综合考虑社会承受力的基础上，评估宏观调控政策是否可行、具不具备付诸实施的条件、是否符合推动新时代高质量发展的要求。在政策评估时，努力做到既要量体裁衣，又要量力而行。另一方面，要考虑评估政策间是否配套，是否相互衔接、配合，避免政策间冲突。[①] 同时，还要发挥预测的作用，将其作为评估的重要手段。

（二）设置评估的标准与创新评估的方法

目标与方法通常是相伴而生的，尤其在构建宏观调控政策评估机制时，一定要重视其标准与方法，因为评估的标准与方法决定着其政策评估的效果。

首先，设置宏观调控政策评估标准。一方面，在事实判断和价值判断的基础上，依据以往的宏观调控政策评估标准，结合新时代宏观调控政策评估中遇到的问题，确立符合其政策需要的评估标准。在兼顾效率与公正、目标清晰、可操作性强的同时，尽量量化评估标准。另一方面，宏观调控政策评估标准要突出重点，不能眉毛胡子一把抓，既要突出政策评估的稳定性，又要体现其战略性和权威性。

其次，创新宏观调控政策评估方法。一方面，基于政策评估的需求，可以从不同的角度，结合相关评估部门，利用多方力量，对宏观调控政

---

① 李含琳编著《宏观经济政策学》，民族出版社 1993 年版，第 206 页。

策评估方法进行划分。另一方面，不断创新宏观调控政策评估方法。由于宏观调控目标的多元性决定了其评估方法的多样性，在动态调整宏观调控目标、创新政策工具的同时，需要不断创新政策评估方法，以及完善政策评估信息反馈机制。

（三）建立专门的宏观调控政策评估组织

由于中国目前宏观调控政策评估机制不健全，官方宏观调控评估组织独立性不强，外部非官方评估组织缺乏，所以，既要规范官方宏观调控政策评估组织，又要培育独立的、专门的第三方宏观调控政策评估机构，[①] 以加快推进宏观调控评估的制度化建设，为提高宏观调控政策评估的全面性、科学性、专业性、客观性提供保证，同时也为规范宏观调控决策程序、提升宏观调控决策的有效性和规范性、增强宏观调控决策协调配合提供科学支撑。

首先，规范官方政策评估组织。第一，优化工作机制，拓展政策评估功能。要在原有评估组织的基础上，对其优化调整，把政策制定与政策执行分开，以提升评估的客观性、有效性。第二，以上级评估为主，构建多层次的评估系统，并制定科学规范的评估方案，以保证评估过程和结果的创新性和有效性。

其次，培育第三方评估机构，加快第三方评估机制建设。第三方评估作为一种相对独立客观的外部均衡机制，往往与政府绩效管理联系起来，在已有的政府评估与自我评估之间搭建一种平台，能够有效弥补二者的缺陷，具有一定的专业性和权威性。[②] 因此，加快第三方评估机制建设，以适应高质量发展要求，就变得愈发重要。第一，利用各方力量，比如高校专家、专业公司等，努力加快建立专业的独立性强的第三方评

---

① 陈世香、王笑含：《中国公共政策评估：回顾与展望》，《理论月刊》2009 年第 9 期，第 135～138 页。
② 张旭、李会军、郭菊娥：《经济体制改革试点第三方评估理论基础与未来发展》，《经济体制改革》2016 年第 1 期，第 5～13 页。

估机构，并不断完善其行业法规。第二，全方位分阶段确立评估内容，把握评估重点，不仅要注重事后评估，还要对事前、事中进行评估，以保证宏观调控的全面性。第三，要加强培养专业化的高质量政策评估人才，结合先进的信息技术，利用多维数据收集和数据融合，逐步健全宏观调控政策评估网络系统，以提高评估机制效能。

四 着力提升宏观调控的预期引导和管理能力

预期引导在渐进式改革中，已经成为我国宏观调控的重要内容，随着外部风险冲击加剧，各种不确定性因素增多，"稳预期"成为今后经济工作的一个重点，提升宏观调控的预期引导和管理能力已经成为一个重要的经济任务。在稳中求进的宏观调控总基调下，这既是提升宏观经济预测分析的必要条件，也是加强宏观调控部门间协调配合的必然要求，同时，有助于健全宏观调控决策协调体系，增强预期管理的有效性和宏观调控决策的科学性。

首先，明确宏观经济领域的预期管理主体，着力构建市场沟通主渠道。第一，确立中国特色预期管理主体，充分发挥中国预期管理的特色。在渐进式改革中，结合中国以往预期管理的实践，形成了中国特色预期管理主体，这些主体不仅包括财政部、中央银行，还包括国家发改委、国家统计局、银保监会等，通过多部门联合，基本达到了预期的管理目标。结合中国特色的管理模式，建议将国务院作为宏观调控预期管理的总渠道，根据国情需要，设立政府经济事务发言人，同时也要注重提高发改委等部门预期管理能力，以充分发挥中国预期管理的特色。① 第二，加快建立预期管理制度。建立健全宏观调控预期管理法律法规体系，为稳定预期提供法律保障，营造良好的预期管理氛围，还要结合各方力量，加快构建宏观调控预期管理制度化体系，提升预期管理的科学性与规

---

① 赵根宏：《中国宏观经济预期管理研究》，辽宁大学博士学位论文，2016年，第1页。

范性。①

其次，政府部门应继续加强与市场的沟通与协调，不断创新利用各种预期引导工具，完善预期引导机制。一方面，在提升政策制定透明度的基础上，要加快构建宏观调控政策决策层与预期管理主体之间的双向信息传递渠道，以利于信息的及时传递；另一方面，以市场需求为导向，不断扩大预期管理范围，并借助大数据，在加强预期管理的同时，注重国民经济预警管理，努力找到二者的结合点，这样既能提高风险防控能力，又能提升预期管理效果。

此外，还要加强宏观调控预期管理研究，按照"稳预期"的要求，推动构建新时代中国特色宏观调控预期管理理论框架，加强宏观调控预期管理部门与决策部门的协调配合，努力使宏观调控预期管理成为一门科学。

五　完善国际宏观经济政策协调机制

随着全球经济的联动性日益增强，宏观经济政策的外溢性也愈发明显，协调国际宏观经济政策已经成为全球经济治理的重要内容，是着眼于全球性视野构建、打通中国特色宏观调控开放体系与国际协调体系的崭新路径，也是完善新时代宏观调控决策协调体系的重要组成部分。面对百年未有之大变局，中国作为负责任的大国，进一步参与国际宏观经济政策协调、健全国际宏观经济协调机制就成为凸显中国担当、开启中国引领全球治理新时代的重要表现。

（一）参与改革完善现有机制

由于现有国际宏观经济政策框架是在西方发达国家倡导下建立的，不言而喻，代表的自然是发达国家的利益。随着新兴经济体和发展中国家的崛起，这种政策框架已经不适应全球经济发展形势的需要，中国作

---

① 吴振宇、杨光普：《宏观调控预期管理：现状、问题和政策建议》，《国家治理》2017年第13期，第41~48页。

为最大的发展中国家，要积极主动地参与完善现有机制。

首先，扩大开放促进发展，加强国际交流。第一，在继续保持开放的前提下，保持本国经济稳定增长，为世界经济增长继续作出自己的贡献；第二，秉承互利共赢的发展理念，让更多的国家搭上中国开放的顺风车，推动开放型世界经济体系的构建。第三，坚持开放、融通、互利、共赢的符合时代潮流的发展观，不断提升发展的内外联动性。① 作为全球治理改革的积极贡献者，中国在推动全球经济治理中，在加强国际沟通中，坚决反对全球经济霸权主义、贸易保护主义等，同时，继续释放中国参与全球治理的诚意与善意，为世界贡献自己的力量。

其次，积极参与国际经济协调，提供"中国方案"。第一，进一步参与国际宏观经济政策协调，积极推动现有多边机制改革。以"一带一路"建设为统领，在不断深化改革中，以多边机制和平台为重点，不断展现中国智慧，结合中国国情，提供更多的中国方案。第二，继续践行人类命运共同体理念，不断完善国际宏观治理，推动新型国际经济关系构建，助力全球经济协调发展。

（二）推动构建新型国际宏观政策协调机制，有效引领全球治理新时代

党的十八大以来，中国政府格外重视参与全球治理工作，2016年、2017年分别在杭州和北京顺利召开的G20峰会和"一带一路"国际合作高峰论坛，标志着中国日益走向世界舞台中央，走进了积极参与引领全球治理的新时代。在党的十九大报告中，仅"全球治理"一词就出现了3次，党的十九届四中全会郑重提出"中国将积极参与全球治理体系改革和建设"，② 这都体现了中国决策者进一步参与全球治理的决心和信

---

① 金社平：《为世界经济贡献中国力量——合力打造高质量世界经济的思考⑥》，《人民日报》2019年8月2日，第5版。

② 《十九届四中全会〈决定〉：积极参与全球治理体系改革和建设》，中国新闻网，2019年11月5日，http://www.chinanews.com/gn/2019/11-05/8999227.shtml。

心。在新时代语境下，为了引领全球治理变革方向，展示中国全球治理观，需要推动构建新型国际宏观政策协调机制。

首先，努力营造良好的国际政策协调环境。第一，中国在加强国内宏观调控政策协调的基础上，应协同其他经济体，率先以实际行动推动国际政策协调，同时联合其他新兴经济体，严厉谴责各种霸权主义行径，尤其是不利于国际政策协调的逆全球化现象；第二，中国继续营造寻求更多共识的良好国际宏观经济环境，展现中国的责任与担当，凸显中国特有的制度优势。

其次，构建国际宏观政策协调新机制。一方面，打破西方一统天下的固化的国际宏观政策框架，重塑以服务全人类为目标的国际宏观政策协调新理念；另一方面，深化全球经济治理改革，鼓励"良性竞争"，打破"恶意封锁"，倡导国际公共产品合作，建立国际合作新机制，为完善全球治理拓展新实践。

最后，加快构建国际宏观政策协调指标体系。要在探索全球治理方案中，建立成员国普遍认同的、可动态调整的、能有效实施的、可测度的国际宏观政策指标体系，通过进行技术性改造，定期发布政策协调指数，不断创新国际宏观政策协调工具，利用内外联动，形成政策协商的新机制，推动全球治理新模式的落实。[①]

可见，在全球经济互动性前所未有地增强的形势下，进一步完善新时代宏观调控目标体系、政策体系、决策协调体系既是对构建、完善新时代中国特色宏观调控体系的具体化、系统化，也是凸显中国独特的制度优势、治理模式的显著表现；既是对马克思社会资本再生产理论的拓展、深化，也是在继承、突破创新中将以人民为中心的新发展理念贯穿始终，有助于将科技的力量转化为巨大的物质力量；既是

---

① 胡畔、王晶晶：《解读丨曹文炼：加强全球宏观经济政策协调势在必行》，新浪财经网，2016 年 9 月 5 日，http://finance.sina.com.cn/roll/2016 - 09 - 05/doc - ifxvqefm5545492.shtml。

提升国家治理效能的应然要求，也是助推新时代中国特色宏观调控体系的调控理念、目标、方式、规划等真正落地生根的必要保证；既是解决理论滞后于实践问题的现实要求，也是实现国家长治久安、永葆青春活力的重要秘诀。

结束语

  新时代中国特色宏观调控体系作为对马克思主义经济学理论体系的继承、创新，是十八大以来党和政府在以人民为中心的新发展理念的指导下，立足于新常态下宏观经济的大逻辑，紧扣社会主要矛盾转化，按照国家治理现代化的要求，以供给侧（结构性）改革为政策主线，以高质量发展为目标构建的不同于以往的宏观调控体系，它是中国特色政治经济学在新时代的新飞跃。

  改革开放 40 多年来，伴随渐进式改革，在构建开放型经济体系中，经过四阶段的八轮宏观调控，中国特色宏观管理经验日益丰富，取得了丰硕的宏观调控理论与实践成果，形成了中国特色宏观调控体系。面对百年未有之大变局，新时代中国特色宏观调控也面临新的挑战与机遇。针对原有宏观经济呈现的新变化，以及新时代经济发展的新要求，在继承、发展、创新与完善原有宏观调控体系的基础上，以问题为导向，在反向思考中，在厘清宏观调控体系的理论溯源与生成背景的同时，深入分析当今时代的本质和特征，指出了构建新时代中国特色宏观调控体系的必要性与重要性。在考察、厘清新时代宏观调控体系内容的同时，依据其呈现的新变化、新特征，遵循的新原则，指出了其主要创新之处，进一步说明了新时代中国特色宏观调控体系的科学性、创新性与时代性。在"变"与"不变"中，在应对新常态的宏观调控实践中，围绕"六稳"工作要求，给出了进一步创新与完善新时代中国特色宏观调控体系的思路与建议，以更好地找准新的经济支点与动力，更好地服务于高质量发展的要求。

宏观调控理论一直是学术界研究的热点之一，但是以往的研究往往是碎片化的，且存在混淆了宏观调控概念与西方国家干预概念、往往只是就宏观调控体系的某一领域展开研究、对整体性研究不够等问题。本研究在梳理、总结以往宏观调控理论体系的基础上，在追根溯源中，厘清了宏观调控与西方国家干预的区别，在一定程度上消除了被新自由主义"绑架"的危险，在梳理改革开放40多年来的宏观调控演变历程和基本经验的基础上，证明了中国特色宏观调控理论体系不仅是中国独有的概念创新，而且经实践证明，是符合中国特色社会主义市场经济发展规律的科学管理理论。

本研究从新时代国家经济治理的角度，在习近平经济思想的指导下，按照国家治理现代化的崭新布局，结合新时代我国的奋斗目标，建构了一个囊括调控主客体、调控目标、调控政策手段等的宏观调控体系，在马克思主义政治经济学学科背景下，用政治学、管理学、法学等多学科的研究方法展开了多角度的研究，期望能够真正掌握中国特色社会主义宏观经济改革的机理、特点和特殊规律，将党的宗旨化为制度优势，为新时代中国特色宏观调控理论体系的构建和完善建言献策，在主动对标高质量发展要求的同时，使"创新与完善宏观调控制度体系"落到实处，真正做到为人民做学问。

本研究虽有一定的创新性，为新时代中国特色政治经济学的话语塑造提供了一些素材，但也存在很多有待改进的地方，如新时代中国特色宏观调控体系的内容还需要进一步分类、挖掘，创新与完善宏观调控体系的思路还需要进一步细化，对其发展方向还需要继续追踪，以更好地体现中国特色社会主义的制度优势和政治优势，这还需要在后续研究中继续完善。

参考文献

一 著作类

《马克思恩格斯全集》第 34 卷，人民出版社，2008。

《马克思恩格斯文集》第 2~7 卷，人民出版社，2009。

毛泽东：《论十大关系》，人民出版社，1976。

《邓小平文选》第 2 卷，人民出版社，1994。

《陈云文选》第 3 卷，人民出版社，1995。

《江泽民文选》第 1~3 卷，人民出版社，2006。

《胡锦涛文选》第 3 卷，人民出版社，2016。

《习近平谈治国理政》第 2 卷，外文出版社，2017。

习近平：《决胜全面建成小康社会 夺取新时代中国特色社会主义伟大胜利——在中国共产党第十九次全国代表大会上的报告》，人民出版社，2017。

《十二大以来重要文献选编》上、中，人民出版社，1986。

《十四大以来重要文献选编》上，人民出版社，1996。

《十六大以来重要文献选编》中，中央文献出版社，2006。

《改革开放三十年重要文献选编》下，中央文献 2008。

《十八大以来重要文献选编》上，中央文献出版社，2014。

《十八大以来重要文献选编》中，中央文献出版社，2016。

《习近平关于社会主义经济建设论述摘编》，中央文献出版社，2017。

习近平：《在庆祝改革开放 40 周年大会上的讲话》，人民出版社，2018。

〔英〕亚当·斯密：《国民财富的性质和原因的研究》下，郭大力、王亚南译，商务印书馆，2017。

〔德〕弗里德里希·李斯特：《政治经济学的国民体系》，陈万煦译，商务印书馆，2017。

〔英〕凯恩斯：《就业利息和货币通论》，徐毓枬译，商务印书馆，1983。

〔法〕萨伊：《政治经济学概论：财富的生产、分配和消费》，陈福生、陈振骅译，商务印书馆，1963。

逄锦聚等：《中国市场经济的宏观调控》，中国物资出版社，1995。

汤在新、吴超林：《宏观调控：理论基础与政策分析》，广东经济出版社，2001。

《中国改革与发展报告》专家组：《中国经济的"软着陆"——我国宏观调控经验的初步总结》，上海远东出版社，1998。

张幼文、黄仁伟等：《2003 中国国际地位报告》，上海远东出版社，2003。

陈东琪等：《繁荣与紧缩——中国 2003～2007 年的宏观调控》，中国计划出版社，2009。

严书翰主编《亚洲四小龙发展启示录》，中原农民出版社，1994。

叶煜荣、董建新、李鸿庄主编《邓小平理论概论》，广东高等教育出版社，2000。

吴亚卓、吴英杰：《宏观经济调控研究》，北京邮电大学出版社，2005。

辛向阳主编《中国特色社会主义道路研究》，河北人民出版社，2011。

文魁主编《制度支柱与体制根基——论科学发展的经济基础》，首都经济贸易大学出版社，2017。

万斌主编《建设有中国特色社会主义理论与实践》，浙江人民出版社，1996。

逢锦聚等主编《政治经济学》，高等教育出版社，2003。

辛向阳：《科学发展观的基本问题研究》，中国社会出版社，2008。

张宇等：《中国特色社会主义政治经济学》第2版，高等教育出版社，2018。

马洪主编《什么是社会主义市场经济》，中国发展出版社，1993。

陈征等主编《〈资本论〉与当代中国经济》第3版，福建人民出版社，2017。

刘振彪：《国家宏观调控演变》，湖南人民出版社，2004。

黄宪等编著《货币金融学》，武汉大学出版社，2002。

王珏主编《中国社会主义政治经济学40年》第1卷，中国经济出版社，1991。

《陈云研究述评》上，中央文献出版社，2004。

辛向阳：《红墙决策——中国政府机构改革深层起因》，中国经济出版社，1998。

陈若松：《科学发展观的价值诉求》，学习出版社，2015。

韩庆祥：《强国时代》，红旗出版社，2018。

傅殷才、颜鹏飞：《自由经营还是国家干预——西方两大经济思潮概论》，经济科学出版社，1995。

谭崇台主编《西方经济发展思想史》，武汉大学出版社，1993。

胡家勇：《政府干预理论研究》，东北财经大学出版社，1996。

〔美〕保罗·A. 萨缪尔森、〔美〕威廉·D. 诺德豪斯：《经济学》上，高鸿业等译，中国发展出版社，1992。

廖运凤：《现代西方经济学主要流派》，知识产权出版社，2009。

郝一生：《经济危机新论》，生活·读书·新知三联书店，2013。

胡代光主编《现代市场经济的理论与实践》，商务印书馆，1996。

《中国特色社会主义理论大辞典》山西经济出版社，1994.

刘伟、张辉、黄昊：《改革开放以来中国产业结构转型与经济增长》，中国计划出版社，2017。

福建农林大学课题组等编著《居危思危：国家安全与乡村治理》，东方
　　出版社，2016。

周罗庚、田波主编《共和国经济大决策》，中国经济出版社，1999。

郑红亮主编《论市场在资源配置中的决定性作用》，广东经济出版社，
　　2015。

《刘国光经济论著全集》第13卷，知识产权出版社，2017。

韩康主编《中国宏观调控三十年——纪念中国改革开放三十周年文集》，
　　经济科学出版社，2008。

庞明川：《中国特色宏观调控的实践模式与理论范式》，经济科学出版
　　社，2016。

《汪海波经济文选》，中国时代经济出版社，2010。

国家统计局编《中国统计摘要—2013》，中国统计出版社，2013。

中国证券监督管理委员会编《中国上市公司年鉴2008》，中国经济出版
　　社，2009。

裴平等：《美国次贷风险引发的国际金融危机研究》，中国金融出版社，
　　2016。

乌家培：《乌家培文库》第10册，中国计划出版社，2010。

邹东涛主编《中国经济发展和体制改革报告 中国改革开放30年（1978～
　　2008)》No.1，社会科学文献出版社，2008。

廖季立等：《社会主义市场经济的宏观平衡调控》，经济管理出版社，
　　1994。

马远之：《中国有一套：从"一五"计划到"十三五"规划》，广东人民
　　出版社，2017。

中国经济年鉴编辑委员会编《2012中国经济年鉴》，中国经济年鉴社，
　　2012。

官景辉主编《以科学发展观统领经济社会发展全局》上，新华出版社，
　　2006。

辛向阳：《大国诸侯：中国中央与地方关系之结》，中国社会出版社，2008。

贾宝林：《地方政府行为与社会冲突：政府行为"经济化"下的冲突机制研究》，民族出版社，2015。

李江涛：《产能过剩——问题、理论及治理机制》，中国财政经济出版社，2006。

曹保刚主编《京津冀协同发展研究》，河北大学出版社，2009。

王辉耀、苗绿主编《全球化 VS 逆全球化：政府与企业的挑战与机遇》，东方出版社，2017。

王丁宏主编《当代中国经济》，东北大学出版社，2017。

国务院发展研究中心企业研究所：《中国企业发展报告 2018》，中国发展出版社，2018。

吴大器主编《2016 年上海国际金融中心建设蓝皮书》，上海人民出版社，2016。

国家计委体制改革和法规司编写《十年计划体制改革概览》，中国计划出版社，1989。

中国法制出版社编《最新劳动法律政策全书》第 5 版，中国法制出版社，2017。

居占杰、邻火星等：《当代世界经济热点问题研究》，吉林人民出版社，2005。

中国电子信息产业发展研究院编《中国工业转型升级发展蓝皮书（2012)》，中央文献出版社，2012。

杨立强：《全球制造网络动态演进中的中国制造业：角色转换与价值链跃迁》，对外经济贸易大学出版社，2011。

刘洋主编《中国跨境电商创新发展报告（2019)》，社会科学文献出版社，2019。

徐惠敏等：《次发达地区雾霾治理与经济结构调整研究》，经济日报出版社，2015。

中国发展研究基金会：《中国发展报告 2017：资源的可持续利用》，中国统计出版社，2017。

简德三主编《国民经济运行报告（2014）》，复旦大学出版社，2015。

迟福林主编《动力变革：推动高质量发展的历史跨越》，中国工人出版社，2018。

陈宗胜等：《中国居民收入分配通论：由贫穷迈向共同富裕的中国道路与经验——三论发展与改革中的收入差别变动》，格致出版社、上海三联书店、上海人民出版社，2018。

程美东主编《当代中国社会发展理论研究》，知识产权出版社，2018。

中国人民大学国际货币研究所：《人民币国际化报告 2019：高质量发展与高水平金融开放》，中国人民大学出版社，2019。

《中国银行业》上市银行年报研究小组：《中国上市银行年报研究 2017》，中国金融出版社，2017。

田家盛主编《教育人口学》，人民教育出版社，2000。

中华人民共和国科学技术部编《中国科技人才发展报告（2018）》，科学技术文献出版社，2019。

《中国学位与研究生教育发展年度报告》，载课题组编《中国学位与研究生教育发展年度报告（2019）》，高等教育出版社，2019。

魏后凯主编《21 世纪中西部工业发展战略》，河南人民出版社，2000。

史正富：《超常增长：1979—2049 年的中国经济》，上海人民出版社，2016。

盛来运主编《新常态新动力："十三五"经济增长动力机制研究》，中国统计出版社，2015。

曹永森：《政府干预经济基础理论与行为模式》，国家行政学院出版社，2012。

陶一鸣、张昊主编《经济法》，人民法院出版社，2005。

陈鹏：《马克思主义经济哲学视域中的宏观调控》，人民出版社，2016。

何干强主编《当代中国社会主义经济》第2版，中国经济出版社，2009。

何干强等：《当代中国社会主义经济》第3版，企业管理出版社，2014。

罗季荣、李文溥：《社会主义市场经济宏观调控理论》，中国计划出版社，1995。

逢锦聚等：《中国特色社会主义政治经济学通论》，经济科学出版社，2018。

陈一云编《国际经济贸易简明辞典》，四川省社会科学院出版社，1987。

中国现代国际关系研究院经济安全研究中心编《国家经济安全》，时事出版社，2005。

商德文主编《中国社会主义市场经济体系》，山东人民出版社，1993。

周伍阳：《中国"双倍增"下通货膨胀传导机制与宏观调控研究》，武汉大学出版社，2014。

中国社会科学院语言研究所词典编辑室编《现代汉语词典》第6版，商务印书馆，2012。

黄源主编《宏观调控经济学》，东北财经大学出版社，1994。

大众法律图书中心编著《新编常用法律词典（案例应用版）》，中国法制出版社，2016。

沈越编著《政治经济学与社会主义经济研究》，经济日报出版社，2007。

吴佩钧主编《经济运行机制与宏观调控体系》，武汉大学出版社，1995。

陈信、陈勇：《当代经济思潮》，东北财经大学出版社，2004。

方大春编著《区域经济学——理论与方法》，上海财经大学出版社，2017。

陈静、寻子员主编《财政与金融》，山东人民出版社，2016。

于建荣、何芹、汤一用主编《中国特色社会主义政治经济学》，国家行政学院出版社，2016。

商务印书馆辞书研究中心编《新华成语大词典》大字本，商务印书馆，2014。

王梦奎主编《回顾和前瞻：走向市场经济的中国》，中国经济出版社，
　　2003。

廖岷、孙涛、丛阳：《宏观审慎监管研究与实践》，中国经济出版社，
　　2014。

李含琳编著《宏观经济政策学》，民族出版社，1993.

杨庆育、黄朝永等：《省级宏观调控 新视角 新思路》，重庆大学出版
　　社，2005。

Paul R. Gregory, Robert C. Stuart, *Comparative Economic System*, Houghton
　　Mifflin Company，1995.

二　论文类

王伟光：《坚持用马克思主义政治经济学的立场、观点和方法指导实
　　践》，《求是》2016 年第 18 期。

刘瑞：《宏观调控的定位、依据、主客体关系及法理基础》，《经济理论
　　与经济管理》2006 年第 5 期。

张勇：《宏观调控：中国社会主义经济学的重要概念》，《甘肃社会科学》
　　2017 年第 6 期。

齐守印、蒋和胜：《有计划的商品经济条件下国家的经济职能与宏观经济
　　调控》，《四川大学学报》（哲学社会科学版）1985 年第 4 期。

逄锦聚：《国民经济宏观失控的启示和深化宏观调控机制改革的思考》，
　　《经济纵横》1989 年第 8 期。

程恩富：《构建"以市场调节为基础、以国家调节为主导"的新型调节
　　机制》，《财经研究》1990 年第 12 期。

宋涛：《社会主义市场经济与国家宏观调控》，《实事求是》1993 年第
　　2 期。

卫兴华、王元龙：《论社会主义市场经济中的宏观调控》，《经济理论与
　　经济管理》1994 年第 3 期。

刘国光：《总结改革开放三十年——在继续坚持市场改革的同时，要重新强调国家宏观计划调控的作用》，《中国城市经济》2008年第12期。

刘国光：《十八届三中全会前再谈中国经济体制改革的方向——警惕以市场化为名推行私有化之实的倾向》，《江淮论坛》2013年第5期。

李成勋：《略论市场经济形式的二重性》，《马克思主义研究》2005年第1期。

李成勋：《不可漠视国民经济按比例发展规律》，《毛泽东邓小平理论研究》2016年第3期。

赵人伟：《1985年"巴山轮会议"的回顾与思考》，《经济研究》2008年第12期。

许毅：《论建立宏观调控体系问题》，《财政研究》1986年第10期。

宋养琰、王海东：《社会主义经济机体的运行及其宏观调控》，《经济理论与经济管理》1987年第5期。

张朝尊、曹新：《马克思关于宏观调控理论基础问题的研究》，《中国人民大学学报》1995年第4期。

刘朝明：《模型分析：总量增长非均衡及其控制》，《广西大学学报》（哲学社会科学版）1996年第4期。

吴仁军、初可佳：《宏观调控的理论基础——从制度变迁角度的重新理解》，《经济问题探索》2004年第2期。

刘明国：《论中国特色社会主义宏观调控——兼对当代西方主流宏观经济学的批判》，《马克思主义研究》2017年第3期。

傅国华、刘云龙：《试论发达国家政府宏观调控经济的模式及对我国发展市场经济的借鉴作用》，《中央财政金融学院学报》1993年第10期。

逄锦聚：《发达市场经济国家宏观调控模式比较》，《价格理论与实践》1993年第10期。

李远东：《西方国家宏观调控体系及借鉴》，《经济经纬》2001 年第 3 期。

吴涧生等：《金融危机以来发达国家宏观调控的经验及借鉴》，《宏观经济管理》2013 年第 10 期。

国家发改委经济研究所课题组：《宏观调控机制化的国际经验》，《经济研究参考》2014 年第 7 期。

程秀生：《体制转轨阶段经济稳定协调发展问题》，《管理世界》1992 年第 1 期。

黄振奇等：《论体制转轨时期的宏观调控》，《求是》1995 年第 8 期。

张卓元：《迈向 21 世纪的中国宏观经济管理体系》，《中外管理导报》1997 年第 3 期。

陈锦华：《中国经济转轨 20 年的主要经验》，《宏观经济研究》1999 年第 10 期。

冯梅、刘方：《我国的宏观调控在转轨进程中日趋成熟》，《生产力研究》2008 年第 21 期。

漆先望：《正确运用政策工具 实现宏观调控目标》，《财经科学》1990 年第 5 期。

孔燕：《引进间接货币政策工具是宏观调控的必然选择》，《前进》1997 年第 5 期。

杨代福：《政策工具选择理性分析的理论基础与实证检验》，《华中科技大学学报》（社会科学版）2009 年第 4 期。

苏剑、陈阳：《中国特色的宏观调控政策体系及其应用》，《经济学家》2019 年第 6 期。

王积业：《实行计划管理的行政手段和经济手段》，《学习与研究》1982 年第 7 期。

田培炎：《论经济运行中的经济手段、行政手段、法律手段》，《哲学研究》1986 年第 7 期。

刘延安、周荣芳：《对宏观调控手段体系特征的考察》，《福建论坛》（经济社会版）1987 年第 5 期。

阮方确、魏民：《浅论二元商品经济结构及宏观调控方式》，《求实》1988 年第 11 期。

杨韧、王勇：《宏观调控手段的选择与调控方式的转换》，《经济问题探索》1991 年第 5 期。

尹文书：《我国现阶段宏观调控方式的选择》，《中央财政金融学院学报》1992 年第 3 期。

李京文：《论加强宏观调控的意义、方式和手段》，《中国社会科学院研究生院学报》1993 年第 6 期。

闻潜：《论中国宏观调控方式及其转化——兼述市场经济与计划经济的宏观调控差异》，《山西财经学院学报》1995 年第 4 期。

李平、李亮：《进一步完善宏观调控方式》，《经济学家》2005 年第 1 期。

刘瑞：《从计划到规划：30 年来国家计划管理的理论与实践互动》，《北京行政学院学报》2008 年第 4 期。

陈东琪：《新一轮经济增长趋势与转变宏观调控方式》，《宏观经济管理》2010 年第 9 期。

魏杰、施戍杰：《用新的宏观调控方式 打造升级版的中国经济——下半年经济形势分析与建议》，《紫光阁》2014 年第 9 期。

吴明远：《中国宏观经济调控及其社会成本》，《南开经济研究》1994 年第 1 期。

李亚光：《近期我国宏观调控方式的选择及调控效果和成本》，《科学·经济·社会》1997 年第 1 期。

何大安：《投资选择的交易成本——一个从宏观调控层面的分析》，《经济研究》2003 年第 12 期。

庞明川：《从紧缩、扩张、稳健到"双防"：宏观调控的政策绩效与体制基础》，《财贸经济》2008 年第 6 期。

刘秀光：《宏观调控过程中的"政策后遗症"——基于宏观调控社会成

本的一种解释》,《五邑大学学报》(社会科学版)2011年第2期。

陈彦斌、王佳宁:《中国宏观调控的现实功用与总体取向》,《改革》2017年第3期。

王继文:《在改革和发展中保持社会稳定——1994年经济发展与改革形势综述》,《宏观经济管理》1994年第12期。

马国强、王春雷:《通货紧缩时期的宏观调控政策选择》,《财经问题研究》2000年第10期。

陈东琪:《"九五"的经验和"十五"的思路》,《经济学动态》2001年第1期。

杨帆:《改革开放以来前四次宏观调控的经验教训》,《科学决策》2008年第3期。

庞明川:《中国特色宏观调控的实践模式与理论创新》,《财经问题研究》2009年第12期。

王元、曾铮:《金融危机背景下我国宏观调控的特点及经验总结》,《中国物价》2012年第12期。

张晓晶:《中国宏观调控的经验与创新》,《政治经济学评论》2015年第5期。

宋瑞礼:《中国宏观调控40年:历史轨迹与经验启示》,《宏观经济研究》2018年第12期。

黄汉权:《美国对华301调查报告对中国产业政策的指责毫无道理》,《中国战略新兴产业》2018年第17期。

汪涤世等:《建立健全宏观调控体系的设想》,《社会科学研究》1986年第6期。

王斌:《市场机制与宏观调控体系》,《商业经济研究》1989年第9期。

杨建安:《论具有中国特色的宏观经济调控机制体系》,《财经理论与实践》1990年第4期。

陆百甫:《建立中央与地方分级宏观调控体系的思考》,《管理世界》1991

年第 6 期。

李同明：《关于建立有计划商品经济的宏观调控体系的构想》，《经济科
　　学》1992 年第 1 期。

黄伯平：《宏观调控的理论反思》，《社会科学研究》2008 年第 3 期。

何竹康：《建设以市场为基本对象的宏观经济调控体系》，《中国社会科
　　学》1994 年第 5 期。

王健：《宏观调控法律体系构造论》，《法律科学》1998 年第 2 期。

闫革：《略论我国政府宏观调控体系》，《华北电力大学学报》（社会科学
　　版）2005 年第 1 期。

李平安：《关于健全宏观调控体系的思考》，《人文杂志》1990 年第 5 期。

中国人民大学宏观经济形势分析与预测课题组：《在全面深化改革中健
　　全宏观调控体系》，《宏观经济管理》2014 年第 4 期。

方福前：《大改革大发展背景下打造中国宏观调控体系 2.0 版》，《人民
　　论坛》2014 年第 21 期。

徐绍史：《创新和完善宏观调控方式》，《中国经贸导刊》2015 年第
　　34 期。

胡鞍钢：《新常态呼唤宏观调控目标升级版》，《理论学习》2015 年第
　　8 期。

何自力：《在推动供给侧结构性改革中创新宏观调控体制》，《财经理论
　　研究》2016 年第 2 期。

高培勇：《习近平新时代中国特色社会主义经济思想引领宏观调控体系
　　布局》，《今传媒》2018 年第 2 期。

杜秦川：《供给侧结构性改革下创新宏观调控的方向》，《宏观经济管理》
　　2018 年第 6 期。

高培勇：《理解、把握和推动经济高质量发展》，《经济学动态》2019 年
　　第 8 期。

王朝科：《关于新时代的中国特色社会主义政治经济学的解读》，《毛泽

东邓小平理论研究》2017年第12期。

闫坤：《新时代：以新的主要矛盾标识新的历史方位》，《学习与探索》2017年第12期。

张占斌、钱路波：《习近平新时代中国特色社会主义经济思想的学理逻辑》，《国家行政学院学报》2018年第6期。

任保平：《新时代中国经济从高速增长转向高质量发展：理论阐释与实践取向》，《学术月刊》2018年第3期。

卫兴华：《对新时代我国社会主要矛盾转化问题的解读》，《社会科学辑刊》2018年第2期。

金民卿：《历史唯物主义关于社会历史时代的思想及其当代意义》，《思想教育研究》2018年第12期。

辛向阳：《科学把握"新时代"准确内涵》，《方圆》2018年第11期。

乔新生：《宏观调控中经常被误用的三个概念》，《中国特色社会主义研究》2005年第2期。

钱颖一：《宏观调控不是市场监管》，《财经》2005年第5期。

汤在新：《为宏观调控正名》，《经济学家》2006年第1期。

许小年：《为宏观调控正名》，《现代商业银行》2008年第3期。

张勇：《宏观经济管理中国范式的形成与发展——论中国宏观调控实践的理论价值》，《中国延安干部学院学报》2012年第1期。

汤在新：《宏观调控的理论基础——马克思的均衡和非均衡理论》，《教学与研究》2001年第2期。

王诚安、侯建会：《中国特色社会主义理论的方法论起点——〈论十大关系〉的方法论特色》，《科学社会主义》2005年第5期。

吴易风：《陈云的综合平衡理论及其现实意义》，《马克思主义研究》2005年第3期。

刘凤岐：《陈云经济思想及其主要理论贡献》，《宁夏社会科学》1995年第4期。

王爱云：《党的第三代中央领导集体与中国的宏观调控》，《党史研究与教学》2006年第5期。

张学中、何汉霞：《新发展理念的三维视域：新背景 新内涵 新要求——中国化马克思主义发展思想研究》，《观察与思考》2017年第8期。

杨承训：《经济学革命：用新发展理念统领发展全局——学习〈习近平关于社会主义经济建设论述摘编〉》，《毛泽东邓小平理论研究》2017年第9期。

张家林：《论李斯特的国家干预经济思想及其借鉴意义》，《上海经济研究》1991年第3期。

吴易风：《经济自由主义和国家干预主义论争的历史考察》，《当代思潮》2002年第2期。

王立中：《现代货币主义经济学》，《西欧研究》1992年第2期。

方克立：《关于文化体用问题》，《社会科学战线》2006年第4期。

逄锦聚：《中国特色社会主义政治经济学论纲》，《政治经济学评论》2016年第5期。

顾海良：《中国特色社会主义政治经济学的序篇——纪念毛泽东〈论十大关系〉发表60周年》，《毛泽东邓小平理论研究》2016年第3期。

张忠良：《科学发展观对中国特色社会主义道路的新开拓》，《湖南大学学报》（社会科学版）2008年第4期。

汪同三：《改革开放以来历次宏观调控及其经验教训》，《新金融》2005年第7期。

彭志胜：《我国过剩生产能力状况的实证分析》，《统计与决策》2007年第1期。

陈东琪、宋立：《我国历次宏观调控的基本经验》，《前线》2007年第4期。

安宇宏：《三期叠加》，《宏观经济管理》2015年第2期。

蔡昉：《十八大以来就业优先战略的丰富发展》，《中国人大》2017年第

7 期。

邱晓华：《加强宏观调控是深化改革的前奏——当前中国经济形势透视》，《经济学动态》1993 年第 11 期。

王亚星：《我国当前的宏观调控与深化改革关系探析》，《中国井冈山干部学院学报》2005 年第 1 期。

庞明川：《中国宏观调控的体制基础与政策绩效》，《世界经济》2008 年第 7 期。

朱慈蕴：《金融中介机构在金融活动中说明义务与社会责任之探讨》，《商事法论集》2010 年第 Z1 期。

方福前：《大改革视野下中国宏观调控体系的重构》，《经济理论与经济管理》2014 年第 5 期。

国家发改委经济研究所课题组：《宏观调控目标和政策手段机制化研究》，《经济研究参考》2014 年第 7 期。

中国社科院《中国经济形势分析与预测》课题组：《中国经济形势分析与预测》，《中国经贸导刊》2001 年第 21 期。

刘玉辉、孙宏：《一个短期政策长期化的成功范例——1998 年以来中国实施积极财政政策的回顾与展望》，《中共中央党校学报》2002 年第 2 期。

王振宇、于骁骁：《新时期我国财政改革的几个问题》，《财政研究》2012 年第 3 期。

李娟伟、任保平：《国际收支失衡、经济波动与中国经济增长质量》，《当代财经》2013 年第 1 期。

熊启泉：《中国对外开放 40 年：路径、绩效与新挑战》，《华南农业大学学报》（社会科学版）2019 年第 5 期。

马理、余慧娟：《美国量化宽松货币政策对金砖国家的溢出效应研究》，《国际金融研究》2015 年第 3 期。

陈卫东：《美联储持续推进加息进程，新兴经济体多国货币贬值》，《国际金融研究》2019 年第 1 期。

江晓薇：《对我国经济调整中财政政策的分析》，《理论与改革》1998 年
第 6 期。

苏治、刘程程、位雪丽：《经济不确定性是否会弱化中国货币政策有效
性》，《世界经济》2019 年第 10 期。

《国土资源部报告称：逾六成地下水质是较差极差级》，《中国环境科学》
2015 年第 5 期。

陈雨露：《书写"一带一路"投融资合作新篇章》，《中国金融家》2019
年第 5 期。

顾平安：《新时代 新大厅 新使命》，《中国行政管理》2017 年第 12 期。

卫兴华、张福军：《当前"国进民退"之说不能成立》，《红旗文稿》
2010 年第 9 期。

程恩富、鄢杰：《评析"国有经济低效论"和"国有企业垄断论"》，
《学术研究》2012 年第 10 期。

杨承训：《"国企低效论"质疑》，《红旗文稿》2005 年第 20 期。

任保平、宋文月：《中国经济增速放缓与稳增长的路径选择》，《社会科
学研究》2014 年第 3 期。

陈晓东、邓斯月：《改革开放 40 年中国经济增长与产业结构变迁》，《现
代经济探讨》2019 年第 2 期。

何怡瑶等：《破解"供需错配"是高质量发展的关键》，《国家治理》
2018 年第 5 期。

洪银兴等：《"习近平新时代中国特色社会主义经济思想"笔谈》，《中国
社会科学》2018 年第 9 期。

韩保江：《"供给侧结构性改革"的政治经济学释义——习近平新时代中
国特色社会主义经济思想研究》，《经济社会体制比较》2018 年第
1 期。

陈孝兵：《生态文明：科学发展的时代强音——解读党的十八大报告的

理论自觉》,《当代经济研究》2013 年第 2 期。

《求是》编辑部:《在习近平生态文明思想指引下迈入新时代生态文明建设新境界》,《求是》2019 年第 3 期。

程晓丽:《"美丽中国"视域下倡导低碳生活的必要性》,《中央民族大学学报》(自然科学版) 2016 年第 4 期。

陈弘仁:《新常态下需要创新宏观调控目标体系——访清华大学国情研究院院长胡鞍钢教授》,《中国经贸导刊》2015 年第 21 期。

赵中岳:《关于市场经济条件下计划手段的运用》,《社会科学战线》1997 年第 5 期。

杨东辉:《相机抉择:中国特色的宏观调控》,《学术交流》2010 年第 11 期。

胡莹、郑礼肖:《十八大以来我国收入分配制度改革的新经验与新成就》,《马克思主义研究》2018 年第 2 期。

习近平:《推动形成优势互补高质量发展的区域经济布局》,《求是》2019 年第 24 期。

王康华:《试论社会主义市场经济体制下宏观调控的基本原则》,《河南师范大学学报》(哲学社会科学版) 1993 年第 4 期。

张旭:《"政府和市场的关系"与政府职能转变》,《经济纵横》2014 年第 7 期。

黄新华、马万里:《引领经济高质量发展的供给侧结构性改革:目标、领域与路径》,《亚太经济》2019 年第 4 期。

姚顺良:《论马克思关于人的需要的理论——兼论马克思同弗洛伊德和马斯洛的关系》,《东南学术》2008 年第 2 期。

方福前:《寻找供给侧结构性改革的理论源头》,《中国社会科学》2017 年第 7 期。

马建堂、慕海平、王小广:《新常态下我国宏观调控思路和方式的重大创新》,《国家行政学院学报》2015 年第 5 期。

迟福林：《以高质量发展为核心目标建设现代化经济体系》，《行政管理改革》2017 年第 12 期。

李雪松：《以城乡区域协调发展优化现代化经济体系的空间布局》，《区域经济评论》2018 年第 4 期。

贾若祥等：《我国实施区域协调发展战略的总体思路》，《中国发展观察》2019 年第 9 期。

陈彦斌、王佳宁：《中国宏观调控的现实功用与总体取向》，《改革》2017 年第 3 期。

欧阳进：《我国宏观调控目标体系之演变》，《宏观经济管理》2003 年第 4 期。

何建武：《现有五年规划指标体系存在的问题及其启示》，《发展研究》2019 年第 6 期。

高培勇：《转入高质量发展阶段的积极财政政策》，《财经界》2018 年第 31 期。

余永定、肖立晟：《加速人民币汇率形成机制改革》，《新金融》2017 年第 1 期。

丁建臣、赵丹丹：《"双支柱"调控框架下防范和化解系统性金融风险的政策建议》，《经济纵横》2018 年第 5 期。

江飞涛、李晓萍：《应加快选择性产业政策向功能性产业政策转型》，《中国经济报告》2016 年第 12 期。

张炳清：《国家经济安全的外部风险与防范》，《求是学刊》2000 年第 3 期。

肖京：《国家安全视角下的战略物资储备立法完善》，《中州学刊》2016 年第 11 期。

许传华：《构建我国金融风险预警机制的宏观思考》，《中州学刊》2010 年第 5 期。

江永清：《超越渐进与激进的政策决策模式——兼论中国特色的宏观调

控决策》,《湖北社会科学》2012 年第 8 期。

高同裕、陈元富:《宏观压力测试及其在我国应用面临的问题》,《南方
　　金融》2006 年第 7 期。

陈世香、王笑含:《中国公共政策评估:回顾与展望》,《理论月刊》
　　2009 年第 9 期。

张旭、李会军、郭菊娥:《经济体制改革试点第三方评估理论基础与未
　　来发展》,《经济体制改革》2016 年第 1 期。

吴振宇、杨光普:《宏观调控预期管理:现状、问题和政策建议》,《国
　　家治理》2017 年第 13 期。

黄达:《宏观调控与货币供给》,《中国社会科学》1993 年第 5 期。

逄锦聚:《关于加强和改善宏观经济调控的若干问题》,《南开经济研究》
　　1994 年第 6 期。

刘国光:《当前我国宏观调控的几个问题》,《经济研究》1998 年第
　　11 期。

汤在新:《中国宏观调控目标的长期化及其形成原因》,《当代经济研究》
　　2000 年第 7 期。

陈东琪:《新一轮经济增长趋势与转变宏观调控方式》,《宏观经济管理》
　　2010 年第 9 期。

吴易风、王晗霞:《国际金融危机和经济危机背景下西方国家干预主义和
　　新自由主义的论争》,《政治经济学评论》2011 年第 4 期。

安国勇:《美国的宏观调控及其借鉴》,《经济纵横》1995 年第 4 期。

秦嗣毅:《日本宏观调控中经济计划和产业政策的反思》,《哈尔滨工业
　　大学学报》(社会科学版)2002 年第 1 期。

孙学工:《欧盟宏观调控的经验与启示》,《宏观经济研究》,2008 年第
　　10 期。

盛美娟、刘瑞:《范式之争:中美宏观调控比较研究——以金融危机的
　　应对为例》,《政治经济学评论》,2011 年第 1 期。

刘树成：《中国经济增长由高速转入中高速》，《经济学动态》2013 年第
　　10 期。

刘国光、程恩富：《全面准确理解市场与政府的关系》，《毛泽东邓小平
　　理论研究》2014 年第 2 期。

刘元春：《保持定力适应调控新常态》，《理论学习》2014 年第 7 期。

张晓晶：《试论中国宏观调控新常态》，《经济学动态》2015 年第 4 期。

李成勋：《两种市场经济异同辨析》，《毛泽东邓小平理论研究》2016 年
　　第 11 期。

何自力：《在推动供给侧结构性改革中创新宏观调控体制》，《财经理论
　　研究》2016 年第 2 期。

刘伟：《新常态下中国经济增长与宏观调控》，《社科纵横》2017 年第
　　2 期。

庞明川：《改革开放四十年来中国特色宏观调控理论的创建》，《东北财
　　经大学学报》2018 年第 6 期。

方福前：《我国宏观调控思路的历史性进展》，《理论探索》2019 年第
　　1 期。

高培勇：《理解、把握和推动经济高质量发展》，《经济学动态》2019 年
　　第 8 期。

吴超林：《社会主义市场经济中的政府经济职能界定》，《社会主义研究》
　　1999 年第 1 期。

王健：《理顺宏观调控和微观规制关系》，《国家行政学院学报》，2002
　　年第 5 期。

纪显举：《宏观调控·微观规制·结构均衡》，《云南社会科学》2008 年
　　第 6 期。

郑生权：《省级宏观调控的概念、对象、原则和特征》，《经济问题探索》
　　1992 年第 3 期。

高勇：《省级宏观调控初探》，《经济学家》1993 年第 1 期。

王梦奎等:《新时期我国经济的宏观调控》,《中国社会科学》1993 年第
　　3 期。

刘国光:《现代企业制度与宏观调控体系——深化经济体制改革的两个
　　重点问题》,《学习与实践》1994 年第 1 期。

王健:《健全宏观调控体系的对策思考》,《国家行政学院学报》2007 年
　　第 2 期。

杨秋宝:《宏观调控绩效论析》,《中共中央党校学报》2002 年第 2 期。

Timothy M. Frye, Andrei Shleifer, "The Invisible Hand and The Grabbing
　　Hand," *American Economic Review*, 1997, pp. 354 – 358.

Olivier Blanchard, Andrei Shleifer, "Federalism With and Without Political
　　Centeralization: China versus Russia," *IMF Staff Papers*, *Palgrave Mac-
　　millan Journals*, Vol. 48, 2001, pp. 1 – 8.

Bert Hofman, Louis Kuijs, "Reblancing China's Growth," *Presented at the
　　Peterson Institute for International Economics*, October 19, 2007.

Eswar S. Prasad, "Rebalancing Growth in Asia," *International Finance*, *Wi-
　　ley Blackwell*, Vol. 14 (1), 2011, pp. 21 – 66.

LuigiBonatti, Andrea Fracasso, "The China-US Co-dependency and the Elu-
　　sive Costs of Growth Reblancing," *Rivista Internazionale di Scienze Socia-
　　li*, *Vita e Pensiero*, *Pubblicazioni dellUniversità Cattolica del Sacro Cuore*,
　　Vol. 120 (1), 2012, pp. 59 – 102.

Oliver Blanchard, Franceco Giavazzi, "Rebalancing Growth in China: A
　　Three-handed Approch," *China &World Economy*, Vol. 14 (4), 2006,
　　pp. 1 – 20.

三　报纸类

王小广:《中国进入经济新状态 呼唤宏观调控新方式》,《中国经济导
　　报》2013 年 7 月 11 日,第 B1 版。

徐绍史：《创新和完善宏观调控方式》，《人民日报》2015 年 12 月 1 日，第 7 版。

〔美〕罗伯特·库恩：《中国宏观调控 果断而明智的选择》，《国际金融报》2004 年 8 月 6 日，第 1 版。

〔美〕史蒂芬·罗奇：《向中国学习宏观调控》，《人民日报》2012 年 3 月 13 日，第 3 版。

刘志铭：《新研判 新要求 新方向》，《南方日报》2014 年 8 月 25 日，第 F2 版。

刘伟：《立足高质量发展创新和完善宏观调控》，《经济日报》2019 年 6 月 6 日，第 15 版

苏剑：《创新宏观调控体系旨在刺激优质需求》，《中国经济时报》2019 年 6 月 27 日，第 4 版。

何自力：《构建适应高质量发展要求的宏观调控体系》，《经济日报》2019 年 7 月 3 日，第 15 版。

吕大鹏：《珍视国有企业的特殊地位和作用》，《学习时报》2017 年 1 月 18 日，第 4 版。

刘伟：《新发展理念书写中国特色社会主义政治经济学新篇章》，《经济日报》2018 年 6 月 7 日，第 13 版。

陈宪：《保障就业为何是"最要紧责任"》，《解放日报》2017 年 4 月 11 日，第 10 版。

李文：《实施供给侧结构性改革是治国理政的重大战略部署》，《经济日报》2016 年 5 月 6 日，第 1 版。

《供给侧结构性改革是长期的制度变革》，《21 世纪经济报道》2017 年 12 月 25 日，第 1 版。

彭茜：《中国强化知识产权保护为创新发展"护航"》，《乌鲁木齐晚报》2019 年 11 月 20 日，第 A2 版。

李含琳：《加快构建现代农业三大体系》，《经济日报》2017 年 12 月 22

日，第 13 版。

魏后凯：《走中国特色区域协调发展道路》，《经济日报》2018 年 10 月 11 日，第 14 版。

曾金华：《加力提效 发挥积极财政政策作用》，《经济日报》2019 年 7 月 19 日，第 9 版。

陈姝含、孙兆：《系统重要性金融机构加强监管须把握好"度"》，《中国经济时报》2018 年 11 月 29 日，第 A3 版。

刘红：《构建逆周期宏观审慎管理制度框架 优化调控效能》，《金融时报》2012 年 3 月 31 日，第 2 版。

韩鑫豪：《我国央行双支柱调控框架探析》，《上海金融报》2019 年 12 月 6 日，第 11 版。

章卓：《建立有效的农业市场风险预警机制》，《中华合作时报》2016 年 3 月 29 日，第 A5 版。

金社平：《为世界经济贡献中国力量——合力打造高质量世界经济的思考⑥》，《人民日报》2019 年 8 月 2 日，第 5 版。

Bob Davis, "Currencis In Turmoil: Short List of Options For the U.S. on Yuan," *Wall Street Journal* 3（2010）

四 博士论文

匡家在：《体制转轨中的宏观经济调控研究》，中共中央党校博士学位论文，2005。

刘克崮：《中国经济发展中的财政货币政策》，东北财经大学博士学位论文，2000。

王春雷：《通货紧缩时期的财政政策与货币政策》，东北财经大学博士学位论文，2001。

孙习稳：《土地政策参与宏观调控理论研究》，中国地质大学（北京）博士学位论文，2007。

林文浩：《中国货币政策与汇率政策协调研究——基于多目标货币政策框架视角》，天津财经大学博士学位论文，2013。

张朝洋：《货币政策与宏观审慎政策协调研究——来自中国微观主体的经验证据》，江西财经大学博士学问论文，2017。

张杨：《习近平新发展理念研究》，湖南师范大学博士学位论文，2018。

贾庆军：《改革开放以来中国货币政策理论与实践的演变》，复旦大学博士学位论文，2005。

方莉：《中国劳动力供求变化研究》，华中科技大学博士学位论文，2008。

赵根宏：《中国宏观经济预期管理研究》，辽宁大学博士学位论文，2016。

姜贤求：《转型期中的中国宏观调控体系研究——从韩国实践中得到的启示》，中国社会科学院研究生院博士学位论文，2002。

五　网络资料

刘超：《美学者赞扬我国宏观调控政策》，新浪新闻，2004 年 11 月 8 日，http://news.sina.com.cn/o/2004 - 11 - 08/05214169815s.shtml。

刘铮、李灿：《蒙代尔：宏观调控措施使中国经济健康增长》，中国网，2004 年 10 月 31 日，http://www.china.com.cn/chinese/OP - c/692854.htm。

马文静：《世界解读 2015 年中国经济"成绩单"》，手机央广网，2016 年 1 月 23 日 http://m.cnr.cn/finance/20160123/t20160123_521212164.html。

《外媒关注 2019〈政府工作报告〉》，中国社会科学，2019 年 3 月 8 日，http://ie.cass.cn/academics/economic _ trends/201903/t20190311 _ 4845619.html。

陈东琪等：《第一节　改革开放以来的宏观调控及主要措施》，中国网，2018 年 11 月 5 日，http://www.china.com.cn/economic/txt/2008 -

11/05/content_16716661_2. htm。

陈芳、牛纪伟、姜涛：《江苏"铁本事件"始末：违规上马偏离科学发展观》，人民网，2004 年 5 月 10 日，http：//www. people. com. cn/GB/keji/1059/2487247. html。

《商务部：前 11 月我国产品遭遇 101 起贸易救济调查 同比增 38%》，凤凰网财经，2018 年 12 月 13 日，http：//finance. ifeng. com/c/7ibUNST 403U。

寒馨星：《别忘了：中国经济总量全球第二，但人均 GDP 仅居世界中游》，搜狐网，2019 年 10 月 22 日，http：//www. sohu. com/a/3484 55579_531924。

孙庆玲：《我国经济社会不平衡现象略有改善》，中青在线，2019 年 4 月 26 日，http：//shareapp. cyol. com/cmsfile/News/201904/26/web21 2515. ht-ml。

罗知之：《央行：2018 年末金融业机构总资产 294 万亿》，人民网，2019 年 4 月 12 日，http：//finance. people. com. cn/n1/2019/0412/c1004 – 31027659. html。

李利辉：《2015 年 P2P 成交量超 9800 亿元》，搜狐网，2016 年 1 月 4 日，http：//news. sohu. com/20160104/n433344756. shtml。

杜燕、伊力：《报告：北京累计设立超 4.3 万家外企》，中国新闻网，2019 年 6 月 3 日，http：//www. jl. chinanews. com/hyhc/2019 – 06 – 03/75036. html。

张沛：《我国服务贸易连续 5 年世界第二 去年与"一带一路"沿线服务贸易额达 1217 亿美元》，中国金融新闻网，2019 年 5 月 23 日，ht-tp：//www. financialnews. com. cn/gc/gz/201905/t20190523_160447. ht-ml。

佚名：《全球外汇市场日均交易量飙升至 6.6 万亿美元 这份报告还有三大看点》，中金在线外汇网，2019 年 9 月 17 日，http：//forex.

cnfol. com/jingjiyaowen/20190917/27687986. shtml。

国家统计局国际统计中心《国际地位显著提高 国际影响力持续增强》，
中国经济网，2019 年 8 月 29 日，http://views. ce. cn/view/ent/2019
08/29/t20190829_33044764. shtml。

《国务院：行政审批事项已减少到 632 项》，新浪网，2017 年 9 月 8 日，
http://news. sina. com. cn/o/2017－09－08/doc－ifykuftz5495319. sht-
ml。

《国务院关于取消非行政许可审批事项的决定》，中华人民共和国中央人
民政府网，2015 年 5 月 14 日，http://www. gov. cn/zhengce/content/
2015－05/14/content_9749. htm。

华东师范大学法学院企业合规研究中心"中国营商环境评价指数研究"
课题组：《世行 2019 营商环境报告：在中国开办企业》，搜狐网，
2018 年 11 月 9 日，https://www. sohu. com/a/274171573_481741。

胡永启：《市场监管总局：2018 年全国新增企业 670 万户》，"中国日报网"
百家号，2019 年 1 月 10 日，https://baijiahao. baidu. com/s？id＝
162227 5045178393777&wfr＝spider&for＝pc。

杨柳筠：《加强事中事后监管 让"管"跟上"放"》，搜狐网，2019 年 9 月
3 日，http://www. sohu. com/a/338324287_100143231。

赵兵、丁怡婷：《截至 2017 年末 我国就业人员超 7.7 亿人》，新华网，
2018 年 5 月 22 日，http://www. xinhuanet. com/politics/2018－05/22/
c_1122866236. htm。

《李克强：劳动年龄人口平均受教育年限提高到 10.5 年》，手机人民网，
2018 年 3 月 5 日，http://m. people. cn/n4/2018/0305/c20 4734－
10629247. html。

卢杨：《70 年中国人均寿命的变迁》，南昌新闻网，2019 年 12 月 4 日，ht-
tp://www. ncnews. com. cn/xwzx/pl/201912/t20191204_1510173. html。

《2018 年我国国内生产总值为 900309 亿 比上年增长 6.6%》，新浪财经

网，2019 年 2 月 28 日，http://finance. sina. com. cn/china/gncj/2019 -
02 - 28/doc - ihrfqzka9870772. shtml。

冯琦:《图表:2018 年我国日均新设企业 1.84 万户》，中华人民共和国
中央人民政府网，2018 年 12 月 23 日，http://www. gov. cn/xinwen/
2018 - 12/23/content_5351316. htm。

王恩博:《国家统计局:第三产业吸纳就业能力增强》，南方网，2019 年
11 月 21 日，http://economy. southcn. com/e/2019 - 11/21/content
_189574397. htm。

许宸、章斌炜、王宇静:《2017 全球智能制造发展指数报告:中国综合
排名全球第六》，荔枝网，2018 年 5 月 19 日，http://news. jstv. com/
a/20180519/1526730614638. shtml。

《国家创新驱动发展战略纲要:"三步走"到 2050 年建成世界科技创新
强国》，新华网，2016 年 5 月 19 日，http://www. xinhuanet. com/pol-
itics/2016 - 05/19/c_128998879. htm。

金慧慧:《2018 年全国共投入研究与试验发展经费 19677.9 亿元》，搜狐
网，2019 年 9 月 2 日，http://www. sohu. com/a/338216937_115 423。

董子畅:《国家知识产权局:2018 年中国发明专利申请量 154.2 万件》，
中国新闻网，2019 年 1 月 10 日，http://www. chinanews. com/cj/
2019/01 - 10/8725350. shtml。

《2019 年全国科技工作会议传来好消息:2018 年科技进步贡献率预计超
过 58.5%》，搜狐网，2019 年 1 月 10 日，https://www. sohu. com/a/
288034383_414902。

刘垠:《十八大以来，学成归国者占改革开放回国人数七成》，搜狐网，
2018 年 6 月 15 日，http://www. sohu. com/a/235992029_612623。

《中国科技成果转化 2018 年度报告 (高等院校与科研院所篇) 发布》，
"新华社"百家号，2019 年 3 月 19 日，https://baijiahao. baidu. com/
s? id = 1628395339273958881&wfr = spider&for = pc。

李亚琛：《特高压：世界上最先进的输电技术》，中国电力网，2018 年 9 月 28 日，http：//fd. chinapower. com. cn/dwtgy/20180928/1250027。

《国务院关于 2018 年度国有资产管理情况的综合报告》，中国人大网，2019 年 10 月 23 日，http：//www. npc. gov. cn/npc/c30834/201910/9b41e133a8cb45abaebbb44893a2eb55. shtml。

肖汉平：《国有企业在改革开放中发展中壮大》，搜狐网，2018 年 12 月 19 日，http：//www. sohu. com/a/282923340_115239。

刘志伟：《中国高铁桥梁突破 1.6 万公里》，新浪网，2019 年 4 月 15 日，http：//news. sina. com. cn/c/2019 – 04 – 15/doc – ihvhiqax2694199. shtml。

赵白执南：《财政部：2018 年我国政府债务负债率为 37% 低于警戒线》，新浪财经网，2019 年 1 月 23 日，http：//finance. sina. com. cn/money/bond/market/2019 – 01 – 23/doc – ihrfqzka0258053. shtml。

《统计局：2018 年人均国内生产总值 64644 元 同比增 6.1%》，新浪财经网，2019 年 2 月 28 日，http：//finance. sina. com. cn/china/2019 – 02 – 28/doc – ihsxncvf8495820. shtml。

《2013 – 2018 年全国居民人均可支配收入及人均消费性支出情况》，华经情报网，2019 年 3 月 28 日，http：//www. huaon. com/story/414209。

李可愚：《改革开放 40 年我国居民消费水平节节高升 恩格尔系数比 1978 年下降一半》，每日经济新闻网，2018 年 12 月 5 日，http：//www. nbd. com. cn/articles/2018 – 12 – 05/1279145. html。

孙杰：《千人汽车保有量 170 辆左右 国家发改委：消费升级趋势依然强劲》，"北京日报客户端"百家号，2019 年 1 月 29 日，https：//baijiahao. baidu. com/s？id＝1623968075621898571&wfr＝spider&for＝pc。

《全国手机用户超过 15.7 亿，人均拥有手机 1.12 部，你是几卡几手机？》，搜狐网，2019 年 1 月 30 日，https：//www. sohu. com/a/292410678_120094130。

《2018 全国人均教育文化娱乐消费支出 2226 元 占比 11.2%》，新浪财经网，2019 年 1 月 30 日，http://finance. sina. com. cn/china/gncj/2019 - 01 - 30/doc - ihqfskcp1672283. shtml。

陈炜炜：《我国城镇化率升至 58.52% 释放发展新动能》，"中国江苏网"百家号，2018 年 2 月 4 日，https://baijiahao. baidu. com/s？ id = 1591460456 072791580&wfr = spider&for = pc。

李丽颖：《现代农业的强力引擎——党的十八大以来农业科技创新发展综述》，中华人民共和国农业农村部网，2017 年 9 月 19 日，http://www. moa. gov. cn/ztzl/xysjd/201709/t20170921_5821862. htm。

韩长赋，《中国的粮食生产能力已达 1.2 万亿斤》，中国发展网，2018 年 3 月 7 日，http://special. chinadevelopment. com. cn/2018zt/2018lh/lhxw/2018/03/1241048. shtml。

《区域发展战略成效显著 发展格局呈现新面貌》，中华人民共和国中央人民政府网，2018 年 9 月 14 日，http://www. gov. cn/xinwen/2018 - 09/14/content_5321859. htm。

《第三产业、消费对经济增长贡献率分别为 59.7%、76.2%》，新浪财经网，2019 年 7 月 22 日，http://fiance. sina. com. cn/roll/2019/2019 - 07 - 22/doc - ihytcitm3817969. shtml。

徐博：《2012 年末全国就业人员 76704 万人》，人民网，2013 年 5 月 27 日，http://finance. people. com. cn/n/2013/0527/c1004 - 21633810. html。

徐博、季小波：《截至 2016 年末全国就业人员达到 77603 万人》，搜狐网，2017 年 6 月 6 日，https://www. sohu. com/a/146403069_586140。

缪一知：《精准施策，在发展中做好"六稳"》，中华人民共和国中央人民政府网，2019 年 9 月 5 日，http://www. gov. cn/guowuyuan/2019 - 09/05/content_5427501. htm。

马洪兵：《稳物价 保民生 促发展》，搜狐网，2019 年 7 月 5 日，https://www. sohu. com/a/325095299_181081。

周琰：《改革开放 40 年来我国国际收支的发展演变：国际收支趋向基本平衡 应对外部冲击能力不断提升》，新浪财经外汇网，2018 年 12 月 7 日，https：//finance. sina. cn/forex/hsxw/2018 – 12 – 07/detail – ihmu-tuec6917557. d. html。

陈二厚、刘铮、王立彬：《"计划"变"规划"一字之差透出三大信号》，中华人民共和国中央人民政府网，2005 年 10 月 28 日，http：//www. gov. cn/ztzl/2005 – 10/28/content_86142. htm。

刘元春：《深入学习贯彻习近平新时代中国特色社会主义思想 创新和完善新时代中国特色宏观调控》，人民网，2018 年 4 月 3 日，http：//theory. people. com. cn/n1/2018/0403/c40531 – 29903813. html。

余璐：《十八大以来贫困人口减少 6853 万 贫困县摘帽 100 余个》，新华网，2018 年 8 月 23 日，http：//www. xinhuanet. com/gongyi/2018 – 08/22/c_129937590. htm。

刘元春、刘晓光：《持续完善宏观调控 保持经济稳中向好趋势》，中华人民共和国中央人民政府网，2018 年 11 月 13 日，http：//www. gov. cn/xinwen/2018 – 11/13/content_5339769. htm。

《数说中国：经济规模跨越发展 占全球近 16%》，人民视频网，2019 年 9 月 16 日，http：//tv. people. com. cn/n1/2019/0916/c61600 – 31354779. html。

《国家统计局：2018 年我国人均国民总收入达 9732 美元》，新浪财经网，2019 年 7 月 2 日，http：//finance. sina. com. cn/roll/2019 – 07 – 02/doc – ihytcitk9038821. shtml。

辛鸣：《正确认识我国社会主要矛盾的变化》，新华网，2017 年 11 月 3 日，http：//www. xinhuanet. com//politics/2017 – 11/03/c_1121 898960. htm。

胡鞍钢，张新：《人民日报新论：辩证把握"稳"与"进"》，人民网，2017 年 1 月 5 日，http：//opinion. people. com. cn/n1/2017/0105/c1003 – 28999370. html。

柴华：《聚焦中国经济发展 何立峰：今年经济增长将好于预期》，搜狐网，
　　2017 年 10 月 22 日，https：//www. sohu. com/a/199447524_362042。

《宁吉喆：建设现代化经济体系》，人民网，2017 年 12 月 5 日，http：//
　　theory. people. com. cn/n1/2017/1205/c40531 – 29685755. html。

《中共中央 国务院关于建立更加有效的区域协调发展新机制的意见》，中
　　华人民共和国中央人民政府网，2018 年 11 月 29 日，http：//www.
　　gov. cn/zhengce/2018 – 11/29/content_5344537. htm。

《习近平主持召开中央全面深化改革委员会第四次会议》，中华人民共和
　　国中央人民政府网，2018 年 9 月 20 日，http：//www. gov. cn/xinwen/
　　2018 – 09/20/content_5324033. htm。

王静文：《八字方针指路供给侧结构性改革：巩固增强提升畅通》，新浪
　　财经网，2018 年 12 月 25 日，http：//finance. sina. com. cn/china/gncj/
　　2018 – 12 – 25/doc – ihmutuee2348696. shtml。

吴雨：《中央经济工作会议：中央提出"八字方针"深化供给侧结构性
　　改革》，新华网，2018 年 12 月 21 日，http：//www. xinhuanet. com/
　　2018 – 12/21/c_1123888021. htm。

《中共中央国务院关于统一规划体系更好发挥国家发展规划战略导向作
　　用的意见》，搜狐网，2018 年 12 月 7 日，http：//www. sohu. com/a/
　　280470291_99960504。

中国人民银行货币政策分析小组：《2015 年以来稳健货币政策主要特点
　　的回顾》，第一财经网，2016 年 5 月 26 日，https：//www. yicai. com/
　　news/5019106. html。

刘伟、陈彦斌：《十八大以来宏观调控的六大新思路》，人民网，2017 年
　　3 月 1 日，http：//theory. people. com. cn/n1/2017/0301/c40531 – 2911
　　4608. html。

朱启贵：《中央经济工作会议要求推动高质量发展，相应的指标体系该
　　怎么建?》，上观网，2017 年 12 月 22 日，https：//www. shobserv-

er. com/news/detail? id = 74634。

徐绍史：《创新和完善宏观调控》，中华人民共和国中央人民政府网，
　　2017 年 12 月 19 日，http://www. gov. cn/xinwen/2017 – 12/19/content
　　_5248371. htm。

刘尚希：《论中国特色的积极财政政策（治国理政新思想新实践）》，人
　　民网，2017 年 4 月 6 日，http://www. opinion. people. com. cn/n1/
　　2017/0406/c1003 – 29191080. html。

《国务院关于全面加强基础科学研究的若干意见》，中华人民共和国中央
　　人民政府网，2018 年 1 月 31 日，http://www. gov. cn/zhen gce/con-
　　tent/2018 – 01/31/content_5262539. htm。

乔瑞庆：《着力打破制约战略性新兴产业发展的三个瓶颈》，中国经济
　　网，2019 年 9 月 28 日，http://views. ce. cn/view/ent/201909/28/
　　t20190928_33244472. shtml。

郭旭红、李玄煜：《人民日报专题深思：大力发展战略性新兴产业》，人
　　民网，2015 年 12 月 31 日，http://opinion. people. com. cn/n1/2015/
　　1231/c1003 – 27997295. html。

《高祖贵：统筹协调中国国家安全面临的新问题、新形势》，人民网，
　　2017 年 12 月 2 日，http://world. people. com. cn/n1/2017/1202/c1002 –
　　29682004. html。

李延霞：《防范化解重大风险攻坚战重点是防控金融风险》，新华网，
　　2017 年 12 月 20 日，http://www. xinhuanet. com/2017 – 12/20/c_1122
　　142981. htm。

《坚持结构性去杠杆 平衡稳增长与防风险的关系》，新华网，2019 年 3
　　月 6 日，https://baijiahao. baidu. com/s? id = 1627214655793707787
　　&wfr = spider&for = pc。

王辛夷：《多部委密集调研强化政策储备 与经济压力抢时间》，新浪财经
　　网，2015 年 4 月 8 日，https://fiance. sina. com. cn/china/20150408/

010921902772. shtml。

《十九届四中全会〈决定〉：积极参与全球治理体系改革和建设》，中国新闻网，2019 年 11 月 5 日，http：//www. chinanews. com/gn/2019/11 - 05/8999227. shtml。

胡畔、王晶晶：《解读 | 曹文炼：加强全球宏观经济政策协调势在必行》，新浪财经网，2016 年 9 月 5 日，http：//finance. sina. com. cn/roll/2016 - 09 - 05/doc - ifxvqefm5545492. shtml。

后　记

　　呈现在读者面前的这部著作是基于我的博士学位论文修改而成的。在感叹时光飞逝的同时，许多情感油然而生，我想用"感谢、感悟、感动、感恩"八个字来概括我的后记。

感　谢

　　感谢中宣部"马克思主义理论骨干人才培养计划"，感谢中国社会科学院大学提供了这么好的一个学习平台。

　　感谢我的导师李成勋老师。在他的指导下，我更加坚定了马克思主义的信仰，坚定了从事马克思主义理论研究的决心，坚定了从事《资本论》相关方面研究的信心。记得每次给我们上专业课时，李老师都先让我们背诵"课训"和"学训"，分别是"在科学上没有平坦的大道，只有不畏劳苦沿着陡峭山路攀登的人，才有希望达到光辉的顶点"，"坚守信念，忠于理想；无时不学，无处不问。苦读勤撰，志在创新；转型升级，服务社会"。李老师严谨的态度、坚定的信仰在潜移默化中影响着我们，使我们将"课训"与"学训"内化于心、外化于行。从选题到顺利答辩，李老师给予了我诸多帮助，他对我的关心与关怀不仅体现了他的大师情怀，还体现了他作为一个长者对年轻人的期望与厚爱，我定会把他的精神传承下去。在论文写作过程中，我很荣幸得到了卫兴华老师、刘国光老师、吴易风老师、刘瑞老师、常欣老师的指点，感谢他们不吝赐教。

感谢我的师母李淑英老师在生活上给予的各种帮助。身在外地的我，每次想家的时候，总能吃上师母做的美食，师母做的炸酱面让我念念不忘，让我离家千里却体会到了家的温暖。

感谢程恩富、胡乐明、王振中、余斌、胡怀国、徐兴亚、赵学增、张俊山、侯为民、谢富胜、刘元春、方福前、段学慧、程言君、鲁品越、丁堡骏、左亚文等老师的悉心指导，在论文选题、写作过程中，他们给予了我巨大的帮助，使我能够站在"巨人"的肩膀上继续前行。

感谢我的家人在我学习生涯中对我的宽容与包容，他们使我能够无后顾之忧，可以轻装上阵。感谢我的同事们对我的关心与问候，同时也感谢参与"马克思主义理论骨干人才培养计划"的同学们的帮助，他们让我在这个大家庭中倍感温暖。

感谢社会科学文献出版社！感谢胡楠编辑的辛勤工作！

感　悟

在学习研究中，我深刻地感悟到马克思主义理论的科学性与伟大性，感受到《资本论》的巨大生命力，它犹如一座灯塔，指引我们前行。在马克思主义政治经济学理论的指导下，在党的坚强领导下，中国创造了许多奇迹，打造了许多中国品牌，在全球树立了良好的中国形象，这与中国政府科学而合理的宏观调控有着密切的关系。随着新时代历史方位的确立，构建与高质量发展相匹配的中国特色宏观调控体系既是时代的要求，也是理论和实践的要求。对中国特色宏观调控体系建构历程的梳理、剖析，使我更加清晰地意识到实践是理论之源。作为政治经济学专业的研究者，不仅要着眼于自己的专业、学好自己的专业，还要做到"学以致用"，努力为人民做学问。面对百年未有之大变局，面对变幻莫测的宏观经济形势，我将继续研究、创新与完善新时代中国特色宏观调控体系的相关理论及提出政策建议。

学术之路很艰辛，在汗水与泪水的交织中，我写完了自己的博士学位论文。在写作过程中，既有写作遇到"瓶颈"时的"为伊消得人憔悴"，又有灵感迸发时的"衣带渐宽终不悔"；既看到过深夜十二点的稀落星光，也看到过日出时的美景；既经历过冬日寒雪，也感受过夏日暖阳。"大学之大，在于大师之大。"中国社会科学院大学大师云集，能在此读书学习做科研是我一生中的幸事。作为一名中国社会科学院大学的学子，我一定"笃学慎思，明辨尚行"，不仅要"学马""信马""言马""做马"，还要做好一名马克思主义理论骨干人才应该做的事情，宣传马克思主义理论，宣传党的方针政策，让更多的人为生活在新时代的中国而感到幸福欢畅，为实现中华民族伟大复兴做出自己的贡献。

感　动

在三年的学习生活中，许多事情都让我感动。当时因为宿舍紧张，马克思主义学院的领导和老师想尽一切办法，最大限度为我们每个人提供住宿上的便利，李楠老师还专门发短信问我住宿条件如何，说如有困难，可以找他。收到这条短信的时候，我很感动，因为没想到老师们这么细心。每次去找辛建辉老师签字，辛老师总是很热情。中国社会科学院大学的人文情怀不仅体现在学术上，更多的是体现在平时的小事中。

中国社会科学院大学的老师们平易近人，尽管其中很多人是学部委员、教授等，但向他们请教问题时，他们并没有因为我的问题"幼稚"而简单地让我去看书，而是给出了深刻的解答。同学们之间真挚的友情也让我感动，当因论文焦虑的时候，同学们总是互相鼓励、互相打气；谁身体不舒服了，总有同学跑前跑后买药送医……

在三年的学习生涯中，除了老师与同学，最让我感动的就是我的家人，他们作为我的"后盾"，尽一切努力为我提供学习的时间和空间，让我能够顺利写完博士学位论文。在我踏上求学之路时，我的孩子也迈入了小学，对此我很担忧，老公看到后便对我说，"不用担心，你安心上学，家里有我们，你照顾好自己，顺利毕业就是对这个家最大的贡献"。他不仅是这样说的，也是这样做的，在三年的求学日子里，我从来都没有为孩子操过心。双方父母在我求学期间，提供了他们力所能及的帮助，他们即使生病也不告诉我，全家都瞒着我，怕影响我学习。每当想起这些，心里除了感动，更多的是对他们的愧疚。我的女儿在我入学后，有一次打电话对我说，"妈妈，我特别想你，我每次想你的时候，就会抱着你的枕头入睡，因为那上面有妈妈的味道"，我当时听了心如刀绞，但她很快又说，"妈妈，你别担心，爸爸说我再想你的时候可以抱抱他，妈妈，你要考一百分哟!"。孩子稚嫩的话让我感动的同时，也让我动力倍增。

感 恩

除了感谢、感悟、感动之外，还有感恩。感恩这个美好的时代，让我们能够安心工作和学习，让我们能够享受到这样优质的教育资源，让我们能够在知识的海洋里遨游。

感恩我身边每一位给予我帮助的人，我会在你们的帮助与指导下，继续努力，同时也会将你们的善意传递给需要帮助的人。让感恩之心永存，让人文之花盛放。

张 霞

2022 年 11 月 10 日

图书在版编目（CIP）数据

新时代中国特色宏观调控体系研究 / 张霞著. -- 北
京：社会科学文献出版社，2022.12
ISBN 978 - 7 - 5228 - 1126 - 0

Ⅰ.①新… Ⅱ.①张… Ⅲ.①宏观调控体系 - 研究 -
中国 Ⅳ.①F123.16

中国版本图书馆 CIP 数据核字（2022）第 215501 号

新时代中国特色宏观调控体系研究

著　者 / 张　霞

出 版 人 / 王利民
组稿编辑 / 恽　薇
责任编辑 / 胡　楠
文稿编辑 / 王　倩　张静阳　周浩杰
责任印制 / 王京美

出　　版 / 社会科学文献出版社·经济与管理分社（010）59367226
　　　　　地址：北京市北三环中路甲29号院华龙大厦　邮编：100029
　　　　　网址：www. ssap. com. cn
发　　行 / 社会科学文献出版社（010）59367028
印　　装 / 三河市龙林印务有限公司

规　　格 / 开　本：787mm×1092mm　1/16
　　　　　印　张：19.5　字　数：270千字
版　　次 / 2022 年 12 月第 1 版　2022 年 12 月第 1 次印刷
书　　号 / ISBN 978 - 7 - 5228 - 1126 - 0
定　　价 / 128.00 元

读者服务电话：4008918866